die 23 wichtigsten Fälle zum Europarecht

Hemmer/Wüst/Beuttenmüller

Mai 2013

Hemmer/Wüst Verlagsgesellschaft

Hemmer/Wüst/Beuttenmüller, die 23 wichtigsten Fälle zum Europarecht

ISBN 978-3-86193-237-6

4. Auflage, Mai 2013

gedruckt auf chlorfrei gebleichtem Papier
von Schleunungdruck GmbH, Marktheidenfeld

Vorwort

Die vorliegende Fallsammlung ist für **Studenten in den ersten Semestern** gedacht. Gerade in dieser Phase ist es wichtig, bei der Auswahl der Lernmaterialien den richtigen Weg einzuschlagen. **Auch in den späteren Semestern und im Referendariat** sollte man in den grundsätzlichen Problemfeldern sicher sein. Die essentials sollte jeder kennen.

Die Gefahr zu Beginn des Studiums liegt darin, den Stoff zu abstrakt zu erarbeiten. Nur ein **problemorientiertes Lernen**, d.h. ein Lernen am konkreten Fall, führt zum Erfolg. Das gilt für die kleinen Scheine / die Zwischenprüfung genauso wie für das Examen. In juristischen Klausuren wird nicht ein möglichst breites Wissen abgeprüft. In juristischen Klausuren steht der Umgang mit konkreten Problemen im Vordergrund. Nur wer gelernt hat, sich die Probleme des Falles aus dem Sachverhalt zu erschließen, schreibt die gute Klausur. Es geht darum, Probleme zu erkennen und zu lösen. Abstraktes anwendungsunspezifisches Wissen, sog. „Träges Wissen", täuscht Sicherheit vor, schadet aber letztlich.

Bei der Anwendung dieser Lernmethode sind wir Marktführer. Profitieren Sie von der über 35-jährigen Erfahrung des **Juristischen Repetitoriums hemmer** im Umgang mit Examensklausuren. Diese Erfahrung fließt in sämtliche Skripten des Verlages ein. Das Repetitorium beschäftigt **ausschließlich Spitzenjuristen**, teilweise Landesbeste ihres Examenstermins. Die so erreichte Qualität in Unterricht und Skripten werden Sie anderswo vergeblich suchen. Lernen Sie mit den Profis!

Ihre Aufgabe als Jurist wird es einmal sein, konkrete Fälle zu lösen. Diese Fähigkeit zu erwerben ist das Ziel einer guten juristischen Ausbildung. Nutzen Sie die Chance, diese Fähigkeit bereits zu Beginn Ihres Studiums zu trainieren. Erarbeiten Sie sich das notwendige Handwerkszeug anhand unserer Fälle. Sie werden feststellen: Wer Jura richtig lernt, dem macht es auch Spaß. Je mehr Sie verstehen, desto mehr Freude werden Sie haben, sich neue Probleme durch eigenständiges Denken zu erarbeiten. Wir bieten Ihnen mit unserer **juristischen Kompetenz** die notwendige Hilfestellung.

Fallsammlungen gibt es viele. Die Auswahl des richtigen Lernmaterials ist jedoch der entscheidende Aspekt. Vertrauen Sie auf unsere Erfahrungen im Umgang mit Prüfungsklausuren. Unser Beruf ist es, **alle klausurrelevanten Inhalte** zusammenzutragen und verständlich aufzubereiten. Prüfungsinhalte wiederholen sich. Wir vermitteln Ihnen das, worauf es in der Prüfung ankommt – verständlich – knapp – präzise.

Achten Sie dabei insbesondere auf die richtige Formulierung. Jura ist eine Kunstsprache, die es zu beherrschen gilt. Abstrakte Floskeln, ausgedehnte Meinungsstreitigkeiten sollten vermieden werden. Wir haben die Fälle daher bewusst kurz gehalten. Der Blick für das Wesentlich darf bei der Bearbeitung von Fällen nie verloren gehen.

Wir hoffen, Ihnen den Einstieg in das juristische Denken mit der vorliegenden Fallsammlung zu erleichtern und würden uns freuen, Sie auf Ihrem Weg in der Ausbildung auch weiterhin begleiten zu dürfen.

Karl-Edmund Hemmer & Achim Wüst

Inhaltsverzeichnis:

Die Zahlen beziehen sich auf die Seiten des Skripts.

Kapitel I: Verhältnis von nationalem Recht und Unionsrecht

Fall 1: Unmittelbare Anwendbarkeit von primärem Unionsrecht

Sachverhalt (fiktiv):

Ein deutsches Transportunternehmen führt aus Italien ein Pharmazeutikum in die Bundesrepublik ein. Bei der Einfuhr werden von der deutschen zuständigen Behörde gemäß dem nationalen Recht Einfuhrzölle auf die Pharmaprodukte erhoben. Nach erfolgloser Beschwerde gegen den Zollbescheid erhebt das Unternehmen Klage beim zuständigen deutschen Gericht. Das Unternehmen beruft sich darauf, dass die Einfuhrzölle nicht mit Art. 30 AEUV (AEUV ist die Abkürzung für Vertrag über die Arbeitsweise der Europäischen Union [lesen!]) vereinbar seien.

Frage: *Darf sich das Unternehmen vor dem nationalen Gericht auf Normen aus dem Unionsrecht berufen?*

I. Rechtslage seit dem Inkrafttreten des Reformvertrags von Lissabon

Seit dem Inkrafttreten des Reformvertrags von Lissabon (kurz: Lissabonvertrag) am 01.12.2009 haben sich einige wichtige Änderungen im EU-Recht ergeben. Zunächst wurde die Europäische Gemeinschaft aufgelöst. Die Europäische Union ist die Rechtsnachfolgerin der Europäischen Gemeinschaft, vgl. Art. 1 III S. 3 EUV. Man spricht demnach auch nicht mehr von Gemeinschaftsrecht, sondern von Unionsrecht. Grundlage des Unionsrechts sind der Vertrag über die Europäische Union (EUV) und der Vertrag über die Arbeitsweise der Europäischen Union (AEUV), vgl. Art. 1 III S. 1 EUV. Diese beiden Verträge sowie das von der Europäischen Union erlassene Sekundärrecht sind neben der Europäischen Grundrechtecharta der Prüfungsgegenstand des Europarechts.

II. Rechtsquellen des Unionsrechts

Die Rechtsquellen des Unionsrechts werden hauptsächlich nach **primärem** und **sekundärem** Unionsrecht unterschieden. Darüber hinaus gibt es auch noch die völkerrechtlichen Verträge der Union und das Völkergewohnheitsrecht. Die Normen des Unionsrechts sind sowohl untereinander als auch im Verhältnis zu den Normen des nationalen Rechts der Mitgliedstaaten in einem Rangverhältnis geordnet.

1. Primärrecht

Zum Primärrecht gehören die Verträge, das heißt der EUV und der AEUV, sowie der Vertrag zur Gründung der Europäischen Atomgemeinschaft (EA) samt ihrer Anhänge und Protokolle. Während der EUV die Funktion und die Strukturen der EU erklärt, enthält der AEUV konkrete Angaben zu den Befugnissen und den Handlungsweisen der Unionsorgane.

Außerdem gehören zum Primärrecht die allgemeinen Rechtsgrundsätze, das Gewohnheitsrecht und die Unionsgrundrechte aus der Europäischen Grundrechtecharta (EGRCh).

Anmerkung: Merke: Primärrecht = EUV, AEUV, EGRCh und allgemeine Rechtsgrundsätze!

2. Sekundärrecht

Das Sekundärrecht lässt sich dem Katalog des Art. 288 AEUV entnehmen.

Das Sekundärrecht wird von den Gesetzgebungsorganen der Union erlassen. Da die Union aber nicht selbst die Kompetenz-Kompetenz besitzt, können die Gesetzgebungsorgane der Union nur handeln, wenn die Mitgliedstaaten in den Verträgen einzelne Bereiche ihrer Gesetzgebungskompetenzen auf die Union übertragen haben - so genanntes **Prinzip der begrenzten Einzelermächtigung, vgl. Art. 5 I, II EUV.**

Das Sekundärrecht besteht aus **Verordnungen**, die unmittelbar für den einzelnen Unionsbürger gelten (Art. 288 II AEUV), aus **Richtlinien**, die sich an die Mitgliedstaaten richten und der Umsetzung bedürfen (Art. 288 III AEUV) und aus **Beschlüssen** (Art. 288 IV AEUV). Die in Art. 288 V AEUV aufgeführten Empfehlungen und Stellungnahmen sind **nicht** rechtsverbindlich.[1]

Anmerkung: Merke: Sekundärrecht = Art. 288 AEUV: Verordnungen, Richtlinien und Beschlüsse sind rechtsverbindlich.

III. Rangordnung innerhalb des Unionsrechts – „Normenhierarchie"

Um Kollisionen der Normen untereinander auflösen zu können, ist auch das Unionsrecht durch das Prinzip der Normabstufung geordnet. Diese Einordnung ist unter dem Stichwort der unionsrechtlichen Normenhierarchie bekannt.

1. An der **Spitze der unionsrechtlichen Normenhierarchie** stehen die **Normen des Primärrechts (EUV, AEUV, EGRCh, allgemeine Rechtsgrundsätze).**

Sie gehen allen anderen Normen vor, sind aber untereinander als gleichrangig einzustufen.

2. Die von der Union abgeschlossenen **völkerrechtlichen Verträge** sind nach ständiger EuGH-Rechtsprechung integrierender Bestandteil des Unionsrechts. Sie stehen in der Hierarchie zwischen Primär- und Sekundärrecht.

3. Den **untersten Rangplatz** nimmt das **Sekundärrecht** ein. Es ist an den beiden oberen Normenstufen zu messen.

hemmer-Methode: Merke: Sekundärrecht muss mit den Unionsgrundrechten und dem Primärrecht übereinstimmen.

IV. Gliederung

Fallfrage: *Darf sich das Unternehmen vor dem nationalen Gericht auf Normen aus dem Unionsrecht berufen?*

Unmittelbare Anwendbarkeit von Primärrecht

Eine Bestimmung des AEUV (= Primärrecht) ist dann unmittelbar anwendbar, wenn sie

1 Darüber hinaus gibt es noch das (im Pflichtfach kaum relevante) Tertiärrecht. Von diesem wird gesprochen, wenn beispielsweise die Kommission von den Gesetzgebungsorganen (Parlament und Rat) zum Erlass von Rechtsakten ermächtigt wird.

1. **rechtlich vollkommen ist,**
   d.h. klar und hinreichend genau formuliert ist,
2. **inhaltlich unbedingt ist,**
   d.h. kein Vorbehalt oder zeitlicher Aufschub, nicht von weiteren Rechtsakten abhängig,
3. **den Mitgliedstaaten Handlungs- oder Unterlassungspflichten auferlegt.**

V. Lösung

Unmittelbare Anwendbarkeit[2]

Zu klären ist, ob sich das deutsche Unternehmen im Verfahren vor einem nationalen Gericht auf Art. 30 AEUV als Norm des Unionsrechts berufen darf. Dies ist nur möglich, wenn Art. 30 AEUV als Norm des AEU-Vertrages in einem Mitgliedstaat unmittelbar, d.h. ohne weiteren Umsetzungsakt, Anwendung findet.

1. Primärrecht grundsätzlich innerstaatlich anwendbar

Der AEUV und der EUV sind völkerrechtliche Verträge, die zwischen den Mitgliedstaaten der EU geschlossen wurden. Diese Verträge gelten grundsätzlich nur für Staaten und nicht für Individuen. Daher ist fraglich, ob sich das Transportunternehmen auf Normen aus dem AEUV berufen kann.

Die EU ist aber eine supranationale zwischenstaatliche Einrichtung.[3] Das bedeutet, dass die Gründungsverträge (Primärrecht) und die auf ihrer Grundlage erlassenen Rechtsakte (Sekundärrecht) im Unterschied zu den Rechtsnormen herkömmlicher internationaler Organisationen eine **eigene Rechtsordnung** darstellen,[4] die der nationalen Rechtsordnung sogar vorrangig sind. Diese Besonderheit unterscheidet das Europarecht vom herkömmlichen Völkerrecht.

Der Grund für die Supranationalität der EU liegt darin, dass die Mitgliedstaaten **Teile ihrer Hoheitsgewalt auf die Union übertragen haben**, sodass die Union nunmehr in diesen Bereichen Gesetzgebungskompetenz besitzt und **eine von den Mitgliedstaaten verschiedene, eigene, supranationale, öffentliche Gewalt** innehat.[5]

Die Rechtsgrundlage für die Übertragung solcher Hoheitsrechte ist für die Bundesrepublik Art. 23 I S. 2 GG.

Der EuGH und das BVerfG begründen die innerstaatliche Anwendbarkeit des Unionsrechts auf unterschiedliche Art und Weise:

a) Der **EuGH** entnimmt die unmittelbare innerstaatliche Anwendbarkeit des Unionsrechts der Unionsrechtsordnung an sich, die er als eine „neue Rechtsordnung des Völkerrechts“ bezeichnet, deren Rechtssubjekte neben den Mitgliedstaaten **auch** die einzelnen Unionsbürger sind (sog. europarechtlicher Ansatz).[6]

Als Begründung zieht der EuGH hauptsächlich die **Übertragung einzelner Hoheitsrechte** von den Mitgliedstaaten auf die Union heran.

---

2 Unmittelbare Wirkung, Geltung und Anwendbarkeit werden überwiegend synonym verwendet.

3 BVerfG, NJW 1993, 3047, 3051 = **juris**byhemmer. (Wenn dieses Logo hinter einer Fundstelle abgedruckt wird, finden Sie die Entscheidung online unter „juris by hemmer“: www.hemmer.de).

4 EuGH, Rs. 6/64, („Costa/Enel“), Slg. 1964, 1251, 1269 f. = **Hemmer/Wüst, Classics Europarecht, Fall 9, 17 f.**; BVerfGE 22, 293, 296; 31, 145, 173 = **juris**byhemmer.

5 BVerfGE 22, 293, 296 = **juris**byhemmer.

6 EuGH, Rs. 26/62, („Van Gend & Loos“), Slg. 1963, 1 ff. = **Hemmer/Wüst, Classics Europarecht, Fall 1, 1 ff.**

b) Das **BVerfG** verbindet den innerstaatlichen Geltungsgrund und die Möglichkeit einer unmittelbaren, innerstaatlichen Anwendbarkeit des Unionsrechts mit dem **innerstaatlichen Rechtsanwendungsbefehl** der Zustimmungsgesetze zu den Unionsverträgen.

Diesen Rechtsanwendungsbefehl entnimmt es Art. 23 I S. 2 GG (Vollzugstheorie).[7]

c) Nach beiden Ansichten muss das Unionsrecht in den einzelnen Mitgliedstaaten anwendbar sein.[8]

2. Voraussetzungen der unmittelbaren Anwendbarkeit von Primärrecht

Bislang wurde festgestellt, dass die Normen des Unionsrechts **grundsätzlich** innerstaatliche Anwendung finden müssen. Nicht alle Normen des Unionsrechts, insbesondere des AEUV-Vertrages, jedoch sind so beschaffen, dass sie **unmittelbar (direkt) angewendet** werden können. Oftmals sind die Vorschriften des AEUV nur Verfahrensregeln (bspw. im Gesetzgebungsverfahren) oder Kompetenzzuweisungen, auf die sich der Bürger nicht berufen kann.

Der EuGH stellte daher zusätzliche Kriterien auf, die erfüllt sein müssen, damit sich der **einzelne Bürger** auf Normen aus dem AEUV berufen kann. Diese Kriterien fordern wie folgt:

a) Die Bestimmung muss rechtlich vollkommen sein

Zunächst einmal muss die Bestimmung klar und **hinreichend genau** formuliert sein, sodass sie ohne jede weitere Konkretisierung anwendbar ist. Art. 30 AEUV ist eine Kernbestimmung der einheitlichen Zollunion.

Der Wortlaut der Vorschrift verbietet klar Ein- und Ausfuhrzölle sowie Abgaben gleicher Wirkung zwischen Mitgliedstaaten und bedarf keiner weiteren Erklärung oder Konkretisierung. Art. 30 AEUV ist hinreichend genau.

b) Die Bestimmung muss inhaltlich unbedingt sein

Die Bestimmung darf mit keinem Vorbehalt oder zeitlichen Aufschub versehen sein. Insbesondere darf ihre Anwendbarkeit nicht von weiteren Rechtsakten der Union oder der Mitgliedstaaten abhängig sein.

Art. 30 AEUV ist keiner Bedingung unterworfen und ohne weiteren Ausführungsakt anwendbar und erfüllt daher auch diese Anforderung.

c) Den Mitgliedstaaten müssen durch die Vorschrift Handlungs- oder Unterlassungspflichten auferlegt sein

Nur in diesen Fällen bekommt der Bürger die Auswirkungen des gemeinsamen Marktes **unmittelbar** zu spüren. Art. 30 AEUV verbietet den Mitgliedstaaten das Erheben von Ein- und Ausfuhrzöllen und begründet damit eine konkrete Unterlassungspflicht. Somit wäre auch die letzte vom EuGH geforderte Voraussetzung der unmittelbaren Anwendbarkeit des Art. 30 AEUV erfüllt.

---

7 BVerfGE 31, 145, 173 ff. = **juris**byhemmer; 73, 339, 374 f. = **juris**byhemmer = **Hemmer/Wüst Classics Europarecht, Fall 11, 21 f.**

8 Dabei vertritt der EuGH die pragmatischere, der BGH die dogmatischere Ansicht.

d) Ergebnis

Art. 30 AEUV ist rechtlich vollkommen, inhaltlich unbedingt und legt den Mitgliedstaaten bestimmte Unterlassungspflichten auf. Mithin sind die vom EuGH aufgestellten Kriterien für eine unmittelbare Anwendbarkeit erfüllt.

Das deutsche Transportunternehmen kann sich daher vor dem zuständigen deutschen Gericht auf die Vorschrift aus dem Unionsrecht berufen.

VI. Zusammenfassung

- Das gesamte Unionsrecht stellt aufgrund seiner Supranationalität eine eigene Rechtsordnung dar, deren Bestimmungen in den Mitgliedstaaten grundsätzlich Anwendung finden.
- Damit sich der einzelne Bürger auf Primärrecht berufen kann, müssen als Voraussetzung der unmittelbaren Anwendbarkeit die Normen des Primärrechts **rechtlich vollkommen** und **inhaltlich bestimmt** sein, sowie **den Mitgliedstaaten konkrete Handlungs- bzw. Unterlassungspflichten auferlegen**.
- Mittlerweile ist für die wichtigsten Normen des AEUV die unmittelbare Anwendbarkeit anerkannt, insbesondere sind die **Grundfreiheiten unmittelbar anwendbar.** Auch die Grundrechte der EGRCh sind unmittelbar anwendbar, wenn die Unionsorgane oder die Mitgliedstaaten Unionsrecht vollziehen, vgl. Art. 51 I S. 1 EGRCh i.V.m. Art. 6 EUV.

Sound: Bei Erfüllung der Voraussetzungen einer unmittelbaren Anwendbarkeit kann sich der einzelne Unionsbürger (auch vor nationalen Gerichten) auf die Normen des AEUV (Primärrecht) berufen. Dies gilt insbesondere für alle Grundfreiheiten.

VII. Zur Vertiefung

- Rechtsquellen des Unionsrechts: Hemmer/Wüst, Europarecht, Rn. 50 ff.

Fall 2: Kollision von Unionsrecht mit einfachen Gesetzen – Anwendungsvorrang des Unionsrechts

Sachverhalt:

Der zuständige Richter des Finanzgerichts, bei dem das deutsche Transportunternehmen die Klage gegen den Zollbescheid erhoben hat, fragt sich nun, welches Recht er bei einer solchen Kollision der Inhalte der Normen anzuwenden habe – das EU-Recht oder das nationale Recht? Für den Fall, dass er das EU-Recht anzuwenden hat, ist ihm nicht klar, was er bezüglich der nationalen Regelung unternehmen soll. Soll er diese verwerfen? Eigentlich hat in Deutschland ja nur das Bundesverfassungsgericht nach Art. 100 I GG das Verwerfungsmonopol für nationales Recht.

Aufgabe: *Bereiten Sie gutachterlich die Antwort auf die aufgeworfenen Fragen vor.*

I. Einordnung

Das gesamte Unionsrecht geht grundsätzlich dem nationalem Recht vor, sogenannter **Anwendungsvorrang des Unionsrechts.** Besonderheiten sind dabei jedoch im Verhältnis Unionsrecht zu deutschem Verfassungsrecht zu beachten, vgl. hierzu Fall 3.

II. Übersicht über Anwendungs- und Geltungsvorrang

Sofern einem Gesetz **Anwendungsvorrang** zukommt, ist es vorrangig vor dem in Kollision stehenden Gesetz anzuwenden. Das nicht anwendbare (deutsche) Gesetz bleibt aber dennoch wirksam und findet für die Fälle, in denen keine Kollision besteht, weiterhin Anwendung.

Ein **Geltungs**vorrang hingegen **bewirkt die Nichtigkeit** des nachrangigen Rechts.

Das Unionsrecht besitzt jedoch gegenüber nationalem Recht Anwendungs- und nicht Geltungsvorrang. Der Anwendungsvorrang gilt dabei unabhängig davon, ob das Unionsrecht zeitlich vor oder nach dem deutschen Recht erlassen wurde.[9]

III. Gliederung

Frage 1:
Verhältnis Unionsrecht zu nationalem Recht - Rangfrage

1. **EuGH** sieht uneingeschränkten Anwendungsvorrang des Unionsrechts vor nationalem Recht jeden Ranges. Grund: **effet utile, Art. 4 III EUV**, **Supranationalität der Gemeinschaft.**
2. **BVerfG** erkennt den Vorrang des Unionsrechts vor nationalen Gesetzen einfachen Ranges aufgrund der Übertragung der Hoheitsbefugnisse nach Art. 23 I S. 2 GG an (= sog. **innerstaatlicher Rechtsanwendungsbefehl der Zustimmungsgesetze zum AEUV**).

---

9 So hat der EuGH hat bereits im Fall Costa/ENEL entschieden, dass ein Mitgliedstaat nicht durch das Erlassen eines späteren, gegenläufigen Gesetzes die Bestimmungen des Unionsrechts umgehen kann.

Frage 2:
Rechtsfolgen des Anwendungsvorranges

⇨ Nationales Recht bleibt bestehen

⇨ Eine Vorlage an das BVerfG nach Art. 100 I GG wäre daher sowohl unzulässig als auch überflüssig

⇨ Jeder Rechtsanwender muss den Anwendungsvorrang beachten

IV. Lösung

Frage 1

Rangfrage/Anwendungsvorrang

Bedingt durch die innerstaatliche Wirkung des EU-Rechts gelten zwei Rechtsordnungen nebeneinander: das nationale Recht und das Unionsrecht. Deswegen stellt sich die Frage des Anwendungsvorranges.

Nach dem vorliegenden Sachverhalt ist zu untersuchen, ob Art. 30 AEUV oder die inländischen Finanzvorschriften Anwendung finden.

1. Rechtsprechung des EuGH

In seiner Entscheidung *Costa/ENEL*[10] spricht der EuGH der Unionsrechtsordnung aufgrund der Übertragung von Hoheitsbefugnissen seitens der Mitgliedstaaten supranationalen Charakter zu und vertritt den **absoluten Anwendungsvorrang von Unionsrecht jeden Ranges gegenüber innerstaatlichem Recht.** Der EuGH führt an, dass die Mitgliedstaaten auf unbestimmte Zeit den Organen der Union Teile ihrer Gesetzgebungsbefugnisse übertragen haben. Die Mitgliedstaaten dürfen auf diesen Sachgebieten keine Vorschriften mehr erlassen, so dass das Unionsrecht dem nationalen Recht vorgeht.

Insbesondere ist auch das Ziel des Binnenmarktes (Art. 26 AEUV) nur dann zu erreichen, wenn die nationalen Rechtsordnungen nicht wieder vom Unionsrecht abweichen. Der EuGH stützt sich in seiner Argumentation auf **Art. 4 III EUV (sog. Effizienzgebot oder auch effet utile)**. Er meint damit, dass das Unionsrecht nur dann effektiv Wirkung entfaltet, wenn es in allen 27 Mitgliedstaaten gleichermaßen gilt. Um dieses Ziel zu erreichen, muss es gegenüber anders lautenden innerstaatlichen Regelungen Anwendungsvorrang haben.

Die Wirksamkeit und effektive Umsetzung des Unionsrechts wären in Frage gestellt, wenn es den einzelnen Mitgliedstaaten möglich wäre, dem AEUV gegenüber vorrangige Rechtsquellen zu schaffen.[11]

Daher gilt der Anwendungsvorrang des Unionsrechts gegenüber nationalem Recht.

An diesem Anwendungsvorrang nimmt aus Sicht des EuGH das ganze Unionsrecht (für Sie insbesondere wichtig: Primär- und Sekundärrecht) teil.

2. Anerkennung des Anwendungsvorranges durch das Bundesverfassungsgericht

Als Konsequenz des innerstaatlichen Zustimmungsgesetzes zum Primärrecht und als Konsequenz der Übertragung von Hoheitsrechten nach Art. 23 I S. 2 GG hat auch das Bundesverfassungsgericht den Anwendungsvorrang des gesamten Unionsrechts **vor einfachen Gesetzen** ausdrücklich anerkannt.[12]

---

[10] EuGH, Rs. 6/64, Slg. 1964, 1251; besprochen in **Hemmer/Wüst, Classics Europarecht, Fall 9**.

[11] EuGH Rs. 6/64, Slg. 1964, 1141.

[12] BVerfGE 31, 145 = **juris**byhemmer, Lütticke, und BVerfGE 37, 271 (277 ff.) = **juris**byhemmer.

Exkurs: Diesem Vorrang, der auf die **verfassungsrechtliche Ermächtigung aus Art. 23 I S. 2 GG** zurückzuführen ist, sind aber auch Schranken, nämlich aus Art. 23 I S. 3 GG, auferlegt (sog. **Schranken der Integration**).[13] Dies führt zur Solange-Rechtsprechung des BVerfG, vgl. Fall 3.

3. Ergebnis

Art. 30 AEUV ist im vorliegenden Fall vorrangig vor den Normen des nationalen Rechts anzuwenden.

Frage 2

1. Rechtsfolgen des Anwendungsvorranges

Der Richter sieht die Notwendigkeit und die Begründung des Anwendungsvorranges von Unionsrecht ein. Er fragt sich jedoch, was das nun für ihn bedeutet. Muss oder soll er das nationale Recht wegen des Anwendungsvorranges des Unionsrechts nun verwerfen? Eigentlich habe doch das Bundesverfassungsgericht das Verwerfungsmonopol. Soll er diesem nun das nationale Gesetz in einer konkreten Normenkontrolle nach Art. 100 I GG vorlegen?

Aus mehreren Gründen ist von diesem Vorgehen dringend abzuraten:

a) Art. 100 I S. 1 GG sieht nur eine Überprüfungs- und Verwerfungskompetenz im Falle der Verfassungs- und damit der Grundgesetzwidrigkeit von Rechtsnormen vor. Die Grundgesetzwidrigkeit aber steht hier nicht in Frage. Vielmehr geht es um einen Verstoß nationalen Rechts – des Einfuhrzolls – gegen Unionsrecht.

Das BVerfG hat hierfür also gar keine Prüfungskompetenz, vgl. den Wortlaut des Art. 100 I S. 1 GG.

b) Zudem besagt der Anwendungsvorrang – anders als der Geltungsvorrang – gerade nicht, dass eine Norm verworfen wird. Sie soll vielmehr nur im Kollisionsfall nicht zur Anwendung gelangen. Folglich ist bei einem Anwendungsvorrang auch nicht die Alleinverwerfungskompetenz des BVerfG tangiert.

c) Vielmehr muss jeder Rechtsanwender – somit Gerichte und Verwaltung – selbstständig nationales Recht unangewendet lassen, sofern es dem Unionsrecht widerspricht.[14] Dies gebietet u.a. der Effektivitätsgrundsatz, **effet utile**, des Art. 4 III EUV.

2. Ergebnis

Der Richter selbst muss die Vorschrift des nationalen Rechts unangewendet lassen. Eine Vorlage an das BVerfG wäre zum einen unzulässig, da eine Norm des Unionsrechts kein zulässiger Prüfungsmaßstab ist (nur nationales Verfassungsrecht ist Prüfungsmaßstab, vgl. Art. 100 I S. 1 GG).

Zudem bedarf es einer Vorlage nicht, da bei einem Anwendungsvorrang gar keine Norm verworfen wird. Eine Vorlage nach den EuGH ist nach Art. 267 II AEUV zulässig, aber grundsätzlich nicht verpflichtend, vgl. Art. 267 III AEUV.[15]

V. Zusammenfassung

- Das gesamte Unionsrecht genießt Anwendungsvorrang vor nationalem Recht einfachen Ranges. Begründung:

[13] Vgl. Fall 3, Solange-I und -II-Rechtsprechung.

[14] EuGH, NVwZ 2001, 421 = **juris**byhemmer.

[15] Vgl. Fall 21.

- Notwendigkeit der einheitlichen Anwendung und Auslegung von Unionsrecht, Übertragung von Gesetzgebungsbefugnissen von den Mitgliedstaaten auf die Unionsorgane und
- damit einhergehende Supranationalität der Gemeinschaft.

▪ Unionsrecht ist niemals Prüfungsmaßstab einer Normenkontrolle nach Art. 100 I S. 1 GG. Prüfungsmaßstab kann nach Art. 100 I GG nur nationales Verfassungsrecht sein.

▪ Da bei Anwendungsvorrang keine Norm nationalen Rechts verworfen wird, kann und muss jeder Rechtsanwender den Anwendungsvorrang automatisch selbst befolgen.

VI. Zur Vertiefung

▪ Hemmer/Wüst, Classics Europarecht, Fall 9

▪ Hemmer/Wüst, Europarecht, Rn. 272 ff.

Fall 3: Kollision von Sekundärrecht mit deutschem Verfassungsrecht

Sachverhalt:

Die Zigarettenfabrikantin S. Teuwe-Sand GmbH möchte sich gegen eine EU-Verordnung wehren. Die Verordnung sieht vor, dass auf den in der EU verkauften Zigarettenpackungen fett gedruckte Hinweise auf die gesundheitsschädlichen, mitunter tödlichen Folgen des Nikotingenusses stehen müssen. Seit dem Inkrafttreten dieser Verordnung ist der Umsatz der GmbH um ganze 20 % zurückgegangen. In einem Gerichtsverfahren wurde bereits eine Vorabentscheidung des EuGH eingeholt:

Dieser sieht keine Mängel der Verordnung, befindet sie für rechtmäßig und insbesondere mit den europäischen Grundrechten im Einklang. Die GmbH sieht sich in ihren Grundrechten aus Art. 12 und 14 GG verletzt und bittet nun den Anwalt C. Amel darum, Verfassungsbeschwerde einzulegen.

Frage: *Ist die Verfassungsbeschwerde zulässig?*

I. Einordnung

Die Übertragung nationaler Gesetzgebungsbefugnisse auf die Union hat zur Folge, dass grundrechtsrelevante Eingriffe auch von Unionsorganen - bspw. durch Sekundärrecht - ausgehen können. Auch für diesen Fall muss ausreichender Grundrechtsschutz gewährleistet sein. Für den Erlass und Vollzug von Unionsrecht sind als Prüfungsmaßstab die Grundrechte der Europäischen Grundrechtecharta maßgeblich, vgl. Art. 6 I EUV und Art. 51 EGRCh.

Insbesondere ist zu erörtern, ob nach der Übertragung der Hoheitsrechte weiterhin das BVerfG oder vielmehr der EuGH für die Überprüfung der Wahrung der Grundrechte zuständig ist.

II. Übersicht über die Vorrangrechtsprechung des BverfG

1. Der Solange I-Beschluss (1974)

Bis zum Inkrafttreten der EGRCh mit dem Lissabonvertrag am 01.12.2009 gab es auf Unionsebene keinen geschriebenen, verbindlichen Grundrechtskatalog.

Solange also kein ausreichender Grundrechtsschutz auf Unionsebene gewährleistet war, behielt sich das BVerfG vor, auch die Rechtsakte der Union am GG zu überprüfen. Dies führte zu einer Doppelzuständigkeit und einem gewissen Spannungsverhältnis von BVerfG und EuGH, da nach Art. 19 EUV grundsätzlich alleine der EuGH für die Überprüfung des Unionsrechts zuständig war und ist.

In seinem Solange I-Beschluss[16] ging das BVerfG von einem Vorrang des Unionsrechts aus, der seine Grenzen in den Grundrechten des Grundgesetzes fand.

2. Der Solange II-Beschluss (1986)

Mit der Zeit entwickelte sich aber ein umfangreicher Grundrechteschutz auch auf Unionsebene. Der Grundrechtsschutz wurde zunächst über Art. 6 EUV a.F. und die Rechtsprechung des EuGH gewährleistet. Seit dem Inkrafttreten des Lissabonvertrags gilt nunmehr die EGRCh.

Aus diesem Grund geht auch das BVerfG seit seinem Solange II-Beschluss von einem Grundrechtsschutz auf Unionsebene aus, der dem Grundrechtsschutz auf nationaler Ebene ebenbürtig ist.

In seiner Solange II-Entscheidung setzte sich das BVerfG also in eine Art **Kooperationsverhältnis** zum EuGH. Denn es verzichtet seitdem auf eine Überprüfung des Unionssekundärrechts an den Grundrechten des GG, solange der EuGH einen ebenbürtigen Grundrechtsschutz gewährleistet.

Das BVerfG stellte fest, dass es seine Kompetenz, das Unionsrecht am Maßstab des Grundgesetzes zu überprüfen, **nicht mehr ausüben werde, solange ein solch umfassender Grundrechtsschutz auf Unionsebene gewährleistet ist.**[17] Damit sind Verfassungsrechtsbehelfe, die auf die Unvereinbarkeit von Sekundärrecht mit dem Grundgesetz abzielen **unzulässig**![18]

Anmerkung: Die Solange-Recht-sprechung gilt immer nur für das Verhältnis von Sekundärrecht (Verordnungen, Richtlinien, Beschlüsse, vgl. Art. 288 AEUV) und nationalem Verfassungsrecht.
Entsprechend gelten die Grundsätze dieser Rechtsprechung, wenn ein Gesetz angegriffen wird, das die Umsetzung einer Richtlinie darstellt, ohne dass der Gesetzgeber über den Inhalt der Richtlinie hinausgegangen ist.[19]

Achtung: sobald der Gesetzgeber bei der Umsetzung von Richtlinien (dazu näher Fall 4) über deren Inhalt hinausgeht, ist wiederum eine Überprüfung der überobligatorischen Umsetzung anhand der Grundrechte des Grundgesetzes möglich!

III. Gliederung

Zulässigkeit der Verfassungsbeschwerde, Art. 93 I Nr. 4a GG, §§ 13 Nr. 8a, 90 ff. BVerfGG

1. Antragsberechtigung

⇨ Jedermann, Art. 19 III GG

2. Beschwerdegegenstand

⇨ „Akte öffentlicher Gewalt":

EU-VO kein Akt deutscher Staatsgewalt, entfaltet aber Wirkung im deutschen Rechtsraum, was nach BVerfG ausreicht.

3. Besondere Zulässigkeitsvoraussetzung: Prüfungsmaßstab

Problem: Rangverhältnis

⇨ darf Sekundärrecht überhaupt am Grundgesetz überprüft werden?

a) EuGH: (-), da absoluter Anwendungsvorrang des Sekundärrechts

---

[16] BVerfGE 37, 271 = **juris**byhemmer.

[17] BVerfGE 73, 339 = **juris**byhemmer.

[18] Diese Vorgehensweise bestätigte der EuGH im Maastricht-Urteil, BVerfG, NJW 1993, 3047 ff. = **juris**byhemmer; vgl. hierzu auch BVerfG, 2 BvR 2661/06; DVBl. 2010, 1229 = **Life&Law 2010, 694** = **juris**byhemmer.

[19] BVerfG, Beschluss vom 04.10.2011, 1 BvL 3/08 = **Life&Law 12/2011** = **juris**byhemmer ; BVerfG, NVwZ 2004, 1346 = **juris**byhemmer; BVerfG, BayVBl. 2001, 340 = **juris**byhemmer; lesenswerte Ausführungen bei Tillmanns, BayVBl. 2002, 723.

b) BVerfG: Solange-Rspr. und Kooperationsverhältnis zum EuGH

Beachte:

⇨ Der durch Übertragung von Hoheitsbefugnissen und den Anwendungsbefehl des Art. 23 I S. 2 GG begründete Anwendungsvorrang des Unionsrechts hat seine Schranken innerhalb der Grenze des Art. 79 III GG i.V.m. Art. 1 und 20 GG.

Folge:

1) **Solange** der EuGH einen dem Grundgesetz äquivalenten Grundrechtsschutz garantiert, überprüft das BVerfG Sekundärrecht nicht am Grundgesetz.

2) Die Überprüfungskompetenz wird dann erst wieder wahrgenommen, wenn der EuGH offensichtlich, schwerwiegend und nicht nur im Einzelfall den Grundrechtsschutz versagt, also von seiner bisherigen Grundrechte-Rechtsprechung abweicht = **Rüge qualifizierter Verfassungswidrigkeit!**

Hier:

⇨ Bloße Behauptung von Grundrechtsverstoß nicht ausreichend.

4. Ergebnis

⇨ Verfassungsbeschwerde ist unzulässig.

IV. Lösung

Fraglich ist, ob die Verfassungsbeschwerde nach Art. 93 I Nr. 4a GG, §§ 13 Nr. 8a, 90 ff. BVerfGG zulässig ist.

1. Antragsberechtigung

Die S-GmbH müsste antragsberechtigt sein. Dies ist jeder, der Träger des gerügten Grundrechtes sein kann, vgl. Wortlaut „jedermann" des Art. 93 I Nr. 4a GG.

Inländische juristische Personen des Privatrechts sind nach Art. 19 III GG grundrechts- und damit auch beschwerdefähig.

Die Anforderung der dort genannten wesensmäßigen Anwendbarkeit eines Grundrechts auf juristische Personen bedeutet, dass das der Grundrechtsgehalt nicht an die natürlichen Qualitäten eines Menschen anknüpfen darf.[20] In einem solchen Fall ist das Grundrecht nicht auf eine juristische Person anwendbar.

Die S-GmbH sieht sich in ihren Rechten aus Art. 12 und 14 GG verletzt. Auch eine GmbH als juristische Person, vgl. § 13 I GmbHG, ist eigentumsfähig und unterfällt damit dem Schutz des Art. 14 GG.[21] Gleiches gilt für Art. 12 GG. Die GmbH ist demnach antragsberechtigt.

2. Beschwerdegegenstand

Gemäß Art. 93 I Nr. 4a GG ist Beschwerdegegenstand jeder **Akt öffentlicher Gewalt.** Nach der früheren Rechtsprechung des BVerfG zählten hierzu nur Akte der deutschen Staatsgewalt.

Hinsichtlich des Unionsrechts ging das BVerfG dementsprechend früher davon aus, dass erst durch den Vollzug von Unionsrecht durch nationale Behörden ein Akt öffentlicher Gewalt geschaffen war.[22] Von dieser Rechtsprechung ist das BVerfG im Maastricht-Urteil abgewichen. **Allein ausschlaggebend soll nun sein, dass Hoheitsakte Wirkung im deutschen Rechtsraum entfalten.**

---

[20] Pieroth/Schlink, Grundrechte Staatsrecht II, Rn. 150.

[21] Ebenda, Rn. 151.

[22] BVerfGE 58, S.1 (27) – („*Euro-Control*") = **juris**byhemmer.

Damit sind auch Unionsrechtsakte, sofern sie unmittelbar innerstaatlich gelten, Akte der öffentlichen Gewalt i.S.d. Art. 93 I Nr. 4a GG.

Eine EU-Verordnung gilt gemäß Art. 288 II AEUV unmittelbar in jedem Mitgliedstaat und ist damit ein Akt öffentlicher Gewalt i.S.d. Art. 93 I Nr. 4a GG.

3. Besondere Zulässigkeitsvoraussetzung: Prüfungsmaßstab

Prüfungsmaßstab einer Verfassungsbeschwerde sind die Grundrechte des Grundgesetzes, vgl. Art. 93 I Nr. 4a GG.

Möglicherweise darf jedoch die Rechtmäßigkeit eines Unionsrechtsaktes, der dem nationalen Recht vorgeht (vgl. hierzu Fall 1 und 2), gar nicht an der deutschen Verfassung überprüft werden. Fraglich erscheint, ob dieser Vorrang wirklich schrankenlos ist.

a) Ansicht des EuGH

Nach Ansicht des EuGH geht Unionsrecht jeden Ranges dem nationalen Recht jeden Ranges vor. Damit ist jeder Kollisionsfall gelöst, Unionsrecht darf nicht am Grundgesetz überprüft werden.

b) Ansicht des BVerfG

Das BVerfG als Wächter über die Grundrechte sieht dies jedoch etwas differenzierter:

Zwar geht nach der Übertragung von Hoheitsbefugnissen nach Art. 23 I S. 2 GG das Unionsrecht dem Grundgesetz vor. Jedoch kennt Art. 23 I S. 3 GG i.V.m. Art. 79 III GG auch Schranken dieser Übertragung:

Gewährleistet sein müssen nach Art. 79 III GG die in Art. 1 und 20 GG niedergelegten Grundsätze. Dazu zählt unter anderem auch die Menschenwürde und damit einhergehend eine generelle Grundrechtsverbürgung.

Solange also der EuGH einen dem Grundgesetz äquivalenten Grundrechtsschutz gewährleistet, sind die Schranken der Art. 23 I S. 3, 79 III, 1 und 20 GG nicht überschritten und das BVerfG übt seine Prüfungskompetenz nicht aus.

Erst wenn vom Antragsteller ausführlich dargelegt wird, dass der Mindeststandard des Grundrechtsschutzes vom EuGH nicht mehr gewährleistet wird, sind die in Art. 23 I S.3, 79 III, 1 und 20 GG festgelegten Schranken der Übertragung der Hoheitsbefugnisse überschritten und der Prüfungsmaßstab des Grundgesetzes für das BVerfG wieder eröffnet.

Das BVerfG nimmt also solange seine Kompetenz zur Überprüfung von Sekundärrecht nicht wahr, wie der EuGH einen ausreichenden Grundrechtsschutz gewährleistet. Eine solche Gewährleistung sieht das BVerfG zurzeit als generell gegeben an.

Anmerkung: Dieses ausgeklügelte System des BVerfG zur Verhinderung einer Kompetenzstreitigkeit mit dem EuGH wird als **Kooperationsverhältnis** zwischen den beiden Gerichtshöfen bezeichnet.

c) Zwischenergebnis

Die Zulässigkeit einer Verfassungsbeschwerde gegen eine EU-Verordnung hängt somit davon ab, ob die Rüge qualifizierter Verfassungswidrigkeit erhoben wird.

Dies bedeutet, dass der Beschwerdeführer darlegen muss, dass sich der EuGH nicht nur im Einzelfall, sondern **offensichtlich, schwerwiegend und anhaltend** von der Gewährleistung des Grundrechtsschutzes abkehrt.[23]

Dies bedeutet, der Beschwerdeführer muss die so genannte „Rüge qualifizierter Verfassungswidrigkeit“ des EuGH-Vorgehens erheben.

Erst dann sind die Rechtsprinzipien des Art. 79 III AEUV verletzt und damit die Schranken der Integrationsermächtigung überschritten.

Anmerkung: Nicht eindeutig geklärt ist, ob das BVerfG über eine Verfassungsbeschwerde unabhängig von der Solange-Rechtsprechung entscheiden würde, wenn im Einzelfall eine Verletzung des Kernbereichs des Art. 23 I S. 3, 79 III, 1, 20 GG im Spiel ist oder ob auch diese Identitätskontrolle auf den Fall beschränkt ist, dass der EuGH generell keinen ausreichenden Grundrechtsschutz mehr gewährt.

Neben der Rüge der qualifizierten Verfassungswidrigkeit erkennt das BVerfG grundsätzlich noch die Möglichkeit einer sog. ultra-vires-Rüge an. Hierunter fallen Kompetenzüberschreitungen der Organe der EU beim Erlass des Sekundärrechts, d.h. Verletzungen des Art. 23 I S. 2 GG.

Anmerkung: Nach dem Prinzip der begrenzten Einzelermächtigung, Art. 5 I, II EUV kann die EU Sekundärrecht nur erlassen, soweit sie dazu von den Mitgliedstaaten eine Kompetenz überragen erhalten hat. Die Möglichkeit dazu findet sich in Art. 23 I S. 2 GG. Eine Verordnung der Union, die Grenzen der übertragenen Kompetenz überschreitet, ist im deutschen Rechtsraum nicht anwendbar. Die entsprechende Kontrolle nennt man ultra-vires-Kontrolle.[24]

Allerdings gelten die Grundsätze zum Kooperationsverhältnis zwischen EuGH und BVerfG auch für die ultra-vires-Kontrolle. Allenfalls dann eine schwerwiegende und offenkundige Kompetenzüberschreitung vorliegt, kommt ein Verfahren beim BVerfG in Betracht – aber auch dann nur dann in Subsidiarität zu den Verfahren vor dem EuGH.[25]

Für einen solchen Fall ist vorliegend nichts ersichtlich.

4. Ergebnis

Hier hat der EuGH im Rahmen einer Vorabentscheidung die Grundrechtskonformität der Verordnung bestätigt. Die Beschwerdeführerin der Verfassungsbeschwerde hat sich allein auf die Verletzung des Art. 12 und 14 GG berufen ohne darzulegen, dass der EuGH von seinem bisherigen Grundrechtsschutz der Eigentums- und Berufsfreiheit abgewichen ist. Damit ist die Verfassungsbeschwerde **unzulässig.**

Anmerkung: Art. 23 I GG wurde erst nach der Solange-Rechtsprechung des BVerfG eingefügt. Das BVerfG bestätigte aber die Fortführung seiner Solange-Rechtsprechung kumulativ bzw. innerhalb der Prüfung des Art. 23 GG in seinem Beschluss zur Bananenmarktverordnung.[26]

[23] So Limbach, NJW 2001, 2917.

[24] BVerfG, 2 BvE 2/08 Urteil vom 30.6.2009, **Life&Law 9/2009** = **juris**byhemmer (= Lissabon-Entscheidung).

[25] BVerfG, 2 BvR 2661/06; DVBl. 2010, 1229 = Life&Law 2010, 694 = **juris**byhemmer (= Mangold).

[26] BVerfG, NJW 2000, 3124 = BayVBl. 2000, 754 = **Life&Law 2001, 64** (*„Bananenmarktverordnung“*) = **juris**byhemmer.

V. Zusammenfassung

- Solange auf Unionsebene ein dem Grundgesetz ebenbürtiger Grundrechtsschutz gewährt wird, sind Rechtsakte der Gemeinschaft, die unmittelbar im deutschen Rechtsraum gelten (Verordnungen, unmittelbar geltende Richtlinienbestimmungen und Beschlüsse= Sekundärrecht!) zwar nach dem Maastricht-Urteil zulässiger Beschwerdegegenstand einer Verfassungsbeschwerde.
- Solange der EuGH aber äquivalenten Grundrechtsschutz gewährleistet, ist eine Verfassungsbeschwerde nach nationalem Recht unzulässig.
- Aufgrund der Regelung der Art. 23 I S. 3 GG i.V.m. Art. 79 III GG übt das BVerfG seine Prüfungskompetenz nur bei einer **Rüge qualifizierter Verfassungswidrigkeit aus**, wenn also dargelegt wird, dass ein Grundrechtsschutz auf Unionsebene nicht mehr gewährleistet wird.
- Dies wird nur der Fall sein, wenn der EuGH nachhaltig von seiner bisherigen Grundrechtsrechtsprechung abweicht – sogenanntes Kooperationsverhältnis zwischen BVerfG und EuGH. Nur unter diesen Voraussetzungen ist die ultra-vires-Kontrolle beim BVerfG, also die Rüge der Verletzung des Art. 23 I S. 2 GG, zulässig.
- **Sound:** Sofern nicht die Rüge qualifizierter Verfassungswidrigkeit erhoben wird, sind Verfassungsrechtsbehelfe „gegen" Unionsrechtsakte unzulässig.

VI. Exkurs zur Kollision von Primärrecht mit Verfassungsrecht

Achtung! Auch Regelungen des EUV und des AEUV können mit dem Grundgesetz in Widerspruch stehen. Die Solange-Rechtsprechung des BVerfG gilt dann nicht, da sie ausschließlich sekundäres Unionsrecht betrifft!

Da das BVerfG nicht das Primärrecht überprüfen darf – dies ist dem EuGH vorbehalten –, ist Prüfungsgegenstand dann nicht das Primärrecht selbst, sondern das deutsche Zustimmungsgesetz zum AEUV (bspw. das Zustimmungsgesetz zum Lissabon-Vertrag, das Veränderungen des Primärrechts billigt).

Dieses Zustimmungsgesetz nach Art. 59 II GG erteilt nach dem BVerfG den Rechtsanwendungsbefehl für das primäre Unionsrecht. Bei einem Widerspruch zwischen Unionsrecht und der Verfassung wäre demnach auch das Zustimmungsgesetz verfassungswidrig. Da dieses den Rechtsanwendungsbefehl enthält, ist das Zustimmungsgesetz auf die Verfassungsmäßigkeit zu überprüfen (denn wenn das Zustimmungsgesetz gekippt wird, dann findet auch das damit anzuwendende Primärrecht in Deutschland keine Anwendung).

Der Prüfungsmaßstab für die Überprüfung der Verfassungsmäßigkeit des Zustimmungsgesetzes ergibt sich wiederum aus Art. 23 I S. 3 GG i.V.m. Art. 79 III GG:

Das Zustimmungsgesetz darf nicht gegen die in Art. 79 III GG niedergelegten Grundsätze verstoßen und es darf nicht das „Grundgefüge der Verfassung antasten“ (sog. Grenzen der Integration, Identitätskontrolle).[27]

VI. Zur Vertiefung

- Hemmer/Wüst, Europarecht, Rn. 285 ff. (Europäisches Recht und deutsches Verfassungsrecht).

---

27 BVerfG, 2 BvE 2/08 Urteil vom 30.6.2009, **Life&Law 9/2009** = **juris**byhemmer ; ausführlich Fall 3a.

Fall 3a: Kollision von Primärrecht mit deutschem Verfassungsrecht

Sachverhalt:

Nach dem Aushandeln und der Einigung der Staats- und Regierungschefs über den Vertrag von Lissabon im Dezember 2007 (auch Reformvertrag genannt), muss dieser nun innerstaatlich in jedem einzelnen Mitgliedsstaat ratifiziert werden, dann erst kann der Vertrag von Lissabon als multilateraler völkerrechtlicher Vertrag Wirksamkeit entfalten. Je nach nationaler Rechtsordnung geschieht dies auf unterschiedliche Art und Weise: in manchen Staaten ist dafür ein Volksreferendum erforderlich. In Deutschland geschieht die innerstaatliche Ratifikation nach Art. 23 I S.2, 59 II GG über ein Zustimmungsgesetz. Gegen das Zustimmungsgesetz bezüglich des Vertrages von Lissabon wird von einem Drittel der Mitglieder des Bundestages die abstrakte Normenkontrolle beim BVerfG eingelegt und zwar noch bevor das Zustimmungsgesetz in Deutschland vom Bundespräsidenten unterschrieben und ausgefertigt wurde.

Frage 1: *Wieso können noch vor Ausfertigung des Gesetzes, damit vor dessen Inkrafttreten, Verfassungsrechtsbehelfe erhoben werden?*

Frage 2: *Wieso darf das BVerfG das Zustimmungsgesetz überprüfen und was ist der Prüfungsmaßstab?*

I. Einordnung

Wohingegen in Fall 3 die Kollision von Sekundärrecht mit Verfassungsrecht besprochen und dessen Lösung über die Solange-Rechtsprechung des BVerfG aufgezeigt wurde, muss nunmehr die Kollision von Primärrecht mit Verfassungsrecht untersucht werden. Hierbei gilt die Solange-Rechtsprechung **nicht**, diese wurde **allein und ausschließlich** für das Verhältnis von Sekundärrecht und Verfassungsrecht entwickelt.

II. Gliederung

Frage 1:

Zulässigkeit der abstrakten Normenkontrolle vor Inkrafttreten des Gesetzes:

Sog. präventive Normenkontrolle

Mit der Ausfertigung und völkerrechtlichen Hinterlegung des Zustimmungsgesetzes zum Lissaboner Vertrag (= völkerrechtlicher Vertrag) entsteht völkerrechtliche Bindungswirkung. Um diese zu vermeiden ist eine so genannte präventive Normenkontrolle möglich.

Frage 2:

Überprüfungskompetenz und Prüfungsmaßstab

1. Prüfungskompetenz (+)

Das Zustimmungsgesetz als innerstaatliches Gesetz kann vom BVerfG überprüft werden.

2. Prüfungsmaßstab Art. 23 I S. 3, 79 II, III GG

Jedoch ist der Prüfungsmaßstab auf die Schranken der Integration, Art. 23 I S. 3, 79 II, III GG beschränkt, da ansonsten Primärrecht durch die „Hintertür" vom BVerfG überprüft würde.

III. Lösung

Frage 1:

Die Unionsverträge sind zwischenstaatliche, völkerrechtliche Verträge. Für den Abschluss solcher völkerrechtlichen Verträge und für deren Wirksamkeit sind die völkerrechtlichen Regeln des Wiener Vertragsrechts zu beachten (WVÜ).

Sobald der ausgehandelte Vertrag innerstaatlich ratifiziert wurde – in Deutschland also durch Zustimmungsgesetz und Ausfertigung dessen – muss das Zustimmungsgesetz nach diesen WVÜ-Regeln veröffentlicht und an einem bestimmten Ort hinterlegt werden. Damit tritt die völkerrechtliche Bindungswirkung für die am Vertrag beteiligten Staaten ein und zwar unabhängig davon, ob innerstaatlich das Zustimmungsgesetz im Nachhinein vom BVerfG für nichtig erklärt wird.

Um eine solche äußere Bindungswirkung zu vermeiden, ist in Fällen von Zustimmungsgesetzen zu völkerrechtlichen Verträgen ausnahmsweise eine präventive Normenkontrolle, also eine Normenkontrolle noch vor Inkrafttreten des Zustimmungsgesetzes möglich. Dies gilt sowohl für die Normenkontrolle nach Art. 93 I Nr. 2 GG als auch für eine Verfassungsbeschwerde gegen das Zustimmungsgesetz, Art. 93 I Nr. 4a GG.

Frage 2:

Das Zustimmungsgesetz als innerstaatliches Recht kann grundsätzlich vom BVerfG überprüft werden. Der Prüfungsmaßstab für die Überprüfung der Verfassungsmäßigkeit des Zustimmungsgesetzes ergibt sich aus Art. 23 I S. 3 GG i.V.m. Art. 79 III GG:

Das Zustimmungsgesetz darf nicht gegen die in Art. 79 III GG niedergelegten Grundsätze verstoßen und es darf nicht das „Grundgefüge der Verfassung antasten" (sog. Grenzen der Integration).[28]

Das Bundesverfassungsgericht prüft also nur, ob diese Schranke der Integration überschritten wurde, ob also die föderale Bund-Länder-Ordnung weiterhin Bestand hat und ob die in Art. 1 **und** 20 GG (nicht bis Art. 20 GG!) niedergelegten Kernbereiche der Grundrechte unangetastet bleiben.

IV. Zur Vertiefung

- Hemmer/Wüst, Europarecht, Rn. 285 ff. (Europäisches Recht und deutsches Verfassungsrecht).

[28] Klein, VVDStRL 1991, 50, 56, 80; Ausführungen auch zu finden bei Streinz, Europarecht, Rn. 241 ff.

Fall 4: Unmittelbare Wirkung von Richtlinien

Sachverhalt:

Eine aus Österreich stammende und in Deutschland lebende Lehrerin L möchte in Deutschland, in Baden-Württemberg, wieder im Schuldienst arbeiten. Sie besitzt ein österreichisches Hochschuldiplom, das sie dazu befähigt, in Österreich als Lehrerin zu arbeiten. Das zuständige Oberschulamt, bei dem sich L beworben hat, hat zwar freie Kapazitäten und befindet auch die Abschlussnoten der L für sehr gut, möchte jedoch den österreichischen Abschluss an sich nicht als dem deutschen gleichwertig anerkennen und verweigert L mit dieser Begründung den Zugang zum Beruf.

L erscheint dies insbesondere im Hinblick auf das immer enger zusammenwachsende Europa eine sehr eigenartige Antwort. Sie informiert sich und findet heraus, dass es mittlerweile unionsrechtliche Vorgaben zur Anerkennung der Hochschuldiplome gibt, so bspw. die Richtlinie 89/48, welche das Bundesland, in dem sich L beworben hat, nicht umgesetzt hat.

Gestützt auf Art. 3 I lit. a) der Richtlinie 89/48 erhebt L Verpflichtungsklage gerichtet auf ihre Zulassung zum Lehramtsberuf beim zuständigen Verwaltungsgericht.

Auszüge aus der Richtlinie 89/48:

<u>Art. 3 [Gegenseitige Anerkennung]:</u>

Wenn der Zugang zu einem reglementierten Beruf … im Aufnahmestaat von dem Besitz eines Diploms abhängig gemacht wird, kann die zuständige Stelle einem Angehörigen eines Mitgliedstaats den Zugang zu diesem Beruf … unter denselben Voraussetzungen wie bei Inländern nicht wegen mangelnder Qualifikation verweigern,

a) wenn der Antragsteller das Diplom besitzt, das in einem anderen Mitgliedstaat erforderlich ist, um Zugang zu diesem Beruf in seinem Hoheitsgebiet zu erhalten oder ihn dort auszuüben, und wenn dieses Diplom in einem Mitgliedstaat erworben wurde.

<u>Art. 12 [Umsetzungsfrist]:</u>

Die Mitgliedstaaten treffen die erforderlichen Maßnahmen, um dieser Richtlinie binnen zwei Jahren nach ihrer Bekanntgabe (am 4. Januar 1989) nachzukommen.

Frage: *Ist die Klage der L begründet?*

Bearbeitervermerk: *Die Angaben im Sachverhalt sind als zutreffend zu unterstellen, die Klage wird gegen den richtigen Beklagten erhoben. Es stehen keine der in Art. 45 III AEUV genannten Gründe der Zulassung zum Beruf entgegen (Fall nachgebildet dem Fall „Beuttenmüller“, EuGH, Rs. C-102/02 vom 29. April 2004).*

I. Einordnung

Art. 288 AEUV sieht vor, dass bestimmte Organe der EU zur Erreichung der Ziele des AEUV-Vertrages Verordnungen, Richtlinien und Entscheidungen erlassen dürfen, sogenanntes Sekundärrecht. Verordnungen (Art. 288 II) sind als Vorschriften des Sekundärrechts bereits nach dem Gesetzeswortlaut unmittelbar anwendbar.

Art. 288 III AEUV hingegen sieht vor, dass Richtlinien an die **Mitgliedstaaten** gerichtet sind, welche die Verpflichtung trifft, die jeweilige Richtlinie innerhalb einer in der Richtlinie bestimmten Frist in innerstaatliche Vorschriften umzusetzen. Es stellt sich daher die Frage, ob sich einzelne Bürger, an die die Richtlinien ja gerade nicht gerichtet sind, überhaupt auf Bestimmungen aus der Richtlinie berufen können.

Ähnlich wie bei der unmittelbaren Wirkung von Primärrecht, vgl. Fall 1, ist dies möglich, wenn bestimmte Voraussetzungen erfüllt sind.

II. Gliederung

Begründetheit der Klage:

Anspruch auf Zulassung dann gegeben, wenn die Richtlinie **direkt anwendbar** ist und **L die Voraussetzungen der Richtlinie erfüllt**

Voraussetzungen für unmittelbare Wirkung von Richtlinien

vertikale (zwischen Bürger und Staat) Wirkung von Richtlinien dann anerkannt, wenn

1. die **Umsetzungsfrist erfolglos abgelaufen** ist (Richtlinie nicht oder unzulänglich umgesetzt wurde),
2. die betroffenen Bestimmungen der Richtlinie **inhaltlich hinreichend genau** und **unbedingt** sind.
3. Strittig: Muss die Richtlinie dem Einzelnen Rechte zuerkennen oder ist dies nur die Rechtsfolge der unmittelbaren Wirkung?

III. Lösung

Die Klage der L ist begründet, wenn sie – wie hier – gegen den richtigen Beklagten gerichtet ist und L einen Anspruch auf Zulassung aus der Richtlinie 89/48 geltend machen kann. Da Richtlinien grundsätzlich nur an die Mitgliedstaaten und nicht an den Einzelnen gerichtet sind, vgl. Art. 288 III AEUV, kann ein Einzelner sich nur dann auf Bestimmungen aus der Richtlinie berufen, wenn diese unmittelbare Wirkung im nationalen Rechtskreis entfaltet und der den Einzelnen betreffende Sachverhalt in den Anwendungsbereich der Richtlinie fällt.

Anmerkung: Der EuGH hat in st. Rspr. abgelehnt, dass sich ein Staat zu Lasten eines Bürgers auf eine Richtlinie berufen kann.[29]
Eine Richtlinie ist nur für den Staat verbindlich, vgl. Wortlaut des Art. 288 III AEUV. Bei einer Nichtumsetzung oder fehlerhafter Umsetzung kann sich ein Staat daher **nicht zu Lasten des Bürgers** auf die Richtlinie berufen. Strittig, aber noch abzulehnen, ist die horizontale Direktwirkung von Richtlinien zwischen Bürgern, vgl. dazu Fall 5.[30]

Sound: keine vertikale Direktwirkung zu Lasten des Privaten!

1. Voraussetzungen für die unmittelbare Wirkung von Richtlinien

Nachdem die Richtlinien ausdrücklich an die Mitgliedstaaten gerichtet sind, vgl. Art. 288 III AEUV, ist fraglich, wie und unter welchen Umständen sie für den Einzelnen unmittelbare (direkte) Wirkung im nationalen Rechtskreis entfalten können.

---

29 Z.B. EuGH („Kolpinghuis Nijmegen"), Slg. 1987, 3969 = **juris**byhemmer.

30 Streinz, Europarecht, Rn. 447.

Der EuGH hat entschieden, dass einzelne Bestimmungen einer Richtlinie unter ähnlichen Voraussetzungen wie Bestimmungen des Primärrechts (vgl. Fall 1) unmittelbar anwendbar sein können.[31] Dies begründet er wiederum mit dem Gedanken des **effet utile** (Effizienzgebot) des Art. 4 III EUV. Die praktische Wirksamkeit des Unionsrechts wäre stark beeinträchtigt, könnte sich jeder Mitgliedstaat durch eine Nichtumsetzung einer Richtlinie deren Wirksamkeit entziehen.[32]

Die Anforderungen an eine unmittelbare Wirkung der Richtlinie sind, dass sie **nicht fristgerecht umgesetzt wurde** und ihre relevanten **Bestimmungen hinreichend genau und unbedingt sind.**

a) Keine Umsetzung innerhalb der Frist

Die Notwendigkeit, auf die Bestimmungen aus einer Richtlinie zurückgreifen zu müssen, besteht nur dann, wenn die Richtlinie nicht fristgerecht in nationales Recht umgesetzt wurde.

Anmerkung: Es gibt auch den Fall, dass Richtlinien falsch oder unzulänglich umgesetzt wurden. Wenn dann eine richtlinienkonforme Auslegung nicht möglich ist, kann unter denselben Voraussetzungen auf die Bestimmungen aus der Richtlinie zurückgegriffen werden. Auch solange die Umsetzungsfrist nicht abgelaufen ist, sind die bisherigen nationalen Gesetze zumindest insofern richtlinienkonform auszulegen, als die Richtlinie keinen Umsetzungsspielraum zugesteht (ansonsten würde in die Kompetenzen des nationalen Gesetzgebers eingegriffen).[33] Vgl. dazu Fall 6.

Den Mitgliedstaaten sind in der Richtlinie Fristen zur Umsetzung vorgegeben. So belässt Art. 12 RL 89/48 den Mitgliedstaaten eine Zwei-Jahres-Frist zur Umsetzung. Diese Frist ist bereits abgelaufen, ohne dass das Bundesland – die Umsetzung ist in diesem Fall Ländersache, vgl. Kompetenzkatalog der Art. 70, 30 GG - seiner Umsetzungsverpflichtung nachgekommen ist. Damit ist die erste Voraussetzung für eine unmittelbare Wirkung von Bestimmungen der Richtlinie erfüllt.

b) Keine weiteren Bedingungen und hinreichende Genauigkeit

Des Weiteren fordert der EuGH, dass die Richtlinie hinreichend genau und unbedingt sein muss.[34] Dies ist unerlässliches Kriterium der Rechtsklarheit.

aa) Hinreichend genau

Hinreichend genau ist die Vorschrift einer Richtlinie dann, wenn sie **bestimmt formuliert ist und eindeutige Verpflichtungen der Mitgliedstaaten aufstellt**.

Dazu zählt beispielsweise, dass der begünstigte Personenkreis genannt ist und die zu gewährenden Rechte und Pflichten bestimmbar sind.

---

[31] Ständige Rspr. seit EuGH, Rs. 41/74 (*„Van Duyn/home office"*), Slg. 1974, 1337.

[32] Zustimmend BVerfGE 75, 223 (245) = **juris**byhemmer.

[33] BGH, NJW 1998, 2208 ff.= EuZW 1998, S. 474, 476 = **juris**byhemmer; Streinz, Rn. 458.

[34] Scherzberg, Jura 1993, S. 225 (226 f.); vgl. auch Jarass, NJW 1990, S. 2420 (2424 f.).

Art. 3 lit. a) RL 89/48 sieht klar und eindeutig vor, dass einem Antragsteller, der ein Diplom aus einem anderen Mitgliedstaat besitzt, das ihm dort den Zugang zu dem reglementierten Beruf ermöglicht, nicht wegen mangelnder Qualifikation vom Aufnahmemitgliedstaat der Zugang zum Beruf untersagt werden kann. Die Verpflichtung des Mitgliedstaats zur Anerkennung des Diploms als gleichwertig und zur Zulassung zum Beruf steht klar erkennbar in der Vorschrift. Art. 3 lit. a) RL 89/48 ist hinreichend genau.

Selbst eine vorangegangene Auslegung durch den EuGH stünde einer hinreichenden Genauigkeit nicht entgegen. Durch die Auslegung wird nur klargestellt, was immer schon Inhalt der Richtlinie war.[35]

bb) Unbedingt

Darüber hinaus müsste Art. 3 lit. a) RL 89/48 unbedingt sein. Unbedingt ist eine Vorschrift dann, wenn sie weder mit einem Vorbehalt, noch mit einer Bedingung versehen ist und ihrem Wesen nach und zu ihrem Verständnis keiner weiteren ausführenden Maßnahme durch die Mitgliedstaaten bedarf.[36] Die Gewährung eines Spielraumes in der Umsetzung steht der Unbedingtheit aber nicht entgegen.

Art. 3 lit. a) RL 89/48 hat einen sehr detaillierten Inhalt, der selbsterklärend ist und der aus sich heraus keiner weiteren gestaltenden oder ausführenden Maßnahme seitens der Behörden bedarf.

Auch steht der Inhalt der entsprechenden Richtlinienbestimmung nicht unter einem Vorbehalt oder einer Bedingung. Art. 3 lit. a) RL 89/48 ist inhaltlich unbedingt.

c) Rechte des Einzelnen

Strittig ist, ob die Richtlinie als weitere Voraussetzung der unmittelbaren Anwendbarkeit im innerstaatlichen Recht tatsächlich dem Einzelnen Rechte verleihen muss[37] oder ob das Herleiten der Rechte vielmehr als Folge der unmittelbaren Anwendbarkeit anzusehen ist.[38]

Der EuGH hat bereits auch die unmittelbare Wirkung von Richtlinienbestimmungen bejaht, die auf den Schutz der Allgemeinheit und nicht des Einzelnen abzielten.[39] Darum wird vermehrt der Schluss gezogen, dass die Rechte des Einzelnen eher Folge einer unmittelbaren Wirkung als deren Voraussetzungen seien.

Hier kann dieser Streit dahinstehen, da Art. 3 lit. a) RL 89/48 eindeutig die Pflicht des Aufnahmestaates vorsieht, die Diplome aus einem anderen Mitgliedstaat anzuerkennen und den Inhaber eines solchen Diploms zum Beruf zuzulassen.

E contrario und im Zusammenhang mit der Arbeitnehmerfreizügigkeit aus Art. 45 I AEUV gelesen, besteht demnach das Recht des Bewerbers, dass seine Abschlüsse anerkannt und er grundsätzlich zum Beruf zugelassen wird. Dies bedeutet natürlich kein Recht auf einen Arbeitsplatz im öffentlichen Schuldienst.

---

35 EuGH, Rs. 41/47, Slg. 1974, 1337 *(„Van Duyn")*.

36 Scherzberg, Jura 1993, S. 225 (226).

37 So noch Schroeder; in Streinz (Hrsg.), EUV/AEUVV, Art. 249 AEUV, Rn. 110 m.w.N.

38 So auch Streinz, Europarecht, Rn. 445.

39 EuGH, Slg. 1995, I-2189 *(„Wärmekraftwerk Großkrotzenburg")* = **juris**byhemmer.

Vielmehr hat die Bewerberin L einen Anspruch darauf, dass ihr Diplom anerkannt wird und sie bei der Zulassung zum Beruf im Verhältnis zu inländischen Bewerbern diskriminierungsfrei berücksichtigt wird.

d) Zwischenergebnis

Art. 3 lit. a) RL 89/48, auf den L ihren Zulassungsanspruch stützen möchte, ist unmittelbar im Bundesland Baden-Württemberg anwendbar.

2. Ergebnis

Die RL 89/48, die den Zugang zum Beruf und die Ausübung des Berufes regelt, ist eine Ausprägung der Arbeitnehmerfreizügigkeit des Art. 45 AEUV.[40] Art. 3 lit. a) der Richtlinie ist unmittelbar anwendbar und gibt dem Inhaber eines Hochschuldiploms, das in einem anderen Mitgliedstaat erworben wurde, das Recht, zum Beruf zugelassen und in der Auswahl diskriminierungsfrei berücksichtigt zu werden.

L kann daher einen grundsätzlichen Anspruch auf Anerkennung ihres Diploms und auf grundsätzliche Zulassung zum Beruf unter diskriminierungsfreier Berücksichtigung gegenüber anderen Mitbewerbern geltend machen. Ihre Klage ist insoweit begründet.

IV. Zusammenfassung

- Grundsätzlich richten sich Richtlinien nur an Mitgliedstaaten, vgl. Art. 288 III AEUV. Sofern ein Mitgliedstaat die Richtlinie aber **nicht oder fehlerhaft umgesetzt hat**, können unter bestimmten Voraussetzungen Richtlinienbestimmungen auch **unmittelbare innerstaatliche Wirkung** entfalten.
- Die Voraussetzungen für eine solche unmittelbare innerstaatliche Wirkung sind, dass die Richtlinienbestimmung **unbedingt und hinreichend genau** ist.
- Umstritten ist, ob eine Richtlinie als weiteres Kriterium der unmittelbaren Anwendbarkeit dem Einzelnen Rechte verleihen muss oder ob dies die bloße Folge unmittelbarer Anwendbarkeit ist. Nach der Entscheidung *Großkrotzenburg* des EuGH tendiert aber die überwiegende Ansicht dazu, dies im Einzelfall als bloße Folge der unmittelbaren Anwendbarkeit zu überprüfen.

hemmer-Methode: Merken Sie sich, dass bei unmittelbarer Anwendbarkeit einer Richtlinienbestimmung sich der Bürger gegenüber dem Staat auf die Bestimmungen der Richtlinie berufen kann (vertikale Wirkung). Eine umgekehrt vertikale Wirkung in dem Sinne, dass der Staat sich auf die Richtlinie berufen kann, gibt es jedoch nicht!

V. Zur Vertiefung

- Hemmer/Wüst, Europarecht, Rn. 72 ff.
- Hemmer/Wüst, Classics Europarecht, Fälle 4 – 6.

[40] Siehe zu den Grundfreiheiten Kapitel II.

Fall 5: Keine horizontale unmittelbare Wirkung von Richtlinien

Sachverhalt:

Durch die Richtlinie 85/374/EWG erfolgte eine Angleichung der mitgliedstaatlichen Rechtsvorschriften im Bereich der Produkthaftung. Die Richtlinie wurde durch das Produkthaftungsgesetz ordnungsgemäß in deutsches Recht umgesetzt. Seither gibt es eine Gefährdungshaftung der Hersteller für Produktfehler (§ 1 ProdHaftG).

Frage: *Angenommen diese Umsetzung wäre nicht erfolgt und einem Verbraucher A wäre infolge eines Produktfehlers ein Schaden entstanden. Könnte A sich für einen verschuldensunabhängigen Anspruch gegen die Hersteller-GmbH unmittelbar auf die Richtlinie berufen?*

I. Einordnung

Der Privatmann A kann sich grundsätzlich nicht gegenüber dem Privaten B auf die Rechte aus einer Richtlinie berufen, denn es gibt **grundsätzlich keine** so genannte **horizontale Direktwirkung**. Grund dafür ist, dass der Private B „unschuldig" im Hinblick auf eine fehlerhafte Umsetzung oder einen Richtlinien-Verstoß ist und zudem die Rechtssicherheit gefährdet wäre.[41] Möglichkeiten eines Regresses gegenüber dem Staat, dem die Nichtumsetzung zur Last zu legen ist, bestehen i.R.d. Staatshaftung, vgl. Kapitel IV.

II. Gliederung

Gibt es eine horizontale Direktwirkung einer Richtlinie zwischen Privaten?

1. Pro:

⇨ Effet utile, Art. 4 III EUV, Gewährleistung der vollen Wirksamkeit des Unionsrechts.

⇨ Nur so kann der Begünstigte in den Genuss der ihm zugedachten Rechte kommen.

⇨ Wettbewerbsgleichheit im Unionsrechtsraum und Rechtsangleichung in den Mitgliedstaaten.

2. Contra:

⇨ Wortlaut des Art. 288 III AEUV: Richtlinien richten sich nur an Mitgliedstaaten, nicht an Private.

⇨ Die in Art. 288 AEUV festgelegten Unterschiede zwischen den einzelnen Rechtsakten würden verwischt.

⇨ Einer horizontalen Wirkung stehen der Vertrauensschutz in die Rechtsordnung und die Rechtssicherheit entgegen.

⇨ Auch derjenige, der sich nicht gegenüber einem Privaten auf Bestimmungen aus der Richtlinie berufen kann, kann beim Staat Regress nehmen.

3. Ergebnis

Grundsätzlich keine horizontale Direktwirkung, sobald ein Privater belastet wird.

---

[41] EuGH, Rs. C-201/02 *(„Delena Wells")*, Slg. 2004 I-723.

III. Lösung

Fraglich ist, ob sich der Private A gegenüber dem Hersteller, als GmbH eine juristische Person des Privatrechts, vgl. § 13 I GmbHG, auf die Bestimmungen einer Richtlinie berufen kann. Die Umsetzungsfrist der Richtlinie ist erfolglos abgelaufen, die fragliche Bestimmung der Richtlinie normiert einen verschuldensunabhängigen Schadensersatzanspruch und hat somit einen hinreichend genauen und unbedingten Inhalt.

Grundsätzlich ist die unmittelbare Anwendbarkeit der Richtlinie gegeben.

Ob es aber eine Direktwirkung von Richtlinienbestimmungen auch zwischen Privaten gibt, ist umstritten.

1. Argumente für eine horizontale Direktwirkung

Für die Zulässigkeit einer horizontalen Direktwirkung[42] spricht der Grundsatz der Effektivität, vgl. Art. 4 III EUV, und die Pflicht der Mitgliedstaaten zur Gewährleistung der vollen Wirksamkeit des Unionsrechts.

Zudem kann der Einzelne, zu dessen Gunsten die Richtlinienbestimmung eigentlich umzusetzen wäre, nur über die unmittelbare Anwendbarkeit in den Genuss der ihm eigentlich zugedachten Rechte kommen.

Auch die Ziele der Wettbewerbsgleichheit im Unionsrechtsraum und der Rechtsangleichung in den Mitgliedstaaten würden eine unmittelbare Wirkung auch im horizontalen Verhältnis gebieten.

[42] Vgl. hierzu auch Herrmann, Richtlinienumsetzung durch die Rechtsprechung, 2003, S. 64 ff. (77 f.); Weyer, Unanwendbarkeit unionsrechtswidriger nationaler Normen im Privatrechtsverhältnis, GPR 5/03-04, S. 226 ff.

2. Argumente gegen eine horizontale Direktwirkung

Der EuGH und die (noch) herrschende Meinung lehnen die Anwendbarkeit von Richtlinien in der Rechtsbeziehung zwischen Privaten grundsätzlich ab.[43]

Zum einen entfalten Richtlinien, wie sich aus Art. 288 III AEUV ergibt, keine Verpflichtungen für Private, sodass diese auch nicht für einen Verstoß gegen Inhalte einer Richtlinie geradestehen müssen.

Auch Gründe der **Rechtssicherheit** für den Privaten sprechen gegen eine horizontale Direktwirkung.

Ein Privater wird oftmals nicht wissen, dass er gegen Inhalte einer Richtlinie verstößt.

Er orientiert sich am nationalen Recht und darf darauf vertrauen, dass dessen Bestimmungen ordnungsgemäßen Inhalts sind. Die Rechtssicherheit gebietet, dass der einzelne Bürger sich ohne Angst vor möglichen Schadensersatzansprüchen auf die Normen des nationalen Rechts verlassen können muss. Sein **Vertrauensschutz** geht einem Haftungsanspruch vor.

Insbesondere kann derjenige Private, der sich zu seinem Nachteil nicht auf die Bestimmungen der Richtlinie berufen kann, seinen durch die Nichtumsetzung entstandenen Nachteil i.R.e. Staatshaftungsanspruches gegen den Mitgliedstaat ausgleichen.

[43] EuGH („*Marshall I*"), Slg. 1986, S. 723 (749); Rs. C-106/89 („*Marleasing*"), Slg. 1990, I-4135, (4158); Rs. C-91/92 („*Paola Faccini Dori/Recreb Srl*"), Slg. 1994, I-3325; Rs. C-397/01 („*Pfeiffer/Deutsches Rotes Kreuz*"), NJW 2004, 3547 ff. = **juris**byhemmer; Jarass, NJW 1991, 2665 (2666 f.); Scherzberg, JURA 1993, 225 (228).

Nach st. Rspr. des EuGH findet die unmittelbare Wirkung von Richtlinien noch dort ihre Grenze, wo im konkreten Fall ein Privater belastet würde.[44]

3. Ergebnis

Die überzeugenderen Argumente sprechen für eine Ablehnung der horizontalen Direktwirkung. A kann keine Schadensersatzansprüche gegenüber der Hersteller-GmbH geltend machen. Diese trägt nicht die Verantwortung für die Nichtumsetzung und darf zudem auf die Normen des nationalen Rechts vertrauen.

A ist vielmehr zu raten, bei der Person, die seine Rechtlosstellung zu verantworten hat, nämlich dem Staat, Regress für seine Schäden in Form der Staatshaftung zu nehmen.

hemmer-Methode: Natürlich können Sie sich auch für die Gegenansicht entscheiden.
Auch der EuGH ist mittlerweile in einzelnen besonders gelagerten Fällen dazu übergegangen, eine horizontale Direktwirkung von Richtlinien im Verhältnis zwischen Privaten anzuerkennen.[45]
Solange sich hierzu aber keine gefestigte Rechtsprechung herausgebildet hat, empfiehlt es sich, der grundlegenden Ansicht des EuGH zu folgen und eine horizontale Direktwirkung von Richtlinien im Privatrechtsverhältnis mit oben genannten Argumenten abzulehnen. Behalten Sie die weitere Entwicklung im Auge.

IV. Zusammenfassung

- Noch ist aus Gründen der **Rechtssicherheit** und des **Vertrauensschutzes**, sowie des Wortlautes von Art. 288 III AEUV (Richtlinien sind an Staaten gerichtet und nicht an Bürger) eine horizontale Direktwirkung von Richtlinien abzulehnen.
- Wenn Sie mit diesen (einfachen) Grundsätzen argumentieren, sind Sie auf der sicheren Seite.

V. Zur Vertiefung

- Hemmer/Wüst, Europarecht, Rn. 93 f.
- Hemmer/Wüst, Classics Europarecht, Fall 5.

---

44 EuGH, Rs. 152/84, Slg. 1986, 723 („Marshall"); NJW 2004, 3547 = **juris**byhemmer.

45 U.a. EuGH, Rs. C-443/98 („*Unilever Italia Spa/ Central Food Spa*") mit Anm. Streinz, JuS 2001, S. 809; EuGH Rs. C-201/02 („*Wells/Secretary of State*"), DVBl. 2004, 1287 mit Anm. Kerkmann, S.1288 ff.

Fall 6: Vermeidung von Kollisionsfällen durch richtlinienkonforme Auslegung

Sachverhalt:

Verbraucher Otto kauft im Fachgeschäft Galaxis-GmbH für 1.000,- € eine neue Stereoanlage. Diese trägt einen bei Kauf nicht erkennbaren Mangel i.S.d. § 434 I BGB in sich, den O beim Abspielen bald feststellt. Umgehend wendet er sich an das Geschäft und verlangt Nacherfüllung in Form einer Nachlieferung, ohne jedoch eine Frist zu setzen. Nachdem er drei Wochen vergeblich auf die Nachlieferung gewartet hat, erklärt er gegenüber der Galaxis-GmbH den Rücktritt. Diese beruft sich hingegen auf das Fristsetzungserfordernis und will ein Rückgewährschuldverhältnis nicht anerkennen.

Art. 3 V der Verbrauchsgüterkaufrichtlinie sieht als Voraussetzung eines Rücktrittsrechts das bloße Verstreichenlassen eines angemessenen Zeitraums vor, ohne dass in diesem Abhilfe geleistet wird. Es wird nicht explizit gefordert, dass eine Frist gesetzt werden muss. Das Erfordernis einer Fristsetzung ist vielmehr aus Rechtssicherheitsgründen vom deutschen Gesetzgeber gewollt.

Frage: *Hat O einen Anspruch auf Rückzahlung der 1.000,- €?*

Bearbeitervermerk: *Die Angaben im Sachverhalt sind zwischen den Parteien unstreitig.*

I. Einordnung

Nach nationalem Recht ist vor Rücktritt und damit Umwandlung in ein Rückgewährschuldverhältnis die Setzung einer angemessenen Frist zur Nacherfüllung, die erfolglos abgelaufen sein muss, erforderlich (vgl. § 323 I BGB). Möglicherweise könnte aber diese Anforderung gegen die Inhalte der Verbrauchsgüterkaufrichtlinie, deren Umsetzung das neue Schuldrecht ist, und die keine Fristsetzung vorsieht, verstoßen. Fraglich ist, wie dieser Konflikt aufzulösen ist.[46]

II. Gebot der richtlinienkonformen Auslegung

Nach dem EuGH trifft die Mitgliedstaaten die Pflicht, sinnvolle Maßnahmen zu ergreifen, um die in den Richtlinien vorgegebenen Inhalte und Ziele zu erreichen.[47]

Das bedeutet, dass den Mitgliedstaaten zum einen die sich aus Art. 288 III AEUV ergebende Verpflichtung obliegt, die Richtlinien in nationales Recht umsetzen.

[46] Eine ausführliche Darstellung und Aufarbeitung der Problematik finden Sie in Torsten Jäger, Überschießende Richtlinienumsetzung im Privatrecht, S. 157 ff.

[47] EuGH, Rs. C-106/89, Slg. 1990, I-4135, („*Marleasing*“); Rs. C-421/92, Slg. 1994, I-1657, („*Habermann-Beltermann*“).

Darüber hinaus stellt der EuGH aber auch eine Pflicht zur richtlinienkonformen Auslegung derjenigen Bestimmungen nationalen Rechts fest, die den Inhalten einer Richtlinie zuwiderlaufen, gleich, ob es sich um vor oder nach der Richtlinie erlassene Vorschriften handelt.[48] Diese **Pflicht zur richtlinienkonformen Auslegung** entnimmt er **Art. 288 III AEUV i.V.m. Art. 4 III EUV.**

Eine Richtlinie, die keine unmittelbare Wirkung entfaltet (weil sie beispielsweise nicht unbedingt ist), kann also dennoch Auswirkung auf das nationale Recht haben.

Die Grenzen der Auslegung finden sich in den allgemeinen Rechtsgrundsätzen (Subsidiarität, Treu und Glauben, Verhältnismäßigkeit etc.) des Unionsrechts, sowie insbesondere im Rückwirkungsverbot und dem Gebot der Rechtssicherheit.

Anmerkung: Die richtlinienkonforme Auslegung hat Auswirkungen auf alle (!) Rechtsgebiete. Sollte Ihnen einmal eine rahmenbeschlusskonforme Auslegung begegnen, ist diese genauso zu handhaben.[49]

III. Gliederung

Rückzahlungsanspruch aus §§ 346 I, 437 Nr. 2, 323 I, 434 BGB

1. Kaufvertrag (+)

2. Mangel i.S.d. § 434 BGB (+)

3. Fristsetzung und erfolgloser Ablauf der Nachfrist, § 323 I BGB

a) hier keine Frist gesetzt, Anspruch eigentl. (-)

b) Frage: Korrektur des Fristsetzungserfordernisses durch EU-Richtlinie?

aa) Pflicht zur richtlinienkonformen Auslegung nationalen Rechts aus Art. 288 AEUV i.V.m. Art. 4 III EUV.

bb) Zweistufiges Vorgehen:

1) Auslegung der Richtlinienbestimmung

2) Auslegung und Anpassung des nationalen Rechts mit nationalen Rechtsmethoden!

IV. Lösung

O könnte einen Rückzahlungsanspruch gegen die Galaxis-GmbH aus §§ 346 I, 437 Nr. 2, 323 I, 434 BGB haben.

1. Kaufvertrag und Mangel

Ein Kaufvertrag gemäß § 433 BGB zwischen O und der G-GmbH wurde geschlossen. Die Anlage hatte bei Gefahrübergang einen Mangel i.S.d. § 434 I BGB. Dies wird von den Parteien unstreitig gestellt (anerkannt), sodass es auf die Vermutungswirkung des § 476 BGB nicht ankommt.

2. Fristsetzungserfordernis des § 323 I BGB

a) O hat die G-GmbH zur Nachlieferung aufgefordert. Nach dem Ablauf einer Frist von drei Wochen erklärt er gemäß § 349 BGB den Rücktritt. § 323 I BGB verlangt jedoch, dass der Gläubiger dem Schuldner eine Frist zur Nacherfüllung setzt.

---

[48] EuGH, Rs. C-106/89, Slg. 1990, I-4135, („*Marleasing*"); Rs. C-421/92, Slg. 1994, I-1657, („*Habermann-Beltermann*").

[49] EuGH, Rs. C-105/03, („*Pupino*"), EuZW 2005, 433 m. Anm. Herrmann = **juris**byhemmer.

Die bloße Aufforderung zur Nachlieferung beinhaltet nicht das Setzen einer Frist, sodass grundsätzlich eine der Rücktrittsvoraussetzungen des § 323 I BGB fehlt und somit O noch kein gesetzliches Rücktrittsrecht i.S.d. § 346 I BGB zusteht.

b) Fraglich ist aber, ob das Unionsrecht, das mit der Verbrauchsgüterkaufrichtlinie ebenfalls die hier fragliche Materie geregelt hat, nicht eine andere Betrachtungsweise erfordert. Sofern dies der Fall ist, wäre weiterhin zu erörtern, wie eine solche Kollision zwischen Unionsrecht und nationalem Recht aufzulösen ist.

aa) Pflicht zur richtlinienkonformen Auslegung

Der EuGH leitet aus Art. 288 III AEUV i.V.m. Art. 4 III EUV nicht nur die Pflicht zur Umsetzung einer Richtlinie her, sondern vielmehr auch die Pflicht der Mitgliedstaaten zur richtlinienkonformen Auslegung nationalen Rechts, sofern es der Richtlinie entgegensteht. Diese Pflicht gilt sowohl für Normen, die zeitlich bereits vor als auch nach der Richtlinie erlassen wurden, aber auch für Normen, die die Umsetzung einer Richtlinie darstellen, mit der Richtlinie jedoch im Widerspruch stehen.

bb) Auslegungsvorgang

Um eine richtlinienkonforme Auslegung vornehmen zu können, ist in **zwei Schritten** vorzugehen:

1) Zunächst ist erforderlich, den Regelungsgehalt der Richtlinie zu ermitteln und diese nötigenfalls selbst auszulegen.

2) Anschließend ist das dabei gewonnene Ergebnis als Zielvorgabe bei der Auslegung nationalen Rechts nach nationalen Auslegungsmethoden heranzuziehen.

(1) Bestimmungen der Richtlinie

Nach den Angaben im Sachverhalt erfordert die Richtlinie in Art. 3 V nur das Verstreichenlassen einer angemessenen Frist. Das Setzen einer Frist wird nicht als Voraussetzung für ein Loslösen vom Vertrag genannt. Insofern steht die Richtlinie im Widerspruch zur Regelung des deutschen Rechts, das das explizite Setzen einer Frist erfordert.

Anmerkung: Die Richtlinie legen Sie natürlich nur mit den Ihnen bekannten Auslegungsmethoden aus, sofern sie **abgedruckt oder ihr Inhalt genannt** ist!

(2) Auslegung des nationalen Rechts

Fraglich ist nun, wie und ob sich das nationale Recht anhand der Richtlinienbestimmungen auslegen lässt.

In der Rechtssache *Pfeiffer* hat der EuGH angedeutet, dass der Wortlaut einer Norm nicht zwingend die Grenze richtlinienkonformer Auslegung ist, sondern dass vielmehr alle im nationalen Recht angewandten Auslegungsmethoden zur Auslegung im Lichte des Unionsrechts herangezogen werden sollen.[50]

Somit stehen die bekannten Auslegungsmethoden zur Verfügung: Wortlaut, Grammatik, Systematik, Sinn und Zweck, als auch die Möglichkeit der teleologischen Reduktion bzw. unter Umständen der Analogie des nationalen Rechts.

---

50 EuGH, Rs. C-397-403/01, („*Pfeiffer/DRK*“), EuZW 04, 691 = **juris**byhemmer.

Mit der Auslegung des § 323 I BGB nach dem Wortlaut kommt man hier nicht weiter, denn dieser fordert eindeutig das Setzen einer Frist. Die Auslegung nach Sinn und Zweck ist auch nicht sehr zielführend. Sinn und Zweck sowohl der Verbrauchsgüterkaufrichtlinie als auch deren Umsetzung im BGB ist der Verbraucherschutz.

Das Fristsetzungserfordernis dient ebenfalls dem Verbraucherschutz, geht aber dennoch über die Richtlinienbestimmung des Art. 3 V hinaus.

Es werden daher für den vorliegenden Fall die folgenden beiden Auslegungsmöglichkeiten vorgeschlagen:

⇨ Entbehrlichkeit nach § 323 II Nr. 3 BGB

Eine Lösungsmöglichkeit wäre, in § 323 II Nr. 3 BGB den Verbraucherschutz aus der Richtlinie hineinzulesen und das Fristsetzungserfordernis verbraucherfreundlich und richtlinienkonform entfallen zu lassen.[51] Dies ist aber insofern problematisch, als § 323 II Nr. 3 BGB das Ziel hat, den Käufer aufgrund der besonderen Umstände sofort zurücktreten zu lassen. Dies wiederum meint Art. 3 V der Richtlinie nun auch wieder nicht, dort soll nämlich eine angemessene Frist schon verstreichen.

⇨ Richtlinienkonforme teleologische Reduktion des § 323 I BGB

Nach anderer Ansicht ist der richtlinienwidrige Inhalt des § 323 I BGB mit einer richtlinienkonformen Reduktion als Spielform der richtlinienkonformen Auslegung zu korrigieren.[52] Danach laufe automatisch, ipso iure, ab Mitteilung des Nacherfüllungswunsches eine angemessene Frist. Das Setzen der Frist ist damit obsolet.[53]

Eine teleologische Reduktion ist jedoch dann nicht möglich, wenn der Wille des Gesetzgebers entgegensteht.[54]

Der Gesetzgeber hat aber in diesem Fall die Diskrepanz erkannt und wollte nicht gegen die Richtlinie verstoßen, sondern sie überobligatorisch – besonders gut – umsetzen. Damit liegt kein gegenläufiger Gesetzgeberwille, der einer Reduktion entgegenstehen könnte, vor.[55]

3) Zwischenergebnis

Vorzugswürdig scheint der Lösungsweg über eine teleologische Reduktion des § 323 I BGB. Hier steht der Wille des Gesetzgebers nicht entgegen. Der andere Lösungsansatz, der das Fristsetzungserfordernis gemäß § 323 II Nr. 3 BGB entfallen lassen will, muss sich in einem weiteren Schritt über den Sinn und Zweck des § 323 II Nr. 3 BGB, der die sofortige Rücktrittsmöglichkeit vorsieht, hinwegsetzen. Die Vornahme einer teleologischen Reduktion erscheint hier sachgerechter und rechtsdogmatisch sauberer.

3. Ergebnis

Die Voraussetzungen des § 323 BGB waren erfüllt, somit liegt ein gesetzlicher Rücktrittsgrund i.S.d. § 346 I BGB vor.

---

[51] So Faust, in Bamberger/Roth, § 437 BGB, Rn. 18; MüKO, § 323 BGB, Rn. 248.

[52] Canaris, JZ 2001, S. 510; Canaris, Schuldrechtsreform 2002, S. XXV f.

[53] Dazu kommt im Ergebnis auch Faust, in Bamberger/Roth, § 437 BGB, Rn. 21.

[54] Die Voraussetzungen einer teleologischen Reduktion sind die gleichen wie bei einer Analogie, siehe u.a. Larenz/Canaris, Methodenlehre der Rechtswissenschaft, S. 210 ff.

[55] Canaris, JZ 2001, 511

Da O gegenüber der G-GmbH gem. § 349 BGB den Rücktritt erklärt hat, kann er nun aus § 346 I BGB die Rückzahlung des Kaufpreises i.H.v. 1.000,- € fordern.

IV. Zusammenfassung

- Auch wenn Richtlinienbestimmungen einmal nicht direkt anwendbar sind, können sie dennoch dadurch Wirkung im nationalen Recht entfallen, indem das nationale Recht richtlinienkonform auszulegen ist.
- Für eine solche Auslegung müssen Sie in **zwei Stufen** vorgehen:

  Stufe 1: Zunächst müssen Sie die Richtlinienbestimmung auslegen, um deren Inhalte und Ziele zu ermitteln.

  Stufe 2: Anschließend müssen Sie die nationale Norm anhand des in Stufe 1 gewonnen Ergebnisses mit den Ihnen bekannten Auslegungsmethoden des nationalen Rechts auslegen.
- Grenzen der Auslegung finden sich in den allgemeinen Rechtsgrundsätzen (Treu und Glauben, Verhältnismäßigkeit etc.) sowie insbesondere im Rückwirkungsverbot und dem Gebot der Rechtssicherheit (darunter fällt auch die Anforderung, dass eine richtlinienkonforme Auslegung nicht weiter gehen kann als eine unzulässige horizontale Direktwirkung).

hemmer-Methode: Geraten Sie nicht in Panik. Zum einen wird eine richtlinienkonforme Auslegung von Ihnen nur erwartet, wenn ausdrücklich darauf hingewiesen und die Richtlinie abgedruckt oder genannt ist. Ansonsten verlieren Sie zu diesem Problem bitte KEIN WORT! Wenn Sie dann in oben beschriebenem Zweistufensystem vorgehen, kann nichts schief gehen. Im Ergebnis wenden Sie auch nur diejenigen Rechtsmethoden an, die Ihnen vom nationalen Recht bekannt sind.

V. Zur Vertiefung

- Mit weiteren Beispielen, Hemmer/Wüst, Europarecht, Rn. 95 ff.

Übersicht und Wiederholung zum Verhältnis nationales Recht – Unionsrecht

EuGH: Nach der Rechtsprechung des EuGH kommt aufgrund der Supranationalität der Unionsrechtsordnung Unionsrecht jeglichen Ranges uneingeschränkter Anwendungsvorrang vor nationalem Recht jeden Ranges zu.

BVerfG: Das BVerfG kommt im Ergebnis zu gleicher Aussage, differenziert aber in seiner Begründung:

1. Kollision von Primärrecht und Sekundärrecht mit einfachen Gesetzen

Ergebnis:

Anwendungsvorrang des Unionsrechts wegen Übertragung von Hoheitsbefugnissen nach Art. 23 I S. 2 GG und innerstaatlichem Zustimmungsgesetz

Argument:

Aufgrund der Übertragung von Hoheitsbefugnissen nach Art. 23 I S. 2 GG, dem innerstaatlichen Zustimmungsgesetz und dem damit einhergehenden „Rechtsanwendungsbefehl“ geht das gesamte Unionsrecht den kollidierenden nationalen Gesetzen einfachen Ranges vor. Jeder Rechtsanwender hat diesen Anwendungsvorrang zu beachten und die nationale Norm im Kollisionsfall nicht anzuwenden. Es bedarf für den Anwendungsvorrang keiner Vorlage an das BVerfG.

2. Kollision von Primärrecht mit deutschem Verfassungsrecht

Ergebnis:

BVerfG hat Verwerfungsmonopol, aber nur für Zustimmungsgesetze, Prüfungsmaßstab ist Art. 23 I S. 3, 79 III GG

Argument:

Wenn das Primärrecht mit deutschem Verfassungsrecht kollidiert, kann nach dem BVerfG nicht mehr der bloße Anwendungsvorrang greifen. Vom BVerfG dürfen aber nur die nationalen Zustimmungsgesetze zu den Verträgen überprüft werden. Da das Primärrecht seine Geltung in den Mitgliedstaaten aus den Zustimmungsgesetzen herleitet, liegt bei einem Verfassungsverstoß des Zustimmungsgesetzes gleichzeitig auch die Verfassungswidrigkeit des Primärrechts vor.

Prüfungsmaßstab für die Zustimmungsgesetze sind gemäß Art. 23 I S. 3 GG i.V.m. Art 79 III GG die Art. 1 und 20 GG als Schranken der Integration.

Problem:

Völkerrechtliche Verpflichtung auch bei Rechts- oder Verfassungswidrigkeit des Zustimmungsgesetzes, daher präventive Normenkontrolle möglich.

3. Kollision von Sekundärrecht mit deutschem Verfassungsrecht

Ergebnis:

Kooperationsverhältnis BVerfG-EuGH: Solange der EuGH Grundrechtsschutz gewährt, übt das BVerfG seine Prüfungskompetenz nicht aus

Argument:

In der Solange I-Entscheidung hat das BVerfG seine Prüfungskompetenz zur Überprüfung von Sekundärrecht am Grundgesetz bejaht.

Da der EuGH aber stetig seine eigene Rechtsprechung zum Unionsgrundrechtsschutz erweitert und ausgebaut hat, hat das BVerfG in seiner Solange II-Entscheidung anerkannt, dass der EuGH einen dem Grundgesetz äquivalenten Grundrechtsschutz bietet und hält sich seitdem bei der Prüfung von Sekundärrecht an nationalem Verfassungsrecht zurück (sogenanntes Kooperationsverhältnis zwischen BVerfG und EuGH). Damit sind Verfassungsrechtsbehelfe, die auf eine Überprüfung von Sekundärrecht am Unionsrecht abzielen unzulässig!

Allein bei Rüge qualifizierter Verfassungswidrigkeit, wenn also die Grundrechte durch das Sekundärrecht in ihrem Kernbereich verletzt werden, greift die Prüfungskompetenz des BVerfG über Art. 23 I S. 3, 79 III, 1, 20 GG wieder ein.

Dazu müsste der EuGH aber gravierend von seiner bisherigen Grundrechtsrechtsprechung abweichen, was – insbesondere vor dem Hintergrund des Inkrafttretens der EGRCh – kaum zu erwarten ist.

In Fällen, in denen die Organe der EU ihre Kompetenzen bei Erlass des Sekundärrechts schwerwiegend und evident überschreiten, kommt zudem auch eine ultra-vires-Kontrolle durch das BVerfG in Betracht. Allerdings wird auch diese Kontrolle nur subsidiär zu einer Kontrolle durch den EuGH ausgeübt.

4. Sonderproblem: Darf ein deutsches Gesetz, das eine Richtlinie umsetzt, an den deutschen Grundrechten überprüft werden?

Eine Richtlinie wendet sich grundsätzlich an die Mitgliedstaaten, vgl. Art. 288 III AEUV. Diese trifft dann aus Art. 288 III AEUV i.V.m. Art. 4 III EUV die Pflicht, die Richtlinie in nationales Recht umzusetzen. Könnte ein Umsetzungsgesetz nun an den deutschen Grundrechten überprüft werden, dann käme dies einer Überprüfung der Richtlinie (= sekundäres Unionsrecht) durch die „Hintertür" gleich – dies widerspricht aber der Solange II-Rechtsprechung und dem Kooperationsverhältnis zwischen EuGH und BVerfG!!

Eine Überprüfung des deutschen Umsetzungsgesetzes an den deutschen Grundrechten ist nur insoweit möglich, als das Umsetzungsgesetz von den Inhalten der Richtlinie abweicht, bspw. darüber hinausgeht.

Bsp. (fiktiv, nur zur Veranschaulichung!): Angenommen eine EU-Richtlinie sieht vor, dass in Gaststätten bis abends um 20:00 Uhr nicht mehr geraucht werden darf. Der nationale Gesetzgeber setzt diese Richtlinie in ein nationales Gesetz um und nimmt dies auch gleich zum Anlass, das Rauchverbot generell auf alle öffentlichen Plätze zu erstrecken.

Hier dürfte nur der Part des nationalen Gesetzes am Grundgesetz überprüft werden, der über die Inhalte der Richtlinie hinausgeht.

Übersicht Wirkung der Europäischen Integration

Ausgangspunkt Art. 23 I S. 2 GG: nationale Hoheitsrechte (insbesondere Legislativrechte) werden übertragen

Erste Auswirkung:

Supranationalität des Unionsrechts, eigene, unabhängige Rechtsordnung mit innerstaatlicher Wirkung (anders als bei bisherigen internationalen Organisationen, anders als beim Völkerrecht).

Zweite Auswirkung:

Es kann zu Kollisionsfällen zwischen nationalem Recht und Unionsrecht kommen, da beide Rechtsordnungen innerstaatlich gelten.

Auflösung der Kollision von Unionsrecht mit einfachen Gesetzen:

EuGH: Vorrang des Unionsrechts, da nach Übertragung von Hoheitsrechten keine Regelungskompetenz der Mitgliedstaaten mehr.

BVerfG: Vorrang von Unionsrecht durch innerstaatlichen Rechtsanwendungsbefehl des Zustimmungsgesetzes nach Art. 23 I S. 2 GG.

Auflösung der Kollision von Sekundärrecht mit Verfassungsrecht:

EuGH: Vorrang des Unionsrechts, da keine Regelungskompetenz der Mitgliedstaaten mehr.

BVerfG: Solange ausreichender Grundrechtsschutz durch EuGH, übt das BVerfG seine Prüfungskompetenz nicht aus, Vorrang des Sekundärrechts.

Auflösung der Kollision von Primärrecht mit Verfassungsrecht:

EuGH: Vorrang des Unionsrechts, da keine Regelungskompetenz der Mitgliedstaaten mehr.

BVerfG: Wenn Zustimmungsgesetze nach Art. 59 II GG zum Primärrecht verfassungsgemäß, auch Primärrecht verfassungsgemäß, Vorrang des Primärrechts.

Übersicht Normenpyramide des Unionsrechts

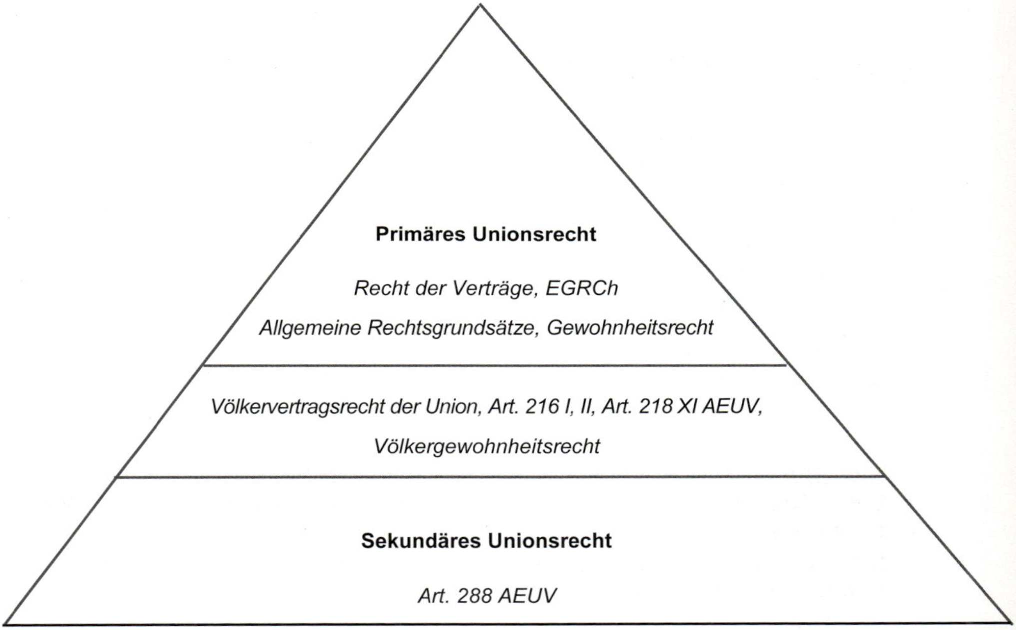

Kapitel II: Grundfreiheiten

Einführung und Übersicht

A) Einführung

Der AEUV kennt vier Grundfreiheiten:

die **Warenverkehrsfreiheit** (Art. 28 ff. AEUV),

die Personenfreizügigkeiten, die sich in die **Arbeitnehmerfreizügigkeit** (Art. 45 ff. AEUV) und

die **Niederlassungsfreiheit** (Art. 49 ff. AEUV) aufteilen und

die **Dienstleistungsfreiheit** (Art. 56 ff. AEUV).

Ergänzt werden diese vier Grundfreiheiten durch den als Hilfsfreiheit[56] bezeichneten **freien Kapital- und Zahlungsverkehr** (Art. 63 ff. AEUV).

Die Grundfreiheiten haben hauptsächlich die Aufgabe **den Binnenmarkt zu verwirklichen bzw. dessen Funktionieren zu gewährleisten**, vgl. Art. 26 I, II AEUV, also den Abbau und die Beseitigung von Handelshemmnissen im Wirtschaftsverkehr innerhalb der Union.

Alle Grundfreiheiten sind nach ständiger Rechtsprechung des EuGH in den nationalen Rechtsordnungen **unmittelbar anwendbar**. Dies gilt

in jedem Fall im vertikalen Verhältnis gegenüber den Mitgliedstaaten als

auch unter bestimmten Voraussetzungen im horizontalen Verhältnis (vgl. die folgenden Fälle).[57]

Ursprünglich waren alle Grundfreiheiten als **Diskriminierungsverbote** ausgestaltet. Dies bedeutet, dass ausländische Unionsbürger (wenn im Folgenden von Ausländern gesprochen wird, sind damit immer die Unionsbürger gemeint) oder Waren aufgrund ihrer Ausländereigenschaft nicht schlechter behandelt werden dürfen als inländische Staatsbürger oder Waren. Man spricht dabei von der so genannten **Inländergleichbehandlung**. Diesen Regelungen lag der Gedanke zugrunde, jegliches national-protektionistische Verhalten der Mitgliedstaaten zu unterbinden und damit den (gemeinsamen) Binnenmarkt zu ermöglichen, voranzutreiben und zu schützen. Verboten waren ursprünglich alle Diskriminierungen, die offen und dem Wortlaut nach an die Staatsbürgerschaft oder das Herkunftsland anknüpften (sogenannte **offene Diskriminierungen**).

---

56 Hilfsfreiheit deshalb, weil die anderen Freiheiten ohne einen freien Zahlungsverkehr oftmals nur eingeschränkt möglich wären oder keinen Sinn machen würden.

57 EuGH Rs. C-281/98 („*Angonese*"); EuZW 2000, 468.

Es stellte sich aber bald heraus, dass auch Maßnahmen, die unterschiedslos auf In- als auch auf Ausländer angewandt werden, Handelshemmnisse für den gemeinsamen Markt darstellen können. Solche unterschiedslos geltenden Hemmnisse nennt man **allgemeine Beschränkungen**. Dabei gibt es echte, reine allgemeine Beschränkungen, deren Auswirkungen in- und ausländische Bürger/Waren gleichermaßen treffen, und solche allgemeinen Beschränkungen, die zwar unterschiedslos auf in- und ausländische Bürger/Waren anwendbar sind, deren Auswirkungen ausländische Bürger/Waren aber rechtlich oder tatsächlich schlechter stellen.

Dabei spricht man dann von versteckten Diskriminierungen (versteckt deshalb, weil sie den Nachteil nicht offensichtlich an die Staatsbürgerschaft/das Herkunftsland anknüpfen).

hemmer-Methode: Wiederholung! Die Grundfreiheiten sind Teil des Primärrechts – Ihnen kommt uneingeschränkter Anwendungsvorrang (gegenüber einfachen Gesetzen als auch gegenüber Verfassungsrecht) zu. Das bedeutet, dass jede nationale Behörde und jedes nationale Gericht nationales Recht, das den Grundfreiheiten widerspricht, nicht anwenden darf!
Die Kenntnis der Grundfreiheiten, ihrer Definitionen und der jeweilige Prüfungsaufbau ist unerlässliches Wissen auch im Pflichtfach und muss sitzen!

B) Schema zur Prüfung von Grundfreiheiten

I. Anwendbarkeit der Grundfreiheit

Feststellung, dass Grundfreiheit unmittelbar im nationalen Recht anwendbar ist

keine vorrangige speziellere Regelung im Unionsrecht (Sekundärrecht, bspw. eine Richtlinie, die dann aber genannt sein müsste)

Vorliegen eines grenzüberschreitenden Sachverhalts (Ware, Dienstleistung oder Unionsbürger müssen eine Landesgrenze innerhalb der Union überschreiten)

II. Anwendungsbereich eröffnet

Abgrenzen der Grundfreiheiten untereinander,

über die Definition des Anwendungsbereiches und anschließende

Subsumtion des Sachverhalts zur Feststellung, ob für den von Ihnen zu prüfenden Sachverhalt der Schutz- bzw. Anwendungsbereich einer Grundfreiheit eröffnet ist.

III. Eingriff

Grundfreiheiten schützen an erster Stelle gegenüber eingreifenden Maßnahmen der Mitgliedstaaten und der Unionsorgane.
Zumindest für die Arbeitnehmerfreizügigkeit hat der EuGH die Schutzwirkung auch gegenüber Eingriffen durch Privatpersonen ausgedehnt.[58]

---

[58] EuGH, Rs. C-281/98; v. 06.06.2000 („*Angonese*“); Slg. 2000, I-4139; EuZW 2000, 468; so auch mit kritischen Anmerkungen Streinz, Europarecht, Rn. 837.

Eingreifende (meist staatliche) Maßnahme

unterschiedlich anwendbar	unterschiedslos anwendbar
= Anknüpfungspunkt ist die Staatsangehörigkeit/Herkunft der Ware	auf In- und Ausländer
= **offene Diskriminierung**	= **allgemeine Beschränkung**
wenn die allgemeine Beschränkung in rechtlicher oder tatsächlicher Hinsicht nachteiligere Auswirkungen für Ausländer als für Inländer hat, dann liegt eine = **versteckte Diskriminierung vor**	= **reine allgemeine Beschränkung** Die allgemeine Beschränkung ist zumindest bei der **Warenverkehrsfreiheit** dann wiederum nicht als Eingriff anzusehen, wenn sie lediglich bestimmte **Verkaufsmodalitäten** beschränkt, sofern diese für alle Wirtschaftsteilnehmer gleichermaßen gelten und alle Teilnehmer/Waren rechtlich wie tatsächlich in gleicher Weise berühren = **Einschränkung des Tatbestands der allgemeinen Beschränkung durch die Keck-Formel**[59]

IV. Rechtfertigung des Eingriffs und Verhältnismäßigkeit der Maßnahme

Hier ist auf die jeweiligen im AEUV **geschriebenen** und die **ungeschriebenen Rechtfertigungsgründe (zwingende Gründe des Allgemeinwohls)**[60] einzugehen. Die geschriebenen Rechtfertigungsgründe werden i.R.d. Erst-Recht-Schlusses auch auf die rein allgemein beschränkenden Maßnahmen angewendet.

---

[59] Achtung: die Tendenz geht dahin, diese tatbestandsbeschränkende Keck-Rechtsprechung sinngemäß auch auf alle anderen Grundfreiheiten anzuwenden, dazu gibt es aber keine gesicherte Rspr.

[60] Diese wurden bei der Warenverkehrsfreiheit in der Cassis-Rechtsprechung als Rechtfertigungsgründe herangezogen, bei den anderen Grundfreiheiten in der Gebhard-Rechtsprechung.

Offene Diskriminierung	Versteckte Diskriminierung	Allgemeine Beschränkung
• **Geschriebene** Rechtfertigungsgründe (Art. 36, 45 III, 52 I, 62 AEUV)	• **Geschriebene** Rechtfertigungsgründe und • **Ungeschriebene** Rechtfertigungsgründe: „zwingende Gründe des Allgemeinwohls" (*Cassis/ Gebhard*)	• **Geschriebene** Rechtfertigungsgründe (Erst-Recht-Schluss) und • **Ungeschriebene** Rechtfertigungsgründe: „zwingende Gründe des Allgemeinwohls" (*Cassis/Gebhard*)

Merke: Da der Tatbestand vom Verbot der offenen Diskriminierung auf den Tatbestand der versteckten Diskriminierung und der echten allgemeinen Beschränkung durch die Rechtsprechung erweitert wurde, mussten auch die Rechtfertigungsgründe erweitert werden! Deshalb hat die Rechtsprechung die ungeschriebenen Rechtfertigungsgründe der „zwingenden Interessen des Allgemeinwohls" entwickelt.

Die **Verhältnismäßigkeit** der Maßnahme (Geeignetheit, Erforderlichkeit, Angemessenheit) ist ebenso zu überprüfen. (In der Praxis des Unionsrechts liegt der Prüfungsschwerpunkt auf der Erforderlichkeit.)

Fall 7: Warenverkehrsfreiheit, Art. 34 AEUV

Sachverhalt:

Nach dem in § 9 I BiersteuerG normierten Reinheitsgebot für Bier, durfte in Deutschland Bier ausschließlich aus bestimmten Zutaten hergestellt werden: Gerstenmalz, Hopfen, Hefe und Wasser. § 10 I BiersteuerG verbot die Verwendung weiterer Stoffe und sah vor, dass nur das aus den in § 9 I genannten Zutaten hergestellte Getränk die Bezeichnung „Bier“ tragen dürfe.

Die Bundesrepublik berief sich bei dieser Regelung auf den Verbraucherschutz: Die Verbraucher würden und dürften darauf vertrauen, dass alles, was sie in Deutschland unter der Bezeichnung „Bier“ kaufen, dem Reinheitsgebot entspricht. Auch sprächen Gründe des Gesundheitsschutzes für das Reinheitsgebot. Einen Beweis für die Gesundheitsgefährlichkeit konnte die Bundesrepublik aber nicht erbringen.

In vielen anderen Mitgliedstaaten wurden weitere Stoffe wie Reis oder Mais dem Biergetränk beigemischt, was dazu führte, dass diese Getränke in Deutschland nicht als „Bier“ verkauft werden durften. Die Kommission sah in der deutschen Regelung ein dem AEUV entgegenstehendes Handelshemmnis.

Frage: *Hat die Kommission Recht?*

Bearbeitervermerk: *Es ist davon auszugehen, dass keine Spezialregelung im Unionsrecht existiert.*

I. Einordnung

Die Freiheit des Warenverkehrs ist in Art. 28 bis 37 AEUV geregelt. Sie beinhaltet die Zollunion, Art. 28 bis 33 AEUV, als auch Vorschriften, die zur Beseitigung und zum Abbau von Handelshemmnissen zwischen den Mitgliedstaaten verpflichten, Art. 34 bis 37 AEUV. Letztere Vorschriften sollen insbesondere mengenmäßige Ein-, Aus- und Durchfuhrbeschränkungen von Waren unterbinden und so **den freien Warenverkehr innerhalb der Union gewährleisten.**

Die Zollunion hingegen beinhaltet das Verbot, im Handelsverkehr zwischen den Mitgliedstaaten Zölle und Abgaben gleicher Wirkung zu erheben, vgl. Art. 30 AEUV. Des Weiteren regelt sie einen gemeinsamen Zolltarif gegenüber Drittstaaten, vgl. Art. 31 AEUV.

In der Klausur wird Ihnen oftmals eine mitgliedstaatliche Maßnahme vorgestellt, deren Rechtmäßigkeit es anhand der Grundfreiheiten zu überprüfen gilt. (Ist die Maßnahme mit der Grundfreiheit vereinbar?)

II. Gliederung

Verstoß gegen Grundfreiheit?

1. Anwendbarkeit Art. 34 AEUV

a) Unmittelbar anwendbar

b) Keine Spezialregelung im Unionsrecht (bspw. Richtlinie)

c) Grenzüberschreitender Sachverhalt

2. Anwendungsbereich eröffnet

a) Ware i.S.v. Art. 28 II AEUV
= Jeder körperliche Gegenstand, der einen Geldwert hat und daher Gegenstand von Handelsgeschäften sein kann.

b)	Unionsware i.S.d. Art. 28 II, 29 AEUV
3.	**Eingriff**
	Mengenmäßige Einfuhrbeschränkung (Kontingentierung) oder Maßnahme gleicher Wirkung
4.	**Rechtfertigung und Verhältnismäßigkeit**
a)	Rechtfertigung
aa)	Art. 36 AEUV (direkt oder „Erst-Recht“)
bb)	Im Fall einer allgemeinen Beschränkung oder versteckten Diskriminierung darüber hinaus Rechtfertigung aus zwingenden Gründen des Allgemeinwohls (Cassis-Rechtsprechung) prüfen
b)	**Verhältnismäßigkeit**

III. Lösung[61]

In §§ 9 I, 10 BiersteuerG ist dann ein dem AEUV entgegenstehendes Handelshemmnis zu sehen, wenn diese Vorschriften einen Eingriff in eine Grundfreiheit darstellen, der nicht gerechtfertigt ist. In Betracht kommt hier ein Eingriff in die Warenverkehrsfreiheit aus Art. 34 AEUV.

1. Anwendbarkeit des Art. 34 AEUV

Der EuGH hat in st. Rspr. entschieden, dass die Grundfreiheiten unmittelbar anwendbar sind. Laut Bearbeitervermerk liegt keine vorrangige Spezialregelung im Unionsrecht vor, sodass direkt auf Art. 34 AEUV zurückgegriffen werden darf. Es ist anderen Mitgliedstaaten untersagt, ein Produkt, das sie im Inland als „Bier“ vertreiben, unter diesem Namen in Deutschland auf den Markt zu bringen.

Es liegt damit ein grenzüberschreitender Sachverhalt vor. Die Warenverkehrsfreiheit ist grundsätzlich anwendbar.

2. Anwendungsbereich des Art. 34 AEUV

Der Anwendungsbereich des Art. 34 AEUV umfasst nur Waren i.S.d. Art. 28 II AEUV. Eine Ware i.S.d. Art. 28 II AEUV ist jeder körperliche Gegenstand, der einen Geldwert hat und daher Gegenstand eines Handelsgeschäfts sein kann.[62]

Anmerkung: Auch Schrott und Abfall sind Waren.[63]

Bier als alkoholisches Getränk ist ein gängiges Konsumgut und damit ein geldwerter, handelbarer Gegenstand.

Zudem fordert **Art. 28 II AEUV**, dass eine aus einem Mitgliedstaat stammende Ware, sog. **Unionsware,** oder eine bereits aus einem Drittstaat in die Union eingeführte Ware vorliegen muss, vgl. Art. 28 II, 29 AEUV. Bei dem Bier handelt es sich um ein Getränk, das in anderen Mitgliedstaaten produziert wird, also um eine Unionsware. Damit ist der Anwendungsbereich des Art. 34 AEUV eröffnet.

Anmerkung: Bedenken Sie, dass auch bspw. die französischen Départements d'Outre-Mer sowie andere überseeische Gebiete in den Anwendungsbereich des AEUV fallen, vgl. Art. 349 AEUV.

---

61 Fall nach EuGH, NJW 1987, 1133 = **juris**byhemmer.

62 EuGH, Rs. 7/68 („*Kunstschätze*“), Slg. 1986, 633, 642; Geiger, Art. 9 AEUV, Rn. 25.

63 EuGH, EuZW 1992, 577 ff. = **juris**byhemmer.

Bei einer Co-Produktion wiederum mit Firmen aus Drittstaaten, gilt die Ware als Unionsware, wenn die letzte wesentliche wirtschaftliche Bearbeitung in einem Mitgliedstaat stattgefunden hat. Nicht ausreichend ist aber das Anbringen nur von Zubehör- und Ersatzteilen.[64]

3. Eingriff in die Grundfreiheit/Verletzung

Ein Verstoß gegen den Schutzbereich des Art. 34 AEUV liegt vor, wenn ein Mitgliedstaat den freien Warenverkehr durch mengenmäßige Einfuhrbeschränkungen oder Maßnahmen gleicher Wirkung beeinträchtigt.

a) Mengenmäßige Einfuhrbeschränkungen, Art. 34 Alt. 1 AEUV

Art. 34 Alt. 1 AEUV verbietet jegliche mengenmäßige Einfuhrbeschränkung zwischen den Mitgliedstaaten. Damit ist der Fall der vorgeschriebenen Begrenzung der Ware der Menge oder dem Wert nach (sog. Kontingentierung) gemeint.

Die in §§ 9, 10 BiersteuerG enthaltenen Vorschriften über die zu verwendenden Zutaten stellen keine Kontingentierung dar.

b) Maßnahmen gleicher Wirkung, Art. 34 Alt. 2 AEUV – Dassonville-Formel

Es könnte jedoch eine Maßnahme gleicher Wirkung wie eine mengenmäßige Einfuhrbeschränkung vorliegen.

Nach st. Rspr. des EuGH stellt grundsätzlich **jede Maßnahme, die geeignet ist, den innergemeinschaftlichen Handel unmittelbar oder mittelbar, tatsächlich oder potenziell zu behindern, eine Maßnahme gleicher Wirkung dar** (**Dassonville-Formel!**).[65]

Mit der Dassonville-Formel stellt der EuGH sowohl ein Verbot für alle offen und versteckt diskriminierenden Maßnahmen, als auch für alle rein beschränkenden Maßnahmen auf.

Anmerkung: Der EuGH hat später sinngemäß dieselben Grundsätze auch auf alle anderen Grundfreiheiten übertragen. Danach sind alle Maßnahmen rechtfertigungsbedürftig, „die die Auslegung der durch den Vertrag garantierten grundlegenden Freiheiten behindern oder weniger attraktiv machen können".[66]

Die deutsche Regelung der §§ 9, 10 BiersteuerG verbietet, dass Biergetränke anderer Mitgliedstaaten, die weitere Inhaltsstoffe haben, als sie in §§ 9, 10 BiersteuerG vorgesehen sind, in Deutschland als Bier verkauft werden dürfen. Das Verbot gilt für in- und ausländische Produkte.

Die Auswirkung dieser Vorschrift über Inhaltsstoffe ist, dass der grenzüberschreitende Handel von Biergetränken, die den §§ 9, 10 BiersteuerG nicht entsprechen, von der Bundesrepublik beeinträchtigt wird.

§§ 9, 10 BiersteuerG, die diskriminierungsfrei für in- und ausländisches Bier gelten, sind eine (rein) allgemein beschränkende Maßnahme gleicher Wirkung wie eine Kontingentierung i.S.d. Art. 34 Alt. 2 AEUV.

---

64 Vgl. VO Nr. 802/68.

65 EuGHE 1974, 837.

66 Zusammenfassung der Rechtsprechung dann im Urteil („*Gebhard*") EuGH, EuZW 1996, 92 (95).

c) Einschränkung der Dassonville-Formel durch die Keck-Rechtsprechung

Die sehr weit geratene Dassonville-Formel hat der EuGH durch die **Keck-Rechtsprechung** [67] wieder eingeschränkt. Demnach sollen **bloße Verkaufsmodalitäten** keine Maßnahme gleicher Wirkung darstellen, soweit sie

diskriminierungsfrei sowohl für einheimische als auch eingeführte Waren gelten und

auch tatsächlich nicht zur Besserstellung der einheimischen Produkte führen.

Nicht erfasst von der Keck-Rechtsprechung werden produktbezogene Regelungen. Für diese greift die Ausnahme nicht, sie stellen weiterhin einen Eingriff in die Grundfreiheit dar.

Anmerkung: Sie können sich das am besten so merken: Produktbezogene Regelungen ändern immer irgendetwas am Inhalt oder am Aussehen des Produktes, bspw. Vorschriften über Inhaltsstoffe, Verpackungsgrößen und –arten. Wird am Produkt selbst aber nichts geändert, liegt meist eine Verkaufsmodalität vor (bspw. Ladenöffnungszeiten, Werbevorschriften, ...)

Im vorliegenden Fall handelt es sich bei den Vorschriften über die Inhaltsstoffe von Bier um produktbezogene Regelungen, sodass die Ausnahmen der Keck-Rechtsprechung nicht eingreifen.

d) Zwischenergebnis

Die §§ 9, 10 BiersteuerG stellen einen Eingriff der Bundesrepublik Deutschland in die Grundfreiheit des Art. 34 AEUV dar.

4. Rechtfertigung des Eingriffs und Verhältnismäßigkeit

In diesem Eingriff ist aber nur dann ein dem AEUV entgegenstehendes Handelshemmnis zu sehen, wenn der Eingriff nicht gerechtfertigt oder unverhältnismäßig ist.

a) Rechtfertigung über Art. 36 AEUV

Möglicherweise ist das Reinheitsgebot über den in Art. 36 S. 1 AEUV genannten Belang des Gesundheitsschutzes gerechtfertigt. Art. 36 AEUV war ursprünglich als Rechtfertigungsgrund für diskriminierende Maßnahmen gedacht. Mittlerweile ist anerkannt, dass die Rechtfertigungsgründe, die sogar für diskriminierende Maßnahmen gelten, erst Recht zur Rechtfertigung allgemeiner Beschränkungen herangezogen werden dürfen und sollen.

Zwar beruft sich die Bundesrepublik auf den auch in Art. 36 AEUV genannten Gesundheitsschutz, bleibt jedoch einen dahingehenden Beweis schuldig. Eine Rechtfertigung nach Art. 36 AEUV kann daher nicht angenommen werden.

b) Cassis-Rechtsprechung

Durch die Ausdehnung der Grundfreiheiten als allgemeine Beschränkungsverbote erfolgte eine sehr weitgreifende und unübersichtliche Anwendung der Grundfreiheiten. Dies machte neben der Keck-Rechtsprechung weitere Einschränkungen erforderlich.

Über Art. 36 AEUV lässt sich nach Ansicht des Gerichtshofs die gebotene Anwendungsbeschränkung nicht erreichen.

---

[67] EuGH, EuZW 1993, 770 = **juris**byhemmer.

Art. 36 AEUV ist als Ausnahmevorschrift von der Warenverkehrsfreiheit eng auszulegen und kann nach dem EuGH nicht auf Zielsetzungen ausgedehnt werden, die dort nicht genannt sind.[68] Der EuGH entwickelte folglich die Cassis-Rechtsprechung.[69] Diese besagt mittlerweile, dass ein als allgemeine Beschränkung erfolgter Eingriff dann gerechtfertigt ist, wenn er

zwingenden Erfordernissen des gemeinschaftlichen Allgemeininteresses dient und

die Beschränkung an sich verhältnismäßig ist, d.h. zum Erreichen des Allgemeininteresses geeignet, erforderlich und angemessen ist.

Anmerkung: als zwingende Erfordernisse des Allgemeinwohls hat der EuGH mittlerweile u.a. anerkannt:
- ⇨ wirksame steuerliche Kontrolle (notwendig, zur Durchsetzung der Steuerordnung)
- ⇨ inhaltlich begründeter Verbraucherschutz
- ⇨ Lauterkeit des Handelsverkehrs
- ⇨ Umweltschutz
- ⇨ Aufrechterhaltung der Medienvielfalt
- ⇨ Erhebliche Gefährdung des Systems der sozialen Sicherheit
- ⇨ Verkehrssicherheit
- ⇨ die Unionsgrundrechte!!!

Möglicherweise ist der durch die Vorgaben in §§ 9, 10 BiersteuerG bestehende Eingriff seitens der Bundesrepublik Deutschland aufgrund zwingender Erfordernisse des Allgemeinwohls gerechtfertigt.

Die Bundesrepublik bringt vor, dass die §§ 9, 10 BiersteuerG aus Gründen des Verbraucherschutzes erlassen wurden. Dieses Kriterium wurde vom EuGH grundsätzlich als im Allgemeininteresse liegend anerkannt.

c) Verhältnismäßigkeit

Darüber hinaus müsste der Eingriff auch verhältnismäßig sein. Er müsste dem Unionsinteresse dienen und zur Erreichung desselben erforderlich und angemessen sein.

Die berechtigten Erwartungen des Verbrauchers (ein anerkanntes Unionsinteresse) und dessen Recht auf Information lassen sich aber auch mit entsprechenden Angaben über die Inhaltsstoffe auf den Flaschenetiketten erreichen, sodass sich ein milderes Mittel anbietet. Der durch §§ 9, 10 BiersteuerG erfolgte Eingriff war unverhältnismäßig.

Anmerkung: Umstritten ist, ob die Cassis-Rechtsprechung neben der Keck-Rechtsprechung als weitere tatbestandsimmanente Schranke oder als Rechtfertigungsgrund angesehen wird. Da selbst der EuGH aber trotz anfänglich abweichender Terminologie bei Anwendung der Cassis-Formel mittlerweile durchgängig von Rechtfertigung spricht, sollten Sie dieser Ansicht folgen und allenfalls kurz erwähnen, dass es auch eine andere Ansicht gibt.[70]

5. Ergebnis

Die Bestimmung der §§ 9, 10 BiersteuerG ist nicht mit Art. 34 AEUV vereinbar und stellt eine Verletzung des AEUV dar. Der Kommission ist in dieser Frage Recht zu geben.

---

68 EuGH, Rs. 229/83, in Slg. 1985, 1 („*Leclerc*").

69 EuGH, Rs. 120/81 („*Cassis de Dijon*"), Slg. 1979, 649, 662 = **Hemmer/Wüst, Classics Europarecht, Fall 23, 45 f.**

70 Vgl. u.a. Schweitzer/Hummer, Rn. 1128 f.

IV. Ergänzung zur Warenverkehrsfreiheit: die Rechtmäßigkeit von Ausfuhrbeschränkungen und Maßnahmen gleicher Wirkung, Art. 35 AEUV

In Ergänzung zu Art. 34 AEUV verbietet Art. 35 AEUV mengenmäßige **Aus**fuhrbeschränkungen und Maßnahmen gleicher Wirkung. Vom Prüfungsaufbau und den Inhalten her laufen Art. 34 und 35 AEUV gleich.
Eine Maßnahme gleicher Wirkung i.S.d. Art. 35 AEUV liegt nur bei solchen Regelungen vor, die spezifische Beschränkungen der **Aus**fuhrströme bezwecken, sodass der Absatz nationaler Produkte im Inland einen besonderen Vorteil erlangt (wodurch die ausländischen zwangsläufig schlechter stehen).

Eine Maßnahme gleicher Wirkung i.S.d. Art. 35 AEUV wird über die Negativdefinition bestimmt.

Eine staatliche Maßnahme ist dann **keine** Maßnahme gleicher Wirkung, wenn sie

⇨ diskriminierungsfrei, also unterschiedslos für einheimische und ausländische Waren gilt und

⇨ nicht darauf gerichtet ist, die Handelsströme zwischen den Mitgliedstaaten zu regeln.

V. Zur Vertiefung

- zur Warenverkehrsfreiheit Hemmer/Wüst, Europarecht, Rn. 400 ff.

Fall 8: Warenverkehrsfreiheit, Art. 34 AEUV, Doc Morris

Sachverhalt:

In Deutschland war (seit 01.01.2004 gibt es eine Gesetzesänderung) der Vertrieb von Arzneimitteln per Versandhandel verboten. Doc Morris, eine niederländische Apotheke in Form einer niederländischen juristischen Person des Privatrechts bot neben dem regulären Apothekenbetrieb in den Niederlanden auch einen Versandhandel per Internet an und versorgte überwiegend Kunden in Deutschland. Dies wurde aufgrund der damaligen Gesetzeslage von deutschen Behörden untersagt. Als Gesetzesbegründung war angeführt, dass ansonsten der Handel mit Medikamenten außer Kontrolle geraten könne und nur über den direkten Verkauf von Arzneimitteln in Apotheken einem Medikamentenmissbrauch entgegengewirkt werden könne. Außerdem wisse man bei einem Internetversandhandel verschreibungspflichtiger Medikamente nie, ob ein echtes oder ein nachgemachtes Rezept vorläge. Doc Morris hält zumindest ein umfassendes Verbot ohne Differenzierung danach, ob die Medikamente verschreibungspflichtig sind, für eine Verletzung des Art. 34 AEUV.

Frage: *Stellt das Versandhandelsverbot eine Verletzung des Art. 34 AEUV dar?*

Bearbeitervermerk: *Eine spezialgesetzliche Regelung des Unionsrechts liegt nicht vor.*

I. Einordnung

Anhand der obigen Ausführungen dürfte es Ihnen jetzt mühelos gelingen, folgenden Fall alleine zu lösen! Wenn Sie sich unsicher fühlen sollten, schauen Sie sich noch einmal die Übersicht zu den Grundfreiheiten an und versuchen Sie, diese selbst nachzuzeichnen. Viel Erfolg!

II. Gliederung

Verstoß gegen Grundfreiheit?
1. Anwendbarkeit des Art. 34 AEUV
a) Unmittelbar anwendbar
b) Kein spezielleres Unionsrecht
c) Grenzüberschreitender Sachverhalt

2. Anwendungsbereich eröffnet
a) Ware gemäß Art. 28 II AEUV
b) Unionsware i.S.d. Art. 28 II, 29 AEUV
3. Eingriff
a) Mengenmäßige Einfuhrbeschränkung oder Maßnahme gleicher Wirkung (Dassonville-Formel)
b) U.U. tatbestandliche Einschränkung durch Keck-Formel
4. Rechtfertigung und Verhältnismäßigkeit
a) Rechtfertigungsgründe – geschriebene (Art. 36 AEUV) und bei allgemeiner Beschränkung zusätzlich Cassis-Formel
b) Verhältnismäßigkeit

III. Lösung[71]

Eine Verletzung des Art. 34 AEUV läge dann vor, wenn das deutsche Versandhandelsverbot einen ungerechtfertigten oder unverhältnismäßigen Eingriff in die Warenverkehrsfreiheit darstellte.

1. Anwendbarkeit des Art. 34 AEUV

Laut Bearbeitervermerk fehlt es an einer spezialgesetzlichen Regelung des Unionsrechts.

So ist es möglich, das deutsche Verbotsgesetz anhand des Art. 34 AEUV zu überprüfen, welcher nach st. Rspr. des EuGH in den Mitgliedstaaten unmittelbare Wirkung entfaltet. Es handelt sich hierbei um Arzneimittel, die aus den Niederlanden nach Deutschland eingeführt und aufgrund von Bestellungen via Internet an deutsche Kunden verkauft werden sollen. Ein grenzüberschreitender Sachverhalt liegt vor, sodass die Regelungen des Unionsrechts Anwendung finden.

2. Anwendungsbereich des Art. 34 AEUV

Der Anwendungsbereich des Art. 34 AEUV müsste eröffnet sein. Art. 34 AEUV findet nur Anwendung auf Waren i.S.d. Art. 28 II AEUV. Darunter fallen nach Rechtsprechung des EuGH alle körperlichen Gegenstände, die Geldwert haben und daher Gegenstand von Handelsgeschäften sein können. Arzneimittel sind körperliche Gegenstände, die man gegen Bezahlung erwerben kann. Sie unterfallen somit dem Warenbegriff des Art. 28 AEUV.

Der Ursprung der Arzneimittel ist im Sachverhalt nicht aufgeführt.

Sofern Doc Morris die Medikamente nicht selbst herstellt oder von Herstellern aus der Union bezieht, wird sie diese aus Drittländern einführen. Mit der ordnungsgemäßen Einfuhr aus Drittländern befinden sich die Medikamente jedenfalls im freien Verkehr des Binnenmarktes, vgl. Art. 28 II, 29 AEUV, sodass in jedem Fall von Unionswaren i.S.d. Art. 28 II, 29 AEUV ausgegangen werden kann. Der Anwendungsbereich des Art. 34 AEUV ist demnach eröffnet.

3. Eingriff in den Anwendungsbereich

Das Versandhandelsverbot müsste einen hoheitlichen Eingriff in die Grundfreiheit darstellen.

Anmerkung: Während zumindest bei der Arbeitnehmerfreizügigkeit anerkannt ist, dass auch nichtstaatliche Maßnahmen einen Eingriff darstellen können, geht man bei der Warenverkehrsfreiheit noch davon aus, dass der Eingriff eine staatliche Maßnahme sein muss. Behalten Sie hier aber die weitere Entwicklung im Auge.

a) Staatliche Maßnahme

Das gesetzliche Verbot des Internetversandhandels stellt eine mitgliedstaatliche Maßnahme dar. Diese bezweckt aber keine Kontingentierung von Waren bei der Einfuhr, sodass keine Einfuhrbeschränkung i.S.d. Art. 34 Alt. 1 AEUV vorliegt.

Es könnte sich aber bei dem Verbotsgesetz um eine Maßnahme gleicher Wirkung handeln.

---

[71] Originalfall zu finden unter EuGH, Rs. C-233/01; EuZW 04, 21 mit Anmerk. von Koch, EuZW 04, 50.

Eine solche ist nach der Dassonville-Formel gegeben, wenn die mitgliedstaatliche Regelung geeignet ist, den innergemeinschaftlichen Handel unmittelbar oder mittelbar, tatsächlich oder potenziell zu behindern. Das Verbotsgesetz bewirkt, dass Doc Morris keine Ware in Deutschland absetzen kann, schließlich befindet sich ihre Apotheke in den Niederlanden. Damit wird Doc Morris der Handel von Arzneimitteln innerhalb von Deutschland unmöglich. Das Verbot ist geeignet, den innergemeinschaftlichen Arzneimittelhandel erheblich zu behindern bzw. für Doc Morris sogar unmöglich zu machen. Es stellt grundsätzlich eine Maßnahme gleicher Wirkung i.S.d. Art. 34 AEUV dar.

Allgemeine Beschränkung

Das Verbot richtet sich nicht explizit gegen ausländische Waren, sondern ist vielmehr auf in- und ausländische Güter unterschiedslos anwendbar. Dies bedeutet, dass in dem Verbot keine Diskriminierung, sondern vielmehr eine allgemeine Beschränkung zu sehen ist. Auch deren Verbot ist nach der Dassonville-Formel von Art. 34 AEUV umfasst.

b) Tatbestandliche Einschränkung durch die Keck-Rechtsprechung

Möglicherweise erfüllt der Eingriff aber die Voraussetzungen der Keck-Rspr.

Diese schränkt den zu weit geratenen Tatbestand der allgemeinen Beschränkung ein.

aa) Verkaufsmodalität oder produktbezogene Regelung

Nach der Keck-Rechtsprechung liegt kein Eingriff in die Warenverkehrsfreiheit vor, wenn es sich bei der allgemeinen Beschränkung allein um die Regelung von Verkaufsmodalitäten und nicht um produktbezogene Regelungen handelt, die alle Wirtschaftsteilnehmer rechtlich wie tatsächlich in gleicher Weise berührt. Bloße Verkaufsmodalitäten wie beispielsweise Ladenöffnungszeiten sind grundsätzlich nicht geeignet, den innergemeinschaftlichen Handel zu beeinträchtigen und dürfen damit von jedem Mitgliedstaat individuell bestimmt werden. Im Gegensatz zu den produktbezogenen Regelungen sehen Verkaufsmodalitäten lediglich Regulierungen bezüglich des Absatzes der Waren vor. Fraglich ist also, worunter das Versandhandelsverbot fällt.

Das Versandhandelsverbot ist eine Regelung, die nicht den Inhalt der Produkte oder die Produkte an sich betrifft. Es verbietet keineswegs den Verkauf der Arzneimittel per se.

Vielmehr zielt das Verbot darauf ab, eine bessere Kontrolle darüber zu haben, welcher Kunde welche Arzneimittel erhält und konsumiert. Das Versandhandelsverbot soll nicht den Verkauf der Medikamente an sich verbieten, sondern es bezweckt eine Transparenz über den Absatz von Medikamenten per Internet, um einem Missbrauch im Konsum vorzubeugen. Insbesondere soll der Missbrauch von verschreibungspflichtigen Medikamenten verhindert werden. Begründet wird dies mit der einfachen Fälschungsmöglichkeit von bloß über das Internet oder das Fax zur Kenntnis genommenen Rezepten. Das Versandhandelsverbot verbietet allein die Verkaufsmodalität über das Internet und stellt mithin keine produkt-, sondern eine bloß absatzbezogene Regelung dar.

Grundsätzlich ist das Versandhandelsverbot also von der ersten Voraussetzung der Keck-Rechtsprechung erfasst.

bb) Gleiche tatsächliche und rechtliche Auswirkungen für In- und Ausländer

Darüber hinaus fordert die Keck-Rechtsprechung, dass die verkaufsbezogene Regelung die in- und ausländischen Erzeugnisse rechtlich und tatsächlich in gleicher Weise betrifft. Sofern diese Voraussetzung der Keck-Formel nicht erfüllt ist und trotz der allgemeinen, nur absatzbezogenen Regelung eine tatsächliche oder rechtliche Schlechterstellung der ausländischen Produkte stattfindet, liegt ein Fall der faktischen Diskriminierung vor, die ihrerseits wiederum einen Eingriff in Art. 34 AEUV darstellt.

Typischerweise betrifft das Versandhandelsverbot für Medikamente gerade ausländische Apotheken, da diesen ein direkter Verkauf von Arzneimitteln innerhalb Deutschlands nur über den Versandhandel möglich ist. Sofern ihnen dieser untersagt wird, können sie ihre Waren nicht auf dem deutschen Markt absetzen. Deutsche Apotheker hingegen können auch ohne Gewährung eines Versandhandels wie gehabt Medikamente in einer Pharmazie verkaufen. Die Nachteile eines solchen Verbots sind für ausländische Apotheken ungleich größer als für inländische. Zumindest in den tatsächlichen Auswirkungen stellt das Versandhandelsverbot die ausländischen Waren schlechter als die inländischen. Somit ist die zweite Voraussetzung der in der Keck-Rechtsprechung entwickelten tatbestandlichen Ausnahme nicht erfüllt. Hier stellt auch die absatzbezogene Regelung, das Versandhandelsverbot, einen Eingriff in die Warenverkehrsfreiheit aus Art. 34 AEUV dar.

4. Rechtfertigung des Eingriffs

Der Eingriff könnte jedoch gerechtfertigt sein.

Das Unionsrecht kennt geschriebene und ungeschriebene Rechtfertigungsgründe.

a) Geschriebene Rechtfertigungsgründe, Art. 36 AEUV

Wenn ein Erlaubnissatz eingreift und der Eingriff sich i.R.d. Verhältnismäßigkeit befindet, könnte er gerechtfertigt sein. Art. 36 AEUV sieht für den Eingriff in die Warenverkehrsfreiheit verschiedene Rechtfertigungsgründe vor. In Betracht kommt hier die Rechtfertigung des Verbots aus Gründen der Gesundheit, aber auch der öffentlichen Sicherheit und Ordnung. Die Gefahr des Missbrauchs, des Betruges und des unverantwortlichen, gesetzeswidrigen Umgangs mit Medikamenten auf Seiten der Verbraucher ist bei einem reinen Internetversandhandel, der sich fast jeder Kontrollmöglichkeit entzieht, nicht von der Hand zu weisen. Ein Rechtfertigungsgrund nach Art. 36 AEUV liegt vor.

b) Cassis-Formel

Allgemeine Beschränkungen können darüber hinaus auch aus Gründen des zwingenden Interesses des Allgemeinwohls der Union gerechtfertigt sein (sogenannte Cassis-Formel). Nachdem aber bereits der Rechtfertigungsgrund des Art. 36 AEUV zumindest dem Tatbestand nach eingreift, ist eine Prüfung der Cassis-Formel hier nicht erforderlich.

hemmer-Methode: Im Bereich der Rechtfertigung von Eingriffen herrscht im Europarecht größere Unklarheit.

Merken Sie sich, dass auf reine Beschränkungen i.R.d. Erst-Recht-Schlusses die geschriebenen Rechtfertigungsgründe als auch die Cassis-Formel Anwendung finden.
Für versteckte Diskriminierungen gelten die geschriebenen Rechtfertigungsgründe und mittlerweile auch Cassis.
Bei offenen Diskriminierungen sollten Sie allenfalls kurz auf abweichende Tendenzen hinweisen und dann die Ansicht vertreten, dass auf diese allein geschriebene Rechtfertigungsgründe anzuwenden sind.

5. Verhältnismäßigkeit

Das Versandhandelsverbot müsste auch dem Grundsatz der Verhältnismäßigkeit gerecht werden. Eine gänzliche Untersagung des Versandhandels von Arzneimitteln ist geeignet, einem Missbrauch der Medikamente und Gesetzesverstößen in diesem Zusammenhang vorzubeugen. Sehr fraglich ist aber, ob dafür gleich eine gänzliche Untersagung des Versandhandels erforderlich ist.

Der gänzlichen Untersagung kann entgegen gehalten werden, dass bereits eine Differenzierung nach verschreibungspflichtigen und rezeptfreien Medikamenten das Ziel der Verhinderung des Missbrauchs und der Rezeptfälschungen vollständig löst. Es würde für einen Schutz vor Missbrauch ausreichen, den Versandhandel für verschreibungspflichtige Medikamente zu untersagen. Das deutsche Gesetz wird mit diesem umfassenden Verbot nicht dem Kriterium der Erforderlichkeit gerecht. Es ist nicht verhältnismäßig.

6. Ergebnis

Das deutsche Versandhandelsverbot stellt einen unverhältnismäßigen und damit rechtswidrigen Eingriff in die Warenverkehrsfreiheit des Art. 34 AEUV dar und ist aus diesem Grund vertragswidrig.

hemmer-Methode: Wenn Sie oben angegebenes Prüfungsschema verinnerlicht haben, ist dieser (und auch jeder andere Fall zum Thema Warenverkehrsfreiheit) bestens zu lösen! Es geht nur darum, den richtigen Weg einzuschlagen und sich dann anhand des aufgemalten (und hoffentlich bei Ihnen im Gedächtnis eingegrabenen) Schaubilds entlang zu hangeln. Hat man einmal verstanden, worum es geht, ist der Weg nicht schwer und das Ziel sicher.

IV. Exkurs aktuelle Rechtsprechung

Am 11.09.2008 erging ein weiteres EuGH-Urteil zur Frage der Warenverkehrsfreiheit, das die bisherige Rechtsprechung bestätigt. Zum Sachverhalt: Nach § 14 ApoG Deutschland können deutsche Krankenhäuser auswählen, ob sie ihre Arzneimittelversorgung über eine krankenhausinternen Apotheke oder eine externe Apotheke beziehen wollen.

§ 14 ApoG sieht dann aber zwingend vor, dass diese Apotheke auch die ganze Arzneimittelversorgung, inklusive der Notfallversorgung, übernimmt.

Naturgemäß kann eine Notfallversorgung nur von einer krankenhausinternen oder einer nahe liegenden externen Apotheke vorgenommen werden. Darin erkannte die Kommission einen Verstoß gegen die Warenverkehrsfreiheit, denn ausländische Apotheken wären von einem Vertragsschluss ausgeschlossen. Der EuGH stimmte dieser Ansicht der Kommission zu (zur Verortung: Anwendbarkeit (+), Anwendungsbereich eröffnet, Eingriff (+) durch ApoG, zwar nur verkaufsbezogene Regelung, aber Schlechterstellung der ausländischen Apotheken (Keck-Formel)), sah dann aber eine Rechtfertigung aus Gründen des Schutzes der Gesundheit der Bevölkerung aus Art. 36 AEUV und erkannte den Eingriff als verhältnismäßig an.[72]

V. Zur Vertiefung

- Zur Warenverkehrsfreiheit, Hemmer/Wüst, Europarecht, Rn. 400 ff.
- Hemmer/Wüst, Basics Europarecht, Rn. 259 ff.
- Zum Verbot der privaten Einfuhr von Alkohol nach Schweden vgl. **Life&Law 3/2008, 192 ff.**[73]

---

72 EuGH, Urteil vom 11.09.2008, C 141/07, NVwZ 2008, 1225 ff. = **Life&Law 1/2009, 40 f.** = **juris**byhemmer.

73 EuGH, Urteil vom 05.06.2007, C 170/04, DVBl. 2007, 894 ff. = **juris**byhemmer.

Fall 9: Ergänzender Zusatzfall zur Warenverkehrsfreiheit – Verbot von Ein- und Ausfuhrzöllen (Art. 30 AEUV)

Sachverhalt:

Teil I:

Auf jedes nach Deutschland importierte und zur Schlachtung und Verwertung bestimmte Tier wird eine Abgabe von 20 Cent fällig. Diese wird erhoben, da wegen des Grenzübertritts noch einmal von deutschen Behörden Gesundheitskontrollen der Tiere durchgeführt werden, um eventuelle Ausbreitungen verschiedenster, derzeit häufiger auftretender Tierseuchen zu unterbinden. Die 20 Cent decken allein die Kosten für die Untersuchung. Unionsrechtlich sind solche Gesundheitskontrollen vorgeschrieben, sie sind jedoch grundsätzlich im Erzeugerstaat durchzuführen. Ein niederländisches Unternehmen sieht in dieser Abgabe eine Vertragsverletzung. Schließlich wurden bereits zwingend Gesundheitskontrollen von niederländischen Behörden durchgeführt, deren Umfang und Inhalt dem Unionsrecht entsprechen und deren Durchführung das Transportunternehmen nachweisen kann. Eine doppelte Kontrolle und eine doppelte Bezahlung seien aus diesem Grund nicht nachvollziehbar.

Teil II:

Auf jedes in Deutschland gewerblich geschlachtete Schwein wird eine Abgabe von 50 Cent erhoben. Diese Abgabe fließt in einen Fonds, der zur Förderung des Absatzes und der Verwertung deutscher Produkte der Agrar- und Ernährungswirtschaft eingerichtet wurde. Dieser „Schweinepfennig“ fällt auch für Unternehmen an, die ihre Schweine zwar im Ausland aufziehen, sie jedoch in Deutschland schlachten lassen. Das niederländische Unternehmen hält auch diese Abgabe für Unionsrechtswidrig. Es könne nicht angehen, dass ausländische Unternehmen zur Förderung nationaler deutscher Produkte Gelder abtreten müssten.

***Frage:** Stellen die beiden Abgaben eine Verletzung des Art. 30 AEUV oder damit verwandter Vorschriften dar? Auf Art. 110 AEUV wird hingewiesen.*

I. Einordnung

Dieser Fall ist ziemlich speziell und im Pflichtfach nicht unbedingt zu erwarten. Es ist aber empfehlenswert, zumindest anhand der Gliederung kurz nachzuvollziehen, worum es bei Art. 30 AEUV geht. Besonders interessierten Studierenden soll der Fall nicht vorenthalten bleiben.

Das Verbot von Ein- und Ausfuhrzöllen und Abgaben gleicher Wirkung ist eine Ausprägung des freien Warenverkehrs. Eine Überprüfung der Rechtmäßigkeit von Ein- und Ausfuhrzöllen oder Abgaben gleicher Wirkung anhand des Art. 30 AEUV ist immer in den Fällen geboten, in denen ein Mitgliedstaat eine Ware wegen des Grenzübertritts (sei es Ein- oder Ausfuhr der Ware) finanziell belastet.

II. Gliederung

A) Verstoß gegen Art. 30 AEUV

1. Anwendungsbereich Art. 30 AEUV

a) Unmittelbar anwendbar

b) Keine Spezialregelung im Unionsrecht

c) Grenzüberschreitender Sachverhalt, hier genauer: Problem bei Überschreiten der Grenze

2. Schutzbereich eröffnet

Unionsware i.S.v. Art. 28 II, 29 AEUV

3. Eingriff

Voraussetzung für einen Verstoß ist, dass die staatliche Abgabe einen Zoll oder eine Abgabe gleicher Wirkung darstellt:

a) Zoll

= als Zoll bezeichnete Abgabe, die bei Aus- oder Einfuhr einer Ware erhoben wird.[74] (alles, was „Zoll" heißt).

b) Abgabe gleicher Wirkung

= einseitig vom Staat wegen des Grenzübertritts einer Ware auferlegt.[75]

c) keine Abgaben gleicher Wirkung sind:

aa) Belastungen, die ein angemessenes Entgelt für tatsächlich geleistete Dienste darstellen, d.h. freiwillig in Anspruch genommen und dem Betroffenen einen individuellen Vorteil bringend sind.

bb) Abgaben, die durch Unionsrecht ausdrücklich zugelassen oder veranlasst werden

cc) Abgaben, die Bestandteil eines allgemeinen inländischen Abgabensystems sind (deren Rechtmäßigkeit ist dann an Art. 110 AEUV, oder im Fall von vollständigen parafiskalischen Abgaben wieder an Art. 30 AEUV zu messen)

4. Rechtfertigung

Art. 30 AEUV kennt keine Rechtfertigungsmöglichkeit.

B) Verstoß gegen Art. 110 AEUV?

In einem zweiten Schritt ist u.U. die Rechtmäßigkeit der Maßnahme an Art. 110 AEUV zu überprüfen.

1. Unmittelbar anwendbar

2. Art. 110 I AEUV: Besserstellung einer gleichartigen inländischen Ware?

3. Art. 110 II AEUV: Besserstellung einer vergleichbaren, konkurrierenden inländischen Ware?

III. Lösung[76]

A) Möglicher Verstoß gegen Art. 30 AEUV

Die aufgrund der Gesundheitskontrollen bei Grenzübertritt und anlässlich des Schlachtens der Schweine in Deutschland erhobenen Abgaben könnten als unzulässige finanzielle Belastungen einen Verstoß gegen Art. 30 AEUV darstellen und daher unwirksam sein.

1. Anwendbarkeit des Art. 30 AEUV

Art. 30 AEUV ist nach ständiger Rechtsprechung des EuGH unmittelbar anwendbar.

---

[74] Ahlt/Deisenhofer, S. 165.
[75] Ahlt/Deisenhofer, S. 165.

[76] Fall angelehnt an EuGH, EuZW 1994, 62 = **juris**byhemmer.

Da auch Art. 30 AEUV eine reine Inländerdiskriminierung [77] nicht erfasst, ist erforderlich, dass ein grenzüberschreitender Sachverhalt vorliegt. Dies bedeutet wiederum, dass das Handelsgut, auf das die Abgaben erhoben werden, die Grenze überschreiten muss. In beiden fraglichen Fällen sollen Schlachttiere die Grenze zwischen den Niederlanden und Deutschland überschreiten. Ein grenzüberschreitender Sachverhalt liegt vor.

2. Anwendungsbereich des Art. 30 AEUV

Wie die Verweisung in Art. 28 II AEUV zeigt, umfasst der Schutzbereich des Art. 30 AEUV nur Unionswaren. Dies sind Güter, die einen Geldwert haben und Gegenstand von Handelsgeschäften sein können, was bei Tieren der Nahrungsmittelindustrie zutrifft.

Zudem muss die Ware aus einem Mitgliedstaat stammen oder zumindest dort die letzte gerechtfertigte wirtschaftliche Bearbeitungsstufe durchlaufen haben oder sich im freien Verkehr eines Mitgliedstaates befinden, um als Unionsware angesehen werden zu können, vgl. Art. 28 II, 29 AEUV.

Die in den Niederlanden aufgezogenen und gemästeten Schweine sind eine Unionsware im Sinne der Vorschrift. Somit ist der Schutzbereich des Art. 30 AEUV eröffnet.

[77] Dies bedeutet, dass ein Inländer ohne grenzüberschreitenden Sachverhalt sich nicht auf den AEUV berufen kann. Als Beispiel hierfür ist das frühere Zweigniederlassungsverbot für deutsche Rechtsanwälte zu nennen. Dieses trifft als Verstoß gegen den AEUV Rechtsanwälte aus anderen Mitgliedstaaten nicht. Vielmehr ist es diesen möglich, in Deutschland eine Zweigniederlassung zu gründen.

3. Eingriff in den Anwendungsbereich

Voraussetzung für einen Eingriff in den Anwendungsbereich ist, dass es sich bei der Pflichtabgabe um einen Zoll oder eine Abgabe gleicher Wirkung handelt. Ein Zoll muss als solcher bezeichnet werden, daher ist die Einordnung der beiden Abgaben unter dieses Tatbestandsmerkmal nicht möglich.

Es könnte sich jedoch um Abgaben gleicher Wirkung handeln. Eine solche liegt bei jeder finanziellen Belastung vor, die **wegen** des Grenzübertritts einer Ware auferlegt wird. Hierbei sollen die beiden verschiedenen Abgaben jeweils für sich betrachtet werden.

a) Abgabe für Gesundheitskontrollen bei der Einfuhr

Um einer Ausweitung möglicher Tierseuchen vorzubeugen, werden die Abgaben für durchgeführte Gesundheitskontrollen anlässlich des Grenzübertritts der Tiere auferlegt. Insofern handelt es sich bei diesen finanziellen Belastungen um Abgaben, die eine gleiche Wirkung wie Einfuhrzölle haben.

Möglicherweise unterfällt diese Abgabe jedoch einer der drei vom EuGH anerkannten Ausnahmen. Nachdem das Unionsrecht die Gesundheitskontrollen von Schlachttieren vorschreibt, könnte es sich bei der Abgabe um eine zulässige kostendeckende Gebühr handeln.

Jedoch enthält die Vorschrift des Unionsrechts auch den Vorrang der Kontrolle im Erzeugerstaat. Dies wiederum bedeutet, dass weitere, darüber hinaus gehende Kontrollen nicht mehr ausdrücklich durch das Unionsrecht zugelassen bzw. nicht vorgeschrieben sind.

Aber auch Belastungen, die ein angemessenes Entgelt für tatsächlich geleistete Dienste sind, unterfallen nicht dem Begriff der Abgaben gleicher Wirkung.

Vielmehr wird dafür ja gerade eine Gegenleistung in Anspruch genommen. Die Leistung muss dann aber freiwillig in Anspruch genommen werden und dem Betroffenen einen individuellen Vorteil bringen.

Anmerkung: Findet ein vertraglicher Austausch von Leistungen statt, dann ist das Entgelt für eine Leistung natürlich keine finanzielle unzulässige Belastung, die dem AEUV entgegensteht.

Die Gesundheitskontrollen sind aber vom deutschen Recht vorgeschrieben und werden zudem im Allgemeininteresse durchgeführt, sodass sie auch dieser zweiten Ausnahme nicht unterfallen. Schon gar nicht sind sie Bestandteil eines inländischen, allgemeinen Abgabensystems, sondern fallen ja gerade für ausländische Waren und nicht allgemein, sondern nur für den Fall des Grenzübertritts an.

Zwischenergebnis

Die für die durchgeführten Gesundheitskontrollen erhobenen Abgaben unterfallen keiner der anerkannten Ausnahmen. Sie erfüllen die Voraussetzungen der Abgaben gleicher Wirkung i.S.d. Art. 30 AEUV (einseitig vom Staat erhoben wegen Grenzübertritts der Ware) und stellen daher eine Verletzung des Art. 30 AEUV dar.

Für Art. 30 AEUV existieren weder geschriebene noch ungeschriebene Rechtfertigungsgründe. Insbesondere darf nicht auf Art. 36 AEUV zurückgegriffen werden, da dieser seinem Wortlaut nach nur für Art. 34, 35 AEUV gilt.

Die Abgaben aufgrund der Gesundheitskontrollen bei Einfuhr verletzen die Pflicht aus Art. 30 AEUV.

b) Abgabe bei Schlachtung im Inland

Auch hier kommt eine Abgabe gleicher Wirkung in Betracht, die einseitig vom Staat erhoben wird. Die Abgabe fällt jedoch **nicht wegen**, sondern allenfalls **anlässlich** des Grenzübertritts an.

Die 50 Cent pro geschlachtetem Schwein können also schon begrifflich gar keine Abgabe i.S.d. Art. 30 AEUV sein. Solche allgemeinen inländischen Abgaben sind grds. an Art. 110 AEUV zu messen, stellen aber unter bestimmten Voraussetzungen ausnahmsweise doch eine Verletzung des Art. 30 AEUV dar.

Eigentlich sind die 50 Cent als Bestandteil eines allgemeinen inländischen Abgabensystems anzusehen, das eingeführte und einheimische Waren gleichermaßen erfasst, schließlich muss für jedes gewerblich geschlachtete Schwein gezahlt werden.

Andererseits kommt die Abgabe den Herstellern der inländischen Produkte (Schweine) indirekt wieder zu Gute, da die Abgaben dafür verwendet werden, eine bessere Vermarktung, den Absatz und die Verwertung inländischer Produkte zu fördern. Es handelt sich hierbei um eine so genannte **parafiskalische Abgabe**, die zunächst unterschiedslos erhoben wird, dann aber wieder den Inländern zugutekommt und damit ausländische Waren schlechter stellt.

Hierbei ist aber wiederum zu unterscheiden, ob der Rückfluss die Abgaben ganz ausgleicht – dann nämlich läge eine Abgabe gleicher Wirkung vor, die gegen Art. 30 AEUV verstößt. Sofern aber nur ein teilweiser Ausgleich stattfindet, handelt es sich bei der Abgabe um eine nach Art. 110 AEUV zu beurteilende Belastung.

Übersicht:

Allgemeine inländische Abgaben (erlaubt) und parafiskalische Abgaben (für Inländer rückfließende Abgaben) [dann Art. 30 oder 110 AEUV zu beachten]

Abgabe, die Teil eines allgemeinen inländischen Abgabensystems ist u. unterschiedslos wirkt

⇩

Diese ist grundsätzlich keine Abgabe gleicher Wirkung und daher kein Verstoß gegen Art. 30 AEUV, aber an Art. 110 AEUV zu messen

⇩

Wenn aber Rückfluss, positive Rückwirkung (= parafiskalische Abgabe) für inländische Waren, dann ist zu unterscheiden

↙ ↘

Teilweiser Rückfluss ⇩ *Abgabe an Art. 110 AEUV zu messen*	*Gänzlicher Rückfluss* ⇩ *Verstoß gegen Art.30 AEUV*

Der Sachverhalt enthält keine eindeutige Angabe darüber, in welcher Höhe die Rückwirkung der Abgaben besteht. Er besagt jedoch, dass der Fonds die Vermarktung und den Absatz inländischer Produkte fördern soll. Eine bloße Förderung ist keine gänzliche Rückführung der Abgaben.

Zudem werden eben auch andere Bereiche der Lebensmittelindustrie und die reine Agrarindustrie gefördert. Dies spricht dafür, eine nur teilweise rückführende Wirkung der Abgaben anzunehmen. Damit stellt die Erhebung der 50 Cent für jedes in Deutschland gewerblich geschlachtete Schwein keinen Verstoß gegen Art. 30 AEUV dar.

B) Verstoß gegen Art. 110 AEUV

Handelt es sich bei der betreffenden Belastung um eine Abgabe, die als Teil des allgemeinen, inländischen Abgabensystems unterschiedslos und diskriminierungsfrei anzuwenden ist, dann ist die Rechtmäßigkeit der Belastung dennoch an Art. 110 AEUV zu messen. Auch Art. 110 AEUV zählt zu den unmittelbar anwendbaren Vorschriften.

Ein Verstoß gegen Art. 110 I AEUV läge vor, wenn die Abgabe im Vergleich zu **gleichartigen** inländischen Waren unmittelbar oder mittelbar diskriminierende Wirkung hätte.

Als gleichartig gelten solche Produkte, die in den Augen der Verbraucher gleiche Eigenschaften haben und gleichen Bedürfnissen dienen.[78]

Anmerkung: So hat beispielsweise der EuGH Bananen nicht als mit anderem Tafelobst vergleichbar angesehen: Bananen haben hauptsächlich energiespendende Wirkung, während Birnen oder Äpfel überwiegend durstlöschende Funktion haben.[79]

Hier werden bei der Schlachtung inländischer Schweine die gleichen Abgaben fällig, wie bei der Schlachtung ausländischer Schweine, sodass grundsätzlich keine offene Diskriminierung gegenüber ausländischen Waren vorliegt.

Der Absatz und die Verwertung inländischer Waren werden aber durch die Art der Verwendung der Abgabe gefördert, wohingegen eine solche Förderung ausländischem Schweinefleisch nicht zu Gute kommt. **Es liegt daher eine versteckte Diskriminierung aufgrund der Art und Weise der Verwendung der Abgabe vor.**

Die Abgabe stellt mithin eine Verletzung des Art. 110 I AEUV dar.

Anmerkung: Wenn keine gleichartigen Waren i.S.d. Art. 110 I AEUV vorliegen, dann ist nach Art. 110 II AEUV zu prüfen, ob die Waren zumindest so ähnlich sind, dass sie miteinander konkurrieren können.

Dies wäre dann der Fall, wenn die einzuführende Ware in den Augen des Verbrauchers eine echte Alternative darstellt. Dies wurde vom EuGH in den Fällen von Bananen und anderem Obst[80], als auch für bspw. Bier und Wein[81] bejaht.
Sofern keine gleichartige oder konkurrierende Ware im Inland besteht, darf die Abgabe erhoben werden: Aus diesem Grund ist die deutsche Kaffeesteuer auch rechtmäßig.[82]

C) Gesamtergebnis

Beide Arten von Abgaben sind nicht mit dem AEUV vereinbar. Die Abgabe für die Gesundheitskontrollen verletzt Art. 30 AEUV, die Abgaben anlässlich der Schlachtung Art. 110 I AEUV.

---

78 Lenz, Art. 90 AEUV, Rn. 27.

79 EuGHE 1987, 2013 („*Tafelobst*").

80 EuGHE 1987, 2013 („*Tafelobst*").

81 EuGHE 1983, 2265.

82 Sollten Sie sich jetzt fragen, wo es denn in der AEUV Kaffeeplantagen gibt, dann haben Sie wieder die französischen Départements d'Outre-Mer vergessen, die ebenfalls Teil des gemeinsamen Marktes sind.

hemmer-Methode: Einmal kurz durchatmen und dann gleich noch einmal:

1. Ein **Zoll** muss als solcher bezeichnet werden.

2. Ist die Abgabe dies nicht, könnte sie eine **Abgabe gleicher Wirkung** sein. Dies setzt voraus, dass sie **einseitig** vom Mitgliedstaat **wegen** Grenzübertritts erhoben wird. Dann ist die Erhebung der Abgabe eine Verletzung des Art. 30 AEUV. Davon gibt es aber wiederum folgende Ausnahmen:

a) Belastung ist nur Entgelt für tatsächlich geleistete, **freiwillig** in Anspruch genommene **Dienste**, die dem Betroffenen einen **individuellen** Vorteil bringen.

b) Die Abgaben sind **durch das Unionsrecht ausdrücklich zugelassen** oder veranlasst.

c) **Allgemeines inländisches Abgabensystem**
Wird die Abgabe schon gar nicht wegen Grenzübertritts erhoben, sondern hat der Grenzübertritt nur zur Folge, dass die Ware unter ein inländisches, nicht diskriminierendes Abgabensystem fällt, dann liegt kein Verstoß gegen Art. 30 AEUV vor, es muss aber Art. 110 AEUV überprüft werden. Ein Verstoß gegen Art. 30 AEUV läge wiederum dann vor, wenn die Abgabe den inländischen Waren über einen Rückfluss in voller Höhe wieder zu Gute kommen würde.

3. In Art. 110 I AEUV wird die unmittelbare oder mittelbare Besserstellung gleichartiger inländischer Waren geprüft, in Art. 110 II AEUV die Besserstellung konkurrierender Waren.

V. Zur Vertiefung

- Hemmer/Wüst, Europarecht, Rn. 407 ff.

Fall 10: Arbeitnehmerfreizügigkeit, Art. 45 AEUV – Bosman/Angonese

Sachverhalt:

In der deutschen Fußball-Bundesliga herrscht Verdruss und Unlust. Die Motivation der ausländischen Spieler ist dahin und das wirkt sich auch auf das Klima in den einzelnen Mannschaften aus. Ursache dafür ist, dass aufgrund einer Regelung des DFB in den Meisterschafts- und Pokalspielen nur noch maximal drei Ausländer eingesetzt werden dürfen. Hintergrund der Regelung ist die abfallend schlechte Leistung der Nationalmannschaft, deren Grund unter anderem darin gesehen wird, dass wegen des hohen Anteils äußerst qualifizierter ausländischer Spieler in den Bundesligavereinen die Nationalspieler kaum noch zum Einsatz kommen und ihnen daher die nötige Spielpraxis fehlt, was sich in den schlechten Spielergebnissen der Nationalmannschaft widerspiegelt.

Verstößt ein Verein gegen diese Drei-Ausländer-Regel wird das Spiel als mit 0:2 verloren gewertet und der Verein muss eine hohe Strafe bezahlen. So kommt es, dass in vielen Vereinen die millionenschwer bezahlten ausländischen Fußballstars frustriert auf der Ersatzbank sitzen. Abgesehen von den schlechten Spielen und der miesen Stimmung in den Mannschaften können sich die Vereine so teure Banksitzer überhaupt nicht leisten. Der Arbeitgeber des spanischen Profifußballers Prima Donna, der deutsche Verein FC-Heimspiel, möchte gegen diese Regelung des DFB-Ligastatuts vorgehen und sich dabei auf Regelungen aus dem Unionsrecht berufen. Der Vorsitzende des Vereins zweifelt, ob der Verein sich überhaupt gegenüber dem DFB auf Unionsrecht berufen kann und gibt die Frage zur Überprüfung an Sie ab.

Frage: *Ist die Ausländerklausel des DFB mit dem Unionsrecht vereinbar? Prüfen Sie insbesondere, ob auch der FC-Heimspiel als Arbeitgeber sich gegenüber dem DFB auf die Arbeitnehmerfreizügigkeit berufen kann!*

I. Einordnung

Der freie Personenverkehr findet seine Ausprägung in den Vorschriften der Arbeitnehmerfreizügigkeit, Art. 45 bis 48 AEUV, und der Niederlassungsfreiheit, Art. 49 bis 55 AEUV, wobei letztere auch juristische Personen schützen. Damit umfasst der freie Personenverkehr den gesamten Bereich der Erwerbstätigkeit.

Die Freizügigkeit der Arbeitnehmer enthält im Wesentlichen das Aufenthaltsrecht der Arbeitnehmer im Beschäftigungsstaat (Art. 45 III AEUV) sowie einen Anspruch auf Inländergleichbehandlung in Hinblick auf Beschäftigung, Entlohnung und sonstige Arbeitsbedingungen (Art. 45 II AEUV). Art. 45 AEUV und das dazu ergangene Sekundärrecht sollen den **abhängig** Beschäftigten die freie Wahl des Arbeitsplatzes im gesamten Unionsgebiet ermöglichen.

Hierzu kennt der AEUV jedoch zwei Einschränkungen:

Zum einen die tatbestandliche Bereichsausnahme für die Beschäftigung in der öffentlichen Verwaltung, Art. 45 IV AEUV.

Daneben den als Rechtfertigungsgrund zu prüfenden Vorbehalt aus Gründen der öffentlichen Ordnung und Sicherheit - sog. Ordre-Public-Vorbehalt - und Gesundheit, Art. 45 III AEUV.

Die Frage der Rechtmäßigkeit von Vorschriften speziell bezüglich der Arbeitnehmerfreizügigkeit tritt oftmals im Zusammenhang mit Beschränkungen der Ein- und Ausreise, der Aufenthaltsverweigerung eines ausländischen Arbeitsnehmers oder dessen Familienangehörigen, sowie bei Zugangs- und Ausübungsbeschränkungen einer Tätigkeit auf (letztere sind für Sie besonders prüfungsrelevant).

II. Gliederung

Verstoß gegen Grundfreiheit?

1. Anwendbarkeit des Art. 45 AEUV

a) Unmittelbar anwendbar (mit Ausnahme von Abs. 3 lit. d))

b) Keine Spezialregelung im Unionsrecht (bspw. Richtlinie)

c) Grenzüberschreitender Sachverhalt

2. Anwendungsbereich eröffnet

a) Definition Arbeitnehmer:

Person, die unselbstständig für einen Anderen nach dessen Weisung wiederkehrende Leistungen erbringt, für die sie als Gegenleistung (wirtschaftliche Tätigkeit) eine Vergütung erhält.

b) Auch Arbeitgeber vom Schutzzweck umfasst, wenn dies zur Durchsetzung der Arbeitnehmerfreizügigkeit förderlich ist

3. Eingriff

a) Diskriminierungs- und allgemeines Beschränkungsverbot

b) Horizontale Wirkung des Art. 45 AEUV anerkannt

4. Rechtfertigung und Verhältnismäßigkeit

Ordre-Public Vorbehalt des Art. 45 III AEUV:

Erfolgreiche Nationalmannschaft kein Teil der öffentlichen Sicherheit und Ordnung

III. Lösung

Die Ausländerklausel verstößt dann gegen die in Art. 45 AEUV normierte Arbeitnehmerfreizügigkeit, wenn die Arbeitnehmerfreizügigkeit anwendbar ist, der Sachverhalt dem Anwendungsbereich der Arbeitnehmerfreizügigkeit unterfällt, die Arbeitnehmerfreizügigkeit auch gegenüber einem privatrechtlich organisierten Verband gilt und der Eingriff (durch die Klausel) nicht gerechtfertigt ist.

1. Anwendbarkeit des Art. 45 I AEUV

Es gibt keine vorrangige speziellere Regelung unter deren Anwendungsbereich der fragliche Sachverhalt subsumiert werden könnte. Nachdem sich ein aus Spanien stammender Fußballspieler in Deutschland gegen die seine Berufsausübung einschränkende Regelung wehren möchte, liegt ein grenzüberschreitender Sachverhalt vor.

Es ist eine Verletzung des unmittelbar anwendbaren Art. 45 I AEUV durch die Ausländerklausel des Liga-Statuts zu überprüfen.

2. Anwendungsbereich des Art. 45 I AEUV

a) Definition des Arbeitnehmers

Die Regelung des Art. 45 I AEUV gilt nur für Arbeitnehmer. Dieser Begriff, der im AEUV nicht definiert ist, muss unionseinheitlich autonom ausgelegt werden.

Nach der Rechtsprechung des EuGH sind **Arbeitnehmer aus einem Mitgliedstaat stammende Personen, die unselbstständig für jemand Anderen nach dessen Weisung Leistungen erbringen, für die sie als Gegenleistung eine Vergütung erhalten.**[83]

Anmerkung: Merkmale der Definition Arbeitnehmer:
⇨**Unselbstständig** (an diesem Punkt erfolgt die Abgrenzung zur Dienstleistungs- und Niederlassungsfreiheit) und **weisungsgebunden**
⇨ihre Arbeit ist entgeltlich (Vergütung!) und damit von wirtschaftlichem Wert
⇨sie erbringen **Leistungen**
⇨sie müssen Unionsbürger sein, wie sich im Umkehrschluss aus Art. 45 II AEUV ergibt.
Keine Arbeitnehmer sind daher Studenten (Referendare aber schon). Als Arbeitnehmer gilt bereits der Arbeitsuchende.[84]

Den Familienangehörigen von Arbeitnehmern stehen aus sekundärrechtlichen Regelungen die ergänzenden Rechte zu (Bleiberecht, Schulausbildung, etc.).

Prima Donna als Spanier ist Angehöriger eines Mitgliedstaates und somit Unionsbürger i.S.d. Art. 20 I S. 2 AEUV. Er ist den Anweisungen seines Trainers unterworfen und beim FC-Heimspiel angestellt, welcher ihn für seine Trainings- und Spielleistungen bezahlt. Insofern erfüllt Prima Donna die Anforderungen an einen AEUV-Arbeitnehmer.

b) Auch Profisport als Teil des Wirtschaftslebens

Fraglich ist jedoch, ob die Arbeitnehmerfreizügigkeit grundsätzlich auch für den Sportbereich gilt. Zumindest für den Fußball-Profi-Sport, der aufgrund der hohen Bezahlung der Sportler als eigenständiger Teil des Wirtschaftslebens angesehen wird, ist die Anwendbarkeit des Art. 45 AEUV anerkannt.[85]

c) Keine Bereichsausnahme nach Art. 45 IV AEUV

Auch ist der Profi-Fußball keine Beschäftigung in der öffentlichen Verwaltung, welche gemäß Art. 45 IV AEUV aus dem Anwendungsbereich der Arbeitnehmerfreizügigkeit herausgenommen wird (sog. Bereichsausnahme). Hinsichtlich der Beschäftigung des Prima Donna als auch anderer Profi-Fußballer aus den Mitgliedstaaten ist der Anwendungsbereich des Art. 45 AEUV eröffnet.

---

[83] EuGH, Rs. 66/85 („*Lawrie-Blum*"), Slg. 1986, 2121, 2144 = **Hemmer/Wüst, Classics Europarecht, Fall 26, 51 f.**

[84] EuGH, Rs. C-85/96 („*Maria Martinez Sala/Freistaat Bayern*"), EuZW 1998, 372 = **juris**byhemmer.

[85] EuGH, Slg. 1974, 1405 („*Walrave*").

Anmerkung: Hintergrund des Art. 45 IV AEUV ist es, den eigenen Staatsangehörigen Stellen vorzubehalten, die ein besonderes Treueverhältnis zum Staat erfordern und mit der Übertragung von Hoheitsbefugnissen einhergehen.[86]
Der Begriff der öffentlichen Verwaltung ist nicht im AEUV definiert, meint im Unionsrecht aber eine Tätigkeit, die zumindest mittelbar mit der **Ausübung hoheitlicher Befugnisse** einhergeht und die **Wahrnehmung der allgemeinen Belange des Staates** (oder anderer öffentlicher Körperschaften) beinhaltet.[87] Klassische Beispiele hierfür sind Polizei, Streitkräfte, Richter.

d) Arbeitgeber unter Schutzzweck des Art. 45 AEUV

Fraglich ist, ob sich auch der FC-Heimspiel als **Arbeitgeber** auf die Arbeitnehmerfreizügigkeit berufen kann.

Sinn und Zweck der Arbeitnehmerfreizügigkeit ist es, dass Arbeitnehmer grenzüberschreitend ihre Leistungen anbieten und die Arbeitgeber von diesem erweiterten Angebot entsprechend Gebrauch machen können. Insofern enthält die Arbeitnehmerfreizügigkeit auch eine Begünstigung für Arbeitgeber. Zudem können die durch Art. 45 AEUV den Arbeitnehmern gewährten Rechte nur dann volle Wirkung entfalten, wenn die Arbeitgeber ein Recht haben, die Arbeitnehmer nach Maßgabe des Art. 45 AEUV einstellen zu können.[88]

Nach mittlerweile gefestigter Rechtsprechung des EuGH können daher auch Arbeitgeber die durch die Arbeitnehmerfreizügigkeit gewährten Rechte geltend machen.[89] Der FC-Heimspiel kann sich also auf die Arbeitnehmerfreizügigkeit berufen.

3. Eingriff

Die Arbeitnehmerfreizügigkeit umfasst gemäß Art. 45 II AEUV die Gleichbehandlung ausländischer und inländischer Arbeitnehmer in Bezug auf die Arbeitsbedingungen. Ein Verstoß gegen Art. 45 I AEUV liegt vor, wenn die Ausländerklausel das in Art. 45 II AEUV angelegte Diskriminierungs- oder das allgemeine Beschränkungsverbot dieser Vorschrift verletzt.

a) Diskriminierung

Der Begriff der Arbeitsbedingungen ist weit auszulegen und umfasst sowohl den Berufszugang als auch die Berufsausübung. Nach der Ausländerklausel des Ligastatuts dürfen pro Spiel nur drei ausländische Spieler (EU oder nicht EU-Länder) teilnehmen.

Die Ausländerklausel beeinträchtigt zumindest für bereits angestellte Spieler nicht den Berufszugang, sondern die **Ausübung des Berufes**. Zwar könnte man anfügen, dass es ausländischen Spielern nicht schlechthin verboten ist, in deutschen Vereinen zu spielen. Für einen Profi-Fußballer ist es aber gerade wichtig, in den Spielen der Bundesliga mitzuspielen, um auf hohem Niveau Spielpraxis zu bekommen und dadurch für den eigenen als auch für weitere potenzielle Arbeitgeber interessant zu bleiben.

---

86 EuGH, Rs. C-407/02 („*Anker u.a./Deutschland*"), DVBl. 2004, 182 f.
87 EuGHE 1980, 3881 („Belgien").
88 EuGH, Rs. C-350/96 („*Clean Car Autoservice/Landeshauptmann von Wien*"), Slg. 1998, I-2521.
89 EuGH („*Walrave*"), Slg. 1974, S. 1405; („*Bosman*"), Slg. 1995, S. 4921; („*Angonese*"), EuZW 2000, 468.

Es steht zu befürchten, dass bei mangelnder Spielpraxis die Leistungen des Prima Donna abnehmen und dies nachteilige Auswirkung auf seine Anstellung haben wird.

Die Ausländerklausel knüpft offensichtlich die Beschränkung an die Staatsangehörigkeit an und stellt damit eine **offene Diskriminierung** dar.

b) Horizontale Wirkung des Art. 45 AEUV

Fraglich ist, ob Regelungen Privater – wie hier des privatrechtlich organisierten DFB – einen Eingriff in die Freizügigkeit darstellen können.

Grundsätzlich sind es die Mitgliedstaaten, denen die Verpflichtungen aus dem AEUV auferlegt werden.

Die Besonderheit bei der vorliegenden Fragestellung ist, ob auch der DFB als Privatrechtssubjekt an Art. 45 AEUV gebunden ist.

Dazu hat der EuGH festgestellt, dass die Freizügigkeit der Arbeitnehmer auch dann gefährdet ist, wenn zwar Schranken staatlichen Ursprungs abgeschafft werden, jedoch Privatrechtssubjekte die gleichen Schranken i.R.d. Privatrechts wieder aufstellen könnten.[90]

Deshalb entfaltet die Arbeitnehmerfreizügigkeit auch **Drittwirkung** im Privatrecht, sodass auch der DFB an die Vorgaben des Art. 45 AEUV gebunden ist.

Anmerkung: Schranke ist also Schranke und behindert die Arbeitnehmerfreizügigkeit, egal, von wem die Schranke aufgestellt wurde – dem Staat oder dem privaten Arbeitgeber.

[90] EuGH („*Angonese*"), EuZW 2000, S. 468.

Mittlerweile wird aufgrund der Angonese-Entscheidung des EuGH aus dem Jahr 2000 die Drittwirkung jeglicher Grundfreiheit diskutiert. Sofern Sie eine solche annehmen wollen, müssen Sie immer darauf abstellen, dass es keinen Unterschied machen kann, ob ein Privater oder eine öffentlich-rechtliche Person die im AEUV garantierten Grundfreiheiten beschränkt.
Besonderheiten gelten bei der Warenverkehrsfreiheit: Hier hat der EuGH eine horizontale Wirkung bisher strikt abgelehnt. Dafür hat er aber gleichfalls festgestellt, dass das Handeln Privater dem Staat zugerechnet wird, wenn es auf staatliche Initiative zurückgeht oder mit staatlicher Billigung folgt.[91]

4. Rechtfertigung

Eingriffe in die Arbeitnehmerfreizügigkeit können grds. entweder durch die geschriebenen Rechtfertigungsgründe, hier Art. 45 III AEUV, der mittlerweile trotz seiner systematischen Stellung auch zur Rechtfertigung der Abs. 1 und 2 herangezogen werden darf[92], oder aufgrund zwingender Erfordernisse des Allgemeinwohls gerechtfertigt werden. Letzterer ungeschriebener Rechtfertigungsgrund ist Ausfluss der anlässlich der Warenverkehrsfreiheit entwickelten Cassis-Rechtsprechung und wurde in der Gebhard-Rechtsprechung [93] auch sinngemäß auf die anderen Grundfreiheiten übertragen.

[91] EuGH, Slg. 1982, 4005 („*Buy Irish*"); zur Pflichtverletzung durch Unterlassen siehe auch Fall 9 in diesem Kapitel zu „*Schmidberger*".

[92] EuGH, Rs. 96/85 („*Zweigniederlassung von Ärzten*"), Slg. 1986, 1475, 1486; Rs. C-350/96, Tz. 39 bis 42; Bleckmann, R. 1085; Callies/Ruffert, Art. 39 AEUV, Rn. 89; a.A. Grabitz, Art. 39 AEUV, Rn. 209.

[93] EuGH, EuZW 1996, 92 (95).

Aufgrund der sehr uneinheitlichen Rspr. in diesem Bereich, ist mit der überwiegenden Ansicht davon auszugehen, dass bei offenen Diskriminierungen allein geschriebene Rechtfertigungsgründe geprüft werden dürfen.

In Betracht kommt hier eine Rechtfertigung nach Art. 45 III AEUV aus Gründen der öffentlichen Sicherheit und Ordnung (sog. Ordre-Public-Vorbehalt). Diese sind im Unionsrecht dann betroffen, wenn eine tatsächliche und hinreichend schwere Gefährdung vorliegt, die ein Grundinteresse des Staates berührt. [94]

Als Rechtfertigungsgrund wird die zunehmende Verschlechterung der Spielerqualität in der Nationalmannschaft angeführt, die wiederum auf den zu hohen Anteil hoch qualifizierter ausländischer Spieler in der Bundesliga zurückgeführt wird.

Das vorbildliche Spielverhalten in der Nationalmannschaft mag zwar je nach Betrachtungsweise im Grundinteresse eines Staates liegen (diesen Eindruck konnte man zumindest bei der WM 2006 gewinnen), jedoch ist die Spielqualität der Nationalmannschaft keine Beeinträchtigung der öffentlichen Sicherheit und Ordnung.

Eine Rechtfertigung scheidet schon mangels Vorliegen des Tatbestandes des Rechtfertigungsgrundes aus Art. 45 III AEUV aus.

5. Ergebnis

Die Ausländerklausel des DFB-Ligastatuts verstößt gegen die Arbeitnehmerfreizügigkeit des Unionsrechts und ist daher aufgrund des Anwendungsvorranges des Unionsrechts nicht anwendbar. Der FC-Heimspiel kann sich als Arbeitgeber des Unionsbürgers Prima Donna gegenüber dem DFB auf die Arbeitnehmerfreizügigkeit berufen.

IV. Zusammenfassung

Spätestens im Urteil zur Rechtssache Gebhard hat der EuGH klargestellt, dass alle Grundfreiheiten nicht nur als Diskriminierungs-, sondern auch als allgemeine Beschränkungsverbote ausgestaltet sind.[95] Dies hat er für die Arbeitnehmerfreizügigkeit noch einmal im Bosman-Urteil bestätigt.[96]

Aufgrund dieser Entwicklung mehren sich Stimmen dahingehend, dass nunmehr auch auf alle Grundfreiheiten die tatbestandliche Einschränkung der Keck-Rechtsprechung angewandt werden müsse. [97] Es gibt auch seitens des EuGH Tendenzen in diese Richtung.[98]

---

94 EuGH, Rs. 30/77 („*Bouchereau*"), Slg. 1977, 1999; Rs. C-355/98 („*Kommission/Belgien*"), DVBl. 2000, 891, 892.

95 EuGH, EuZW 1996, 92 (95, Tz. 37).

96 Dies können Sie noch einmal nachlesen in EuGH, NJW 1996, 505 = **juris**byhemmer.

97 So bspw. auch m.w.N. Streinz, Europarecht, S. 309, Rn. 809; Loibl, Europarecht, S. 95.

98 Bspw. EuGH, Rs. C-190/98, („*Graf*"), Slg. 2000, I-493; („*Mobistar*"), Rs. C-544/03, Tz. 32; („*Viacom*"), Rs. C-134/03, Tz. 38.

hemmer-Methode: Solange sich zur Übertragung der Keck-Rechtsprechung von der Warenverkehrs- auf die Personenfreizügigkeiten keine gefestigte Rechtsprechung herausgebildet hat, sollten Sie dieses Problem zwar ansprechen, dann aber mit Hinweis auf mangelnde Bestätigung seitens des EuGH wieder ablehnen.
Sofern Sie die Keck-Rechtsprechung sinngemäß anwenden möchten, würde das für Sie in der Klausur folgende Arbeitsschritte bedeuten:

1. Kurz aufzeigen, dass auch Art. 45 AEUV als allgemeines Beschränkungsverbot gesehen wird. Grund: allgemeine Beschränkungen können den gemeinsamen Markt ebenso blockieren, wie Diskriminierungen. Zunächst entwickelt in der Dassonville-Formel, dann auf alle anderen Grundfreiheiten übertragen.
Feststellen, ob eine allgemeine Beschränkung vorliegt.

2. Wenn ja, dann sinngemäß Grundsätze der Keck-Rechtsprechung heranziehen. Grund: allgemeiner Beschränkungstatbestand viel zu weit gefasst. Wenn die einschränkende Regelung nicht den Berufszugang, sondern lediglich die Modalitäten der Berufsausübung (!) betrifft, liegt kein Verstoß gegen Art. 45 AEUV vor, wenn die Modalitäten der Arbeitsausübung

⇨ für In- und Ausländer gleichermaßen gelten (allgemein beschränken) und

⇨ auch tatsächlich keine Besserbehandlung oder kein Schutz der inländischen Arbeitnehmer damit einhergeht.

3. Liegt auch trotz sinngemäßer Anwendung der Keck-Rechtsprechung ein tatbestandlicher Eingriff vor, so ist zu prüfen, ob dieser im Sinne des zwingenden Interesses des Allgemeinwohls gerechtfertigt ist (Gebhard-Rechtsprechung).

V. Zur Vertiefung

- Hemmer/Wüst, Classics Europarecht, Fälle 26 bis 29.
- Zur Arbeitnehmerfreizügigkeit Hemmer/Wüst, Europarecht, Rn. 452 ff.

Fall 11: Niederlassungsfreiheit, Art. 49 AEUV - Omega

Sachverhalt:

Der französische Staatsbürger Jacques François (F) betreibt in Frankreich seit einiger Zeit ein so genanntes Laserdrome, in dem in einem Spiel mit Hilfe von Laserpistolen und Sensoren am Körper der Teilnehmer das Töten der Mitspieler simuliert werden kann. Um dem Spiel einen größeren Realitätswert zu verleihen, sind im Spielbereich Häuserruinen und Mauern integriert, sodass die Teilnehmer beim Spielen den Eindruck eines kriegerischen Häusernahkampfes vermittelt bekommen. Da sich das Spiel in Frankreich großer Beliebtheit erfreut, möchte F nach Deutschland expandieren und betreibt fortan in Form einer Zweigniederlassung mit den erforderlichen Genehmigungen ein Laserdrome in der deutschen Stadt B. Nach einiger Zeit und Protesten seitens der Bevölkerung untersagt die Stadt das Durchführen der „Tötungsspiele" wegen Verstoßes gegen die Menschenwürde; in Folge muss das Laserdrome schließen. Auch Anträge auf die Genehmigung weiterer solcher Einrichtungen seitens deutscher Staatsbürger werden mit derselben Begründung abgelehnt. F beruft sich auf die Niederlassungsfreiheit aus dem Unionsrecht. Außerdem seien solche Spiele sowohl in Frankreich als auch in England und Italien erlaubt. Es könne doch im Hinblick auf das Unionsrecht in Deutschland nichts anderes gelten.

Frage: *Verstößt die Untersagung der Tötungsspiele gegen die Niederlassungsfreiheit?*

Bearbeitervermerk: *Eine spezialgesetzliche Regelung des Unionsrechts liegt nicht vor.*

I. Einordnung

1. Allgemeines zu Art. 49 AEUV

Die Niederlassungsfreiheit enthält im Wesentlichen das Recht, in einem anderen Mitgliedstaat nach dessen Rechtsvorschriften einer selbstständigen Erwerbstätigkeit nachzugehen und dort Unternehmen oder Zweigniederlassungen zu gründen, vgl. hierzu insbesondere Art. 49 II, I S. 2 AEUV. Die Bestimmung enthält ein umfassendes Diskriminierungs- und Beschränkungsverbot.

Um das sehr weit gehende allgemeine Beschränkungsverbot einzuschränken, gibt es auch hier Tendenzen, die Grundsätze der Keck-Rechtsprechung anzuwenden.[99]

Weiter gilt die Bereichsausnahme des Art. 49 AEUV für Tätigkeiten in Ausübung der öffentlichen Gewalt.

Auf Rechtfertigungsebene sind der geschriebene Rechtfertigungsgrund des Ordre-Public, Art. 52 AEUV, und für allgemeine Beschränkungen darüber hinaus die zwingenden Gründe des Allgemeinwohls zu prüfen.

[99] So Streinz, S. 309, Rn. 809, Übersicht auf S. 351; Bspw. EuGH, Rs. C-190/98, („*Graf*"), Slg. 2000, I-493; („*Mobistar*"), Rs. C-544/03, Tz. 32; („Viacom"), Rs. C-134/03, Tz. 38.

2. Juristische Personen

Die früher in Deutschland herrschende **Sitztheorie**, die Gesellschaften nur dann als rechtsfähig anerkannte, wenn sie den Normen des Gesellschaftsrechts desjenigen Landes entsprachen, in dem sie ihren jeweiligen Sitz hatten, wurde vom EuGH als Verstoß gegen die Niederlassungsfreiheit „gekippt".[100]

Vielmehr gilt mittlerweile innerhalb der Union die **Gründungstheorie**, nach der Gesellschaften dann als rechtsfähig anerkannt werden, wenn sie den Gesetzen (Gesellschaftsrecht) des Landes entsprechen, in dem sie gegründet wurden. So können auch bspw. in England gegründete Gesellschaften problemlos, ohne ihre Rechtsfähigkeit zu verlieren, nach Deutschland umziehen. (Stichwort: Englische 1 Pfund „limited" versus deutsche GmbH).

II. Gliederung

Verstoß gegen Grundfreiheit?

1. Anwendbarkeit des Art. 49 AEUV

a) unmittelbar anwendbar

b) keine Spezialregelung im Unionsrecht (bspw. Richtlinie)

c) Grenzüberschreitender Sachverhalt

2. Anwendungsbereich eröffnet

- Definition Niederlassung: Aufnahme oder Ausübung einer **selbstständigen Erwerbstätigkeit**, dadurch im weitesten Sinne Teilnahme am Wirtschaftsverkehr und **dauerhafte wirtschaftliche Integration**.
- Niederlassungsfreiheit von juristischen Personen in Art. 54 AEUV.
- Keine tatbestandliche Bereichsausnahme nach Art. 51 AEUV

3. Eingriff

Diskriminierung und allgemeine Beschränkung verboten

4. Rechtfertigung und Verhältnismäßigkeit

a) Rechtfertigung

aa) Art. 52 AEUV: Ordre-Public-Vorbehalt

bb) Im Fall der allgemeinen Beschränkung: zudem noch zwingende Gründe des Allgemeinwohls (Gebhard-Formel)

b) Verhältnismäßigkeit

III. Lösung[101]

Eine Verletzung des Art. 49 AEUV läge dann vor, wenn das Untersagen der „Tötungsspiele" einen ungerechtfertigten oder unverhältnismäßigen Eingriff in die Niederlassungsfreiheit darstellen würde.

1. Anwendbarkeit des Art. 49 AEUV

Als Grundfreiheit ist die Niederlassungsfreiheit unmittelbar anwendbares Recht, sodass sich F darauf berufen kann. Vorrangiges Sekundärrecht besteht laut Bearbeitervermerk nicht. F als französischer Staatsbürger möchte in Deutschland eine Niederlassung gründen, sodass ein grenzüberschreitender Sachverhalt vorliegt. Art. 49 AEUV ist anwendbar.

---

[100] EuGH Rs. C-208/00, („Überseering"), Slg. 2002, I-9919.

[101] Angelehnt an die Omega-Entscheidung, EuGH, Rs. C-36/02, EuZW 2004, 753 ff. = **juris**byhemmer.

2. Anwendungsbereich des Art. 49 AEUV

Unter Niederlassung versteht Art. 49 AEUV die Aufnahme und Ausübung selbstständiger Erwerbstätigkeiten in anderen Mitgliedstaaten, die auf dauerhafte Teilnahme am Wirtschaftsleben dieses Mitgliedstaates gerichtet sind. Von der Niederlassungsfreiheit auch erfasst werden die Gründung und Leitung von Unternehmen (Art. 49 II AEUV), sowie die Gründung von Zweigniederlassungen, Tochtergesellschaften etc. (Art. 49 I S. 2 AEUV). Die Niederlassungsfreiheit gilt auch für Gesellschaften, Art. 54 AEUV.

hemmer-Methode: Das Merkmal der Dauerhaftigkeit grenzt Art. 49 AEUV zur Dienstleistungsfreiheit des Art. 56 ff. AEUV, das Merkmal der Selbstständigkeit zur Arbeitnehmerfreizügigkeit der Art. 45 ff. AEUV ab.

Der selbstständige Unternehmer F möchte auf lange Sicht in Deutschland eine Niederlassung gründen, um dort ein Laserdrome zu betreiben.

Dieses Vorhaben ist vom Anwendungsbereich der Niederlassungsfreiheit grundsätzlich erfasst.

Auch greift die Bereichsausnahme des Art. 51 AEUV nicht ein; F handelt mit dem Betreiben des Laserdromes nicht in Ausübung öffentlicher Gewalt.

Der Schutzbereich des Art. 49 AEUV ist demnach eröffnet.

Anmerkung: Hier gilt für „öffentliche Gewalt" die gleiche Definition wie bei der öffentlichen Verwaltung des Art. 45 IV AEUV.

3. Eingriff in den Anwendungsbereich

Der Anwendungsbereich des Art. 49 AEUV umfasst sowohl das Verbot diskriminierender Maßnahmen als auch, wie schon im Wortlaut des Art. 49 I AEUV angedeutet und auch vom EuGH in den Rechtssachen Gebhard [102] und Kraus [103] bestätigt, ein allgemeines Beschränkungsverbot.[104]

Danach gelten all diejenigen Maßnahmen als rechtfertigungsbedürftig, die die Ausübung der Niederlassungsfreiheit in irgendeiner Form unterbinden, behindern oder weniger attraktiv gestalten.[105]

Die Untersagung des Tötungsspiels stellt eine hoheitliche Maßnahme dar und führt dazu, dass F seine Niederlassungsstätte ganz schließen muss. Die Untersagung richtet sich nicht ausschließlich gegen ihn als französischen Staatsbürger, sondern ergeht mit Blick auf Art. 1 I GG und wird auch gegenüber Inländern, die ein solches Laserdrome betreiben möchten, erteilt. Vorliegend wird demnach durch eine allgemein und unterschiedslos geltende Regelung in die Niederlassungsfreiheit des F eingegriffen.

Die Untersagung, eine allgemeine Beschränkung, führt zu einer Vereitelung der Niederlassung.

---

102 EuGH, EuZW 1996, 92 ff.

103 EuGH, 1993, Slg. I-1663.

104 Müller-Graff, in: Streinz (Hrsg.), EUV/AEUV, Art. 43 AEUV, Rn. 57 ff.

105 EuGH, Rs. C-168/91, Slg. 1993, I-1191, Rn. 15.

Anmerkung: Aufgrund der Einordnung der Niederlassungsfreiheit als allgemeines Beschränkungsverbot mehren sich Stimmen, die auch für diese Grundfreiheit eine tatbestandliche Einschränkung im Sinne der Keck-Rechtsprechung fordern.[106] Da diesbezüglich von einer gesicherten Rechtsprechung noch nicht gesprochen werden kann, ist bei der Niederlassungsfreiheit eine tatbestandliche Einschränkung i.S.d. Keck-Formel vorerst noch nicht zu empfehlen. Darüber hinaus könnte eine bloße Ausübungsmodalität hier sowieso nicht angenommen werden, da das Spiel gänzlich untersagt wird.
Die Entwicklung dahingehend, ob die Keck-Rechtsprechung sinngemäß auch auf die Niederlassungs- und Dienstleistungsfreiheit angewendet werden muss, müssen Sie unbedingt im Auge behalten!! Solange der EuGH sich aber noch nicht, anders als im Fall Bosman, **konkret und eindeutig** dazu geäußert hat, empfiehlt es sich, das Problem zwar anzusprechen, dann aber abzulehnen.

4. Rechtfertigung des Eingriffs und Verhältnismäßigkeit

Der tatbestandliche Eingriff könnte aber von einem Erlaubnissatz gedeckt und damit gerechtfertigt sein. Bei einer allgemeinen Beschränkung sind zunächst die geschriebenen Rechtfertigungsgründe, hier der Ordre-Public-Vorbehalt des Art. 52 AEUV, zu prüfen. Ursprünglich wurden die geschriebenen Rechtfertigungsgründe zur Rechtfertigung von offenen Diskriminierungen konzipiert. Wenn damit aber sogar Diskriminierungen gerechtfertigt werden können, dann muss dies erst Recht für allgemeine Beschränkungen, die einen weniger krassen Eingriff darstellen, möglich sein. Daneben wurde für die allgemeine Beschränkung und die versteckte Diskriminierung in der Gebhard-Formel der ungeschriebene Rechtfertigungsgrund der zwingenden Gründe des Allgemeininteresses festgelegt.

hemmer-Methode: Die Gebhard-Formel trifft die Aussage, dass allgemeine Beschränkungen (reine und versteckte (!) Diskriminierungen der Art. 45, 49, 56 AEUV) durch zwingende Gründe des Allgemeininteresses gerechtfertigt werden können, wenn der Eingriff an sich verhältnismäßig ist. In dieser Hinsicht ist die Gebhard-Formel eine sinngemäße Anwendung der Cassis-Rechtsprechung auf die anderen Grundfreiheiten.
Allein bei der Keck-Rechtsprechung konnte sich der EuGH noch nicht zu einer neuen, allgemein auf die anderen Grundfreiheiten anwendbaren Formel durchringen.

a) Geschriebener Rechtfertigungsgrund des Art. 52 AEUV: Ordre-Public-Vorbehalt

Nach Art. 52 AEUV kann eine Verletzung der Niederlassungsfreiheit aus Gründen der öffentlichen Ordnung und Sicherheit (Ordre-Public-Vorbehalt) oder der Gesundheit gerechtfertigt sein. In Betracht kommt hier eine Rechtfertigung nach dem Ordre-Public-Vorbehalt.

[106] So Streinz, Europarecht, S. 309, Rn. 809; Übersicht auf S. 351; Loibl, Europarecht, S. 101.

Der Begriff der öffentlichen Sicherheit und Ordnung ist wie generell im Unionsrecht autonom (nicht nach nationalem Vorbild) und als Ausnahmeregelung vom Grundsatz der Niederlassungsfreiheit eng auszulegen.

Ein Berufen auf die öffentliche Ordnung ist folglich nur möglich, wenn eine tatsächliche und hinreichend schwere Gefährdung vorliegt, die ein Grundinteresse der Gesellschaft berührt.

aa) Die deutschen Behörden berufen sich in der Untersagung auf den Schutz der Menschenwürde. Diese wird durch ein simuliertes Tötungsspiel, das so realitätsnah als möglich ausgestaltet sein und den Kriegszustand eines Häusernahkampfes vermitteln soll, dadurch verletzt, dass der Mensch zum bloßen Objekt degradiert wird, um anderen Menschen Vergnügen am simulierten Töten zu vermitteln. Das Veranstalten solcher simulierter Tötungsspiele stellt eine Missachtung der Menschenwürde dar.

In dieser ist immer eine hinreichend schwere Gefährdung der öffentlichen Ordnung und Sicherheit, die das Grundinteresse der Gesellschaft berührt, zu sehen.

Anmerkung: Sie können hier, was die Menschenwürde angeht, auch eine andere Ansicht vertreten. So wird herkömmlich eine Verletzung des Art. 1 I GG angenommen, wenn der Staat den Menschen zum Objekt degradiert, aber nicht wenn der Mensch sich freiwillig zum Objekt eines anderen macht. Dann müssten Sie diskutieren, ob öffentliche Moralvorstellungen „Töten spielt man nicht" ausreichende Grundinteressen der Gesellschaft darstellen.

bb) Wie das Anführen der Erlaubnis der Laserdrome in Großbritannien, Italien und Frankreich zeigt, können allerdings die konkreten Umstände, die das Grundinteresse der Gesellschaft berühren und damit der Begriff der öffentlichen Ordnung, von Land zu Land verschieden sein. Aus diesem Grund ist den innerstaatlichen Behörden ein Beurteilungsspielraum innerhalb der durch den AEUV gesetzten Grenzen zuzubilligen.[107]

Entscheidend ist, dass sich die Behörden des Mitgliedstaates **ihren verfassungsrechtlichen Überzeugungen unterwerfen, ohne dass dies generell den Wertungen des AEUV widerspricht.**[108]

Auch die Unionsrechtsordnung gewährleistet über Art. 2 S. 1 EUV und die nun verbindliche EGRCh (Art. 1) die Menschenwürde, sodass das Ziel der Behörden, diese zu schützen ohne weiteres mit dem Unionsrecht vereinbar ist.

Demnach ist das Verbot des Betreibens eines Laserdromes grds. über Art. 52 I AEUV gerechtfertigt.

cc) Mit denselben Argumenten ist der Eingriff aufgrund zwingender Gründe des Allgemeininteresses nach der Gebhard-Formel gerechtfertigt.

b) Verhältnismäßigkeit

Auch ist das Verbot geeignet, die Wahrung der Menschenwürde zu gewährleisten.

---

[107] Callies/Ruffert, Art. 39 AEUV, Rn. 90.

[108] EuGH, Rs. C-36/02, Tz. 37.

Zudem ist es erforderlich, da der Sinn des Spieles im simulierten Töten liegt und demnach nicht auf eine mildere Maßnahme zurückgegriffen werden kann.

5. Ergebnis

Das Verbot, ein Laserdrome zur Durchführung simulierter Tötungsspiele zu betreiben, stellt mithin keine Verletzung der Niederlassungsfreiheit des Art. 49 AEUV dar.

IV. Zur Vertiefung

- Zur Niederlassungsfreiheit Hemmer/Wüst, Europarecht, Rn. 485 ff.
- Hemmer/Wüst, Classics Europarecht, Fälle 30 bis 32.

Fall 12: Dienstleistungsfreiheit, Art. 56 AEUV – Gambelli

Sachverhalt:

Eine auf Malta ansässige Agentur (A), eine „limited" nach englischem Recht (ähnlich einer deutschen GmbH) bietet Sportwetten an. Dabei eröffnet sie die Möglichkeit zum Abschluss solcher Wetten über ihre Internet-Homepage, die sich auch bei deutschen Staatsbürgern zunehmender Beliebtheit erfreut. Das Abschließen solcher Sportwetten (auch über das Internet) ist jedoch in Deutschland nach § 284 StGB strafbar, sodass A das Anbieten ihrer Dienste untersagt wird. A hingegen findet, dass § 284 StGB gegen die im AEUV gewährte Dienstleistungsfreiheit verstoßen würde.

Frage: *Hat sie damit Recht?*

Bearbeitervermerk: *Eine spezialgesetzliche Regelung des Unionsrechts liegt nicht vor.*

I. Einordnung

Die in Art. 56 ff. AEUV niedergelegte Dienstleistungsfreiheit (DLF), die grds. jegliche Beschränkung (offene, versteckte Diskriminierung und allgemeine Beschränkung) des Dienstleistungsverkehres innerhalb der Union verbietet, kennt verschiedene Ausprägungen: die aktive, die passive und die Korrespondenzdienstleistung.

Aktive DLF: Anbieten von Dienstleistungen in einem anderen Mitgliedstaat; der Dienstleistungs**erbringer** überschreitet die Grenze.

Passive DLF: Inanspruchnahme von Dienstleistungen in einem anderen Mitgliedstaat. Dienstleistungs**empfänger** überschreitet die Grenze.

Korrespondenzdienstleistung: nur die **Dienstleistung** überschreitet die Grenze. Anbieter und Empfänger der Dienstleistung halten sich in unterschiedlichen Mitgliedstaaten auf.

II. Gliederung

<u>Verstoß gegen Grundfreiheit?</u>

1. Anwendbarkeit Art. 56 AEUV

a) Unmittelbar anwendbar

b) Keine Spezialregelung im Unionsrecht (bspw. Richtlinie)

c) Grenzüberschreitender Sachverhalt

2. Anwendungsbereich eröffnet

Definition Dienstleistung:

= Selbstständige Tätigkeit, die zeitlich begrenzt ist, i.d.R. gegen Entgelt erbracht wird und ein grenzüberschreitendes Element enthält, vgl. Art. 57 AEUV

3. Eingriff

Diskriminierungs- und allgemeines Beschränkungsverbot

4. Rechtfertigung und Verhältnismäßigkeit

a) Rechtfertigung

aa) Art. 62, 52 AEUV: Ordre-Public-Vorbehalt

bb) Im Fall der allgemeinen Beschränkung oder der versteckten Diskriminierung: darüber hinaus Rechtfertigung aus zwingenden Gründen des Allgemeininteresses (Gebhard-Formel)

b) Verhältnismäßigkeit

III. Lösung[109]

Eine Verletzung des Art. 56 AEUV läge dann vor, wenn das deutsche Strafgesetz ungerechtfertigt oder unverhältnismäßig die Dienstleistungsfreiheit beschränken würde.

1. Anwendbarkeit des Art. 56 AEUV

Wie alle Grundfreiheiten ist auch die Dienstleistungsfreiheit unmittelbar anwendbar, sodass sich A grundsätzlich darauf berufen darf. Abschließendes, vorrangiges Sekundärrecht liegt laut Bearbeitervermerk nicht vor, sodass die konkrete nationale Beschränkung des Dienstleistungsverkehrs nicht ausschließlich am Sekundärrecht, sondern allein an den Bestimmungen des Primärrechts, hier Art. 56 AEUV, zu messen ist.

Bei einem Vertragsschluss, bei dem der Anbieter der Leistung in Malta und der Empfänger der Leistung in Deutschland sitzt, ist das für die Anwendung der Bestimmungen des AEUV erforderliche grenzüberschreitende Moment gegeben.

[109] Der Fall ist angelehnt an die Gambelli-Entscheidung des EuGH, NJW 2004, 139 ff.

2. Anwendungsbereich des Art. 56 AEUV

Zunächst einmal müsste sich das Verbot überhaupt auf eine Dienstleistung i.S.d. Art. 56 AEUV beziehen. Eine solche liegt in Anlehnung an Art. 57 AEUV vor, wenn es sich um eine selbstständige Tätigkeit handelt, die i.d.R. gegen Entgelt erbracht wird, zeitlich begrenzt ist und in irgendeiner Form eine mitgliedstaatliche Grenze überschreitet.[110]

Die Dienstleistungsfreiheit gilt über Art. 62 AEUV i.V.m. Art. 54 AEUV auch für juristische Personen, also auch für A. Diese bietet in selbstständiger Tätigkeit gegen Entgelt einmalige oder, je nach Bedarf, wiederkehrende Leistungen, nämlich die Möglichkeit zum Wettabschluss, an.

Fraglich ist, wie es sich im vorliegenden Fall mit dem grenzüberschreitenden Moment verhält, da sich ja sowohl die Gesellschaft auf Malta als auch der Bieter in Deutschland nicht aus ihrem mitgliedstaatlichen Terrain herausbewegen. Aber auch ein solcher Fall, in dem weder Anbieter noch Empfänger der Dienstleistung, sondern **allenfalls und alleine die Dienstleistung** an sich die Grenze überschreitet, ist der Anwendungsbereich der Dienstleistungsfreiheit eröffnet. Man spricht in einem solchen Fall von einer **Korrespondenzdienstleistung**.[111]

Da A nicht in Ausübung öffentlicher Gewalt handelt, ist kein Fall einer Bereichsausnahme nach Art. 62, 51 AEUV gegeben. Der Schutzbereich des Art. 56 AEUV ist im vorliegenden Fall eröffnet.

[110] Schweitzer/Hummer, Rn. 1186.

[111] Vgl. EuGH („*Alpine Investments*"), Slg. 1995, I-1141 = NJW 1995, 2541 ff. = **juris**byhemmer; Rs. C-243/01 („*Gambelli*"), DVBl. 2004, 300, 301.

3. Eingriff in den Schutzbereich

Auch für die Dienstleistungsfreiheit gelten das Verbot der (offenen oder versteckten) Diskriminierung aufgrund der Staatsangehörigkeit, sowie das Verbot der allgemeinen Beschränkung. Es sind also auch beschränkende Maßnahmen vom Verbot umfasst, die gleichmäßig für In- und Ausländer gelten.

Das Strafgesetz, das die Ausübung der Wetten gänzlich untersagt, gilt allgemein für alle Wettanbieter. Es handelt sich hierbei um eine allgemeine Beschränkung des Art. 56 AEUV. Da diese Beschränkung auch in ihren Auswirkungen In- und Ausländer gleich stellt, handelt es sich um eine rein beschränkende Maßnahme.

Anmerkung: Nach einer noch in der Minderheit befindlichen und noch nicht vom EuGH ausdrücklich bestätigten Ansicht, ist auch hier wieder der Tatbestand einer allgemeinen Beschränkung sinngemäß nach der Keck-Rechtsprechung einzuschränken. Diese besagt, dass bei einer bloßen Ausübungsmodalität der Dienstleistungen dann kein tatbestandlicher Eingriff vorliegt, wenn die Ausübungsbeschränkung für In- und Ausländer gleichermaßen gilt und diese beiden Personengruppen in rechtlicher wie in tatsächlicher Weise gleichermaßen betrifft.
Da das Strafgesetz aber das Anbieten von Wetten gänzlich untersagt, liegt sowieso schon kein Fall der bloßen Ausübungsmodalität i.S.d. Keck-Rechtsprechung vor.

4. Rechtfertigung des Eingriffs und Verhältnismäßigkeit

Zu prüfen sind bei einer allgemeinen Beschränkung geschriebene und ungeschriebene Rechtfertigungsgründe.

a) Geschriebener Rechtfertigungsgrund, Art. 62 AEUV i.V.m. Art. 52 AEUV

I.R.d. Erst-Recht Schlusses findet der geschriebene Rechtfertigungsgrund der Art. 62, 52 AEUV, der ursprünglich für die Rechtfertigung von diskriminierenden Maßnahmen gedacht war, auch für allgemein beschränkende Maßnahmen Anwendung.

In Betracht kommt eine Rechtfertigung aus Gründen der öffentlichen Sicherheit und Ordnung. Dieser Begriff ist als Ausnahme vom Eingriffsverbot eng und unionsautonom auszulegen. Die öffentliche Ordnung ist nur betroffen, wenn eine tatsächliche und hinreichend schwere Gefährdung vorliegt, die ein Grundinteresse der Union berührt.

Hier sind die Ziele des geplanten Gesetzes die Vorbeugung und Lenkungsmöglichkeit der Spielsucht. Der dahinter stehende Gedanke ist der Schutz einzelner Individuen, die diese Sucht nicht mehr kontrollieren können, was teilweise bis zur Existenzvernichtung geht. Diese Personen bedürfen der Hilfe des Staates.

Es steht daher im allgemeinen Interesse der Gesellschaft, dass einem Ausufern der Spielsucht vorgebeugt wird. Die Gefahren, die von einem unkontrollierten Wettmarkt ausgehen, stellen eine hinreichend schwere Gefährdung der öffentlichen Ordnung dar und betreffen das Grundinteresse einer jeden sozialen Gesellschaft.

Das Verbot kann über Art. 62, 52 AEUV gerechtfertigt werden.[112]

Daneben greifen noch ebenso die zwingenden Gründe des Allgemeininteresses als ungeschriebener Rechtfertigungsgrund ein.

b) Verhältnismäßigkeit

Darüber hinaus muss der Eingriff dem Gebot der Verhältnismäßigkeit entsprechen. Dies bedeutet, es muss in der Art und Weise geeignet, erforderlich und angemessen sein, das verfolgte Ziel zu erreichen.

Das Verbot eignet sich dafür, eine Spielsucht aus dem annähernd unkontrollierbaren Bereich des Internets herauszunehmen. Auch ist das Aufrechterhalten des staatlichen Wettmonopols eine geeignete Maßnahme, die Spielsucht zumindest in kontrollierbaren Bahnen halten zu können. Erforderlich ist im unionsrechtlichen Sinne alles, was dazu dient, die allgemeinen Interessen der Union zu wahren.

Da es im Interesse der Gesellschaft steht, auch schwächere Mitglieder vor einem sozialen Absturz zu bewahren, ist eine staatliche Kontrolle von Wettspielen geboten. Es ist nicht ersichtlich, durch welches mildere Mittel Kontrolle erreicht werden kann. Die Untersagung von Wettspielen durch private Anbieter ist verhältnismäßig (a.A. vertretbar).

Achtung! Der EuGH hat in jüngerer Zeit mehrere Urteile zum Thema Glückspielrecht und Dienstleistungsfreiheit gefällt. Behalten Sie hier die Rechtsprechung im Auge und machen Sie sich insbesondere auch mit dem Urteil *„Carmen Media“*[113] vertraut. In diesem Urteil sah der EuGH einen Beurteilungsspielraum der Mitgliedstaaten ähnlich wie im Fall Omega vor und verwies den Fall im Rahmen eines Vorabentscheidungsverfahrens an das vorlegende Gericht zurück. Generell stellte der EuGH die Voraussetzungen eines Transparenz- und Kohärenzgebots auf, was die Untersagung von Glücksspielen anbelangt. Die Untersagung und die Untersagungsgründe müssen transparent gemacht werden und kohärent für alle miteinander vergleichbaren Glücksspielarten gelten. Ob dies im Einzelfall eingehalten ist, müssen die Mitgliedstaaten (bzw. deren Behörden und Gerichte) selbst überprüfen (nationaler Beurteilungsspielraum).

5. Ergebnis

Das Verbotsgesetz greift zwar in die Dienstleistungsfreiheit ein, ist aber aus Gründen der öffentlichen Sicherheit und Ordnung, die auch zwingende Gründe des Allgemeininteresses darstellen, gerechtfertigt.

IV. Zur Vertiefung

- Zur Dienstleistungsfreiheit Hemmer/Wüst, Europarecht, Rn. 520 ff.

[112] So auch EuGH *(„Gambelli“)*, NJW 1995, 139 [140]) = **juris**byhemmer.

[113] Vgl. EuGH Rs. C-46/08.

Fall 13: Zusammentreffen von Grundfreiheiten und Unionsgrundrechten - Schmidberger

Sachverhalt:

Das deutsche Transportunternehmen T-GmbH führt überwiegend Lebensmitteltransporte von Deutschland nach Italien über die österreichische Brenner-Autobahn durch. Aufgrund der enormen Schadstoff- und Umweltbelastungen meldet ein Verein mit umweltpolitischer Zielsetzung eine Versammlung an, welche zu einer ca. 30-stündigen Blockade der Brenner-Autobahn führen wird. Die österreichischen Behörden halten die Versammlung für mit österreichischem Recht vereinbar, insbesondere sehen sie die Versammlung von den Grundrechten der Versammlungs- und Meinungsfreiheit geschützt. Daher erlassen sie kein Verbot der Versammlung, starten aber eine umfassende Informationskampagne über Datum, Ort und Dauer der Blockade und bieten eine ausgeschilderte Umfahrungsmöglichkeit an. Die T-GmbH befürchtet, dass ihr aufgrund der 30-stündigen Dauer einige Lebensmittel verderben werden und sieht durch diese Versammlung Art. 34 AEUV (Warenverkehrsfreiheit) verletzt.

Frage: *Liegt ein Eingriff in Art. 34 AEUV vor?*

Bearbeitervermerk: *Gehen Sie davon aus, dass keine unionsrechtliche, speziellere Regelung existiert.*

I. Einordnung

Wie Sie in den vorhergehenden Fällen gesehen haben, können auch die Grundfreiheiten nicht vorbehaltlos gewährleistet werden. Hier tritt der besondere Fall auf, dass die Gewährleistung einer Grundfreiheit mit der Gewährleistung eines Unionsgrundrechts kollidiert. Diese Problematik ist Ihnen in ähnlicher Weise aus dem Staatsrecht unter dem Punkt „Kollision verschiedener Grundrechte“ bekannt. Ähnlich wie bei der nationalen Grundrechtskollision wird auch hier der Fall gelöst – im Wege einer einzelfallgerechten Abwägung.

II. Gliederung

<u>Verstoß gegen Grundfreiheit?</u>

1. Anwendbarkeit des Art. 34 AEUV

a) Unmittelbar anwendbar

b) Keine Spezialregelung im Unionsrecht (bspw. Richtlinie)

c) Grenzüberschreitender Sachverhalt

2. Anwendungsbereich eröffnet

- Unionsware i.S.d. Art. 28 II AEUV

3. Eingriff

- Mengenmäßige Einfuhrbeschränkung/ Maßnahme gleicher Wirkung

4. Rechtfertigung

- Unionsgrundrechte als zwingendes Erfordernis des Allgemeininteresses?

a) Seit Lissabon: Verbindlichkeit der EGRCh, Art. 6 I EUV

b) Anwendbarkeit der Grundrechtecharta? (Vollzug von Unionsrecht, Art. 51 I S. 1 EGRCh)

c) (hoheitlicher) Eingriff in Schutzbereich des Grundrechts

d) Rechtfertigung

aa) **auch** Grundrechte einschränkbar durch ein dem Gemeinwohl dienendes Ziel der Union (= Grundfreiheit), vgl. Art. 52 I EGRCh

bb) **Lösung:** Abwägung im Einzelfall:

⇨ Anordnung von Begleitmaßnahmen zum Schutz der Freiheit, keine dauerhafte Einschränkung

III. Lösung[114]

Der in Art. 34 AEUV geschützte freie Warenverkehr wäre unzulässig beschränkt, wenn der sachliche und persönliche Anwendungsbereich der Grundfreiheit eröffnet wäre und ein ungerechtfertiger Eingriff in den freien Warenverkehr vorläge.

1. Anwendbarkeit des Art. 34 AEUV

Nach ständiger Rechtsprechung des EuGH ist Art. 34 AEUV als Grundfreiheit unmittelbar in den Mitgliedstaaten anwendbar. Eine speziellere unionsrechtliche Regelung ist laut Bearbeitervermerk nicht vorhanden. Es handelt sich um einen Sachverhalt mit grenzübergreifendem Bezug – eine deutsche Spedition möchte Waren über Österreich nach Italien einführen. Somit ist das Unionsrecht grundsätzlich anwendbar.

2. Anwendungsbereich des Art. 34 AEUV

Der durch die Blockade zu erwartende Verderb der Lebensmittel der T könnte einer mengenmäßigen Einfuhrbeschränkung i.S.d. Art. 34 AEUV gleichkommen.

Der Anwendungsbereich des Art. 34 AEUV gilt nur für Waren im Sinne des Art. 28 II AEUV. Hierunter sind alle körperlichen Gegenstände zu verstehen, die einen Geldwert haben und daher Gegenstand von Handelsgeschäften sein können.[115] T transportiert Lebensmittel, welche alle drei dieser genannten Voraussetzungen erfüllen und sich im freien Warenverkehr innerhalb der Union befinden.

Bei den Lebensmitteltransporten der T handelt es sich also um Waren i.S.d. Art. 28 II, 29 AEUV, der Schutzbereich des Art. 34 AEUV ist somit eröffnet.

3. Eingriff

Ein Verstoß gegen Art. 34 AEUV liegt vor, wenn ein Mitgliedstaat den freien Warenverkehr durch mengenmäßige Einfuhrbeschränkungen oder Maßnahmen gleicher Wirkung beeinträchtigt.

a) Mengenmäßige Einfuhrbeschränkung

Mengenmäßigen Einfuhrbeschränkungen sind sämtliche staatliche Maßnahmen, welche die Einfuhr oder Durchfuhr einer Ware der Menge oder dem Wert nach begrenzen (sog. Kontingentierung).[116]

[114] Fall nachgebildet der Entscheidung EuGH, Rs. C-112/00, v. 12.06.2003, nachzulesen in EuZW 2003, 592 oder **Life&Law 2004, 47** = **juris**byhemmer.

[115] EuGH, Rs. 7/68 („*Kunstschätze*“), Slg. 1968, 633, 642; Geiger, Art. 9 AEUV, Rn. 25 .

[116] Siehe u.a. EuGH, Rs. 124/81 („H-Milch“), Slg. 1983, 203.

Eine solche Kontingentierung wurde gegenüber der T-GmbH nicht erlassen.

b) Maßnahme gleicher Wirkung

Möglicherweise liegt aber eine Maßnahme gleicher Wirkung vor.

Diese wird vom EuGH in ständiger Rechtsprechung weit ausgelegt und umfasst nach der Dassonville-Formel jede staatliche Maßnahme, die geeignet ist, den innergemeinschaftlichen Handel unmittelbar oder mittelbar, tatsächlich oder potenziell zu behindern.[117]

Mit großer Wahrscheinlichkeit werden aufgrund der 30-stündigen Blockade einige der Lebensmittel verdorben sein, bevor sie ihren Zielort erreichen. Insofern wird der innergemeinschaftliche Handel tatsächlich behindert. Dies geschieht hier jedoch nicht durch Maßnahmen der Republik Österreich, sondern vielmehr durch Handlungen von Privatpersonen.[118]

Der EuGH hat aber entschieden, dass die **Mitgliedstaaten aus Art. 4 III EUV eine Art „Garantenpflicht" trifft**.

Diese verpflichtet die Mitgliedstaaten, alle Handlungen auch ihrer Bürger zu unterbinden, die der Erfüllung des Vertrages entgegenstehen.

Wenn ein Staat dieser Pflicht nicht nachkommt, liegt der Schwerpunkt der Vorwerfbarkeit seines Verhaltens auf dem Unterlassen. Dann ist das Unterlassen der Verhinderung einer den AEUV beeinträchtigenden Handlung als Eingriff in eine Grundfreiheit anzusehen![119]

Anmerkung: Kurze Wiederholung: Den Staat trifft aus Art. 4 III EUV die Pflicht, vertragswidrige Handlungen seiner Bürger zu unterbinden. Kommt er dieser Pflicht nicht nach, liegt im Unterlassen eine staatliche Maßnahme. Wenn diese dann noch zur Auswirkung hat, dass der freie Warenverkehr beeinträchtigt wird, liegt ein Eingriff in die Freiheit des Art. 34 AEUV vor.

c) Zwischenergebnis

Die Republik Österreich hat es mit dem Absehen vom Verbot der Versammlung unterlassen, Maßnahmen zu ergreifen, um gegen die Beeinträchtigung des freien Warenverkehrs einzuschreiten. Dies stellt einen Eingriff in die Warenverkehrsfreiheit dar, der gleichermaßen in- als auch ausländische Waren betrifft und der somit gegen das Verbot der allgemeinen Beschränkung des Art. 34 AEUV verstößt.

4. Rechtfertigung

Fraglich ist, ob eine Rechtfertigung für diese Beeinträchtigung vorliegt. Grundsätzlich kann sich eine solche aus Art. 36 AEUV ergeben oder dann vorliegen, wenn zwingende Gründe des Allgemeininteresses eine Einschränkung erforderlich machen (Cassis-Rechtsprechung).

a) Cassis-Rechtsprechung

Die österreichischen Behörden lassen die Versammlung explizit gewähren, weil sie der Ansicht sind, dass diese Versammlung von den Grundrechten der Versammlungs- und Meinungsfreiheit geschützt ist.

---

[117] St. Rspr. seit EuGH, Slg. 1974, 837, 852.

[118] Einen ähnlichen Fall gab es zur Zeit der Protestwellen französischer Bauern, die im Zeitraum von 1993 bis 1995 immer wieder Warenlieferungen aus anderen Mitgliedstaaten zerstörten.

[119] EuGH, NJW 1998, 1931 = **juris**byhemmer.

Abzustellen ist hier allein auf die Unionsgrundrechte, da der AEUV auch vor nationalem Verfassungsrecht Vorrang hat und daher nicht von nationalen Grundrechten eingeschränkt werden kann.

Unionsgrundrechte aber liegen im Allgemeininteresse, sodass nach der Cassis-Formel grundsätzlich ein Eingriff in eine Grundfreiheit durch ein Unionsgrundrecht gerechtfertigt sein kann.[120]

Anmerkung: Auf die Gründe, aus denen die Versammlung durchgeführt wird, kommt es nicht an, da nur das Unterlassen des Staates einer Rechtfertigungsprüfung unterzogen wird.

Zu prüfen ist zunächst, ob von einem Verbot der Versammlung tatsächlich Unionsgrundrechte betroffen wären.

aa) Herleitung der Unionsgrundrechte

Seit Inkrafttreten des Lissabonvertrages existiert auch auf Unionsebene ein geschriebener, verbindlicher Grundrechtekatalog, die Europäische Grundrechtecharta, vgl. Art. 6 I EUV. Bisher entfaltete die europäische Grundrechtecharta mangels expliziter Einbeziehung in die Verträge keine Rechtsverbindlichkeit. Art. 6 II EU a.F. verpflichtete die Mitgliedstaaten und die Unionsorgane aber trotzdem zur Wahrung und Achtung der Grundrechte und nannte dabei als Erkenntnisquellen die gemeinsamen Verfassungsüberlieferungen der Mitgliedstaaten und die EMRK.

Damit bestehen die Grundrechte auf Versammlungs- und Meinungsfreiheit seit langem auch auf Unionsebene und können nunmehr rechtsverbindlich Art. 11 und 12 EGRCh entnommen werden.

Anmerkung: Da der Grundrechtsschutz in den Verfassungsüberlieferungen der Mitgliedstaaten, der EMRK und der EGRCh im Wesentlichen derselbe ist, hat sich im Ergebnis nichts geändert, lediglich auf die dogmatische Herleitung des Grundrechtsschutzes kann in Zukunft verzichtet werden.

bb) Eröffnung des Anwendungsbereichs der Grundrechtecharta

Der Anwendungsbereich der Grundrechtecharta müsste jedoch eröffnet sein. Dies ist gemäß Art. 51 I S. 1 EGRCh immer dann zu bejahen, wenn entweder Unionsorgane oder die Mitgliedstaaten Unionsrecht vollziehen. Das ist immer dann der Fall, wenn Primär- oder Sekundärrecht vollzogen oder wenn insbesondere Primärrecht zulässigerweise (über die Rechtfertigungsgründe) eingeschränkt wird.

Da hier die Anwendung und Einschränkung der Warenverkehrsfreiheit aus Art. 34 AEUV in Frage steht, ist gleichfalls auch der Anwendungsbereich der Grundrechtecharta eröffnet.

cc) Eröffnung des Schutzbereichs der Versammlungsfreiheit

Insbesondere kommt das Grundrecht der Versammlungsfreiheit aus Art. 12 I EGRCh in Betracht. Es müsste aber der Schutzbereich der Versammlungsfreiheit des Art. 12 I EGRCh überhaupt eröffnet sein.

---

[120] So erstmalig der EuGH in Rs. C-112/00, v. 12.06.2003 („Schmidberger"); auch nachzulesen in **Life&Law 2004, 47**.

Eine Versammlung liegt vor, wenn sich zwei oder mehr Personen zum Zwecke der gemeinsamen, friedlichen Meinungsäußerung zusammenfinden.

Die Mitglieder und Anhänger des Vereins möchten mit der Demonstration auf die hohe Schadstoffbelastung auf der Brenner-Autobahn aufmerksam machen.

Die Demonstration ist vom Schutzbereich der Versammlungsfreiheit erfasst.

dd) Verbot als Eingriff

Die vorliegende Rechtssache wirft die Frage auf, wie die Erfordernisse des Grundrechtsschutzes in der Union mit dem Schutz einer im Vertrag verankerten Grundfreiheit in Einklang gebracht werden können. Ein Verbot der Versammlung zugunsten der Grundfreiheit stellt nämlich einen Eingriff in die Versammlungsfreiheit des Vereins und der einzelnen Mitglieder dar.

Jedoch ist auch die Versammlungsfreiheit nicht uneingeschränkt gewährleistet. Vielmehr kann auch sie Beschränkungen unterworfen werden, welche dem Gemeinwohl dienenden Zielen der Union entsprechen.

Zu diesen dem Gemeinwohl dienenden Zielen der Union gehören wiederum insbesondere gerade die Grundfreiheiten! **An diesem Punkt stehen sich die Grundfreiheit aus Art. 34 AEUV und das Unionsgrundrecht der Versammlungsfreiheit in Art. 12 EGRCh gleichwertig gegenüber.**

ee) Abwägung im Einzelfall

Um eine einzelfallgerechte Lösung zu finden, sind die bestehenden Interessen abzuwägen und es ist anhand sämtlicher Umstände des jeweiligen Falles festzustellen, wie das rechte Gleichgewicht zwischen diesen Interessen gewahrt werden kann. Es ist zu prüfen, ob die Beschränkungen, denen der innerunionale Handel unterworfen wurde, in einem angemessenen Verhältnis zu dem berechtigten Ziel stehen, das mit ihnen verfolgt wird.

Für die Durchführung der Versammlung spricht, dass sie gerade (anders als bspw. die französischen Bauernblockaden) nicht den Zweck verfolgt, den Handel innerhalb der Union zu hemmen.

Vielmehr verfolgt die Versammlung eine umweltpolitische Zielsetzung und will auf die enormen Schadstoffbelastungen aufmerksam machen. Außerdem haben die österreichischen Behörden entsprechende angemessene Begleitmaßnahmen getroffen, wie die umfangreiche Vorabinformation über die Blockade als auch das Ausweisen und Bereitstellen angemessener Umfahrungsrouten. Eine noch stärkere Einschränkung hinsichtlich der Örtlichkeiten der zeitlichen Vorabinformation hätte der Blockade im Ergebnis wiederum jede Wirksamkeit genommen.

Im Gegensatz hierzu wird die Warenverkehrsfreiheit weder dauerhaft eingeschränkt, noch wird ein Warentransport unmöglich gemacht. Vielmehr kann der gut informierte Transportunternehmer auf alternative Straßenwege ausweichen.

Nach alledem ist die fehlende Untersagung der Versammlung als verhältnismäßige Einschränkung der Warenverkehrsfreiheit zu betrachten.

b) Art. 36 AEUV

Da die Wahrung der Unionsgrundrechte auch eine Frage der öffentlichen Sicherheit ist, deren Schutz ein Rechtfertigungsgrund nach Art. 36 AEUV ist, ist die Versammlung auch nach Art. 36 AEUV geschützt.

5. Ergebnis

Die Republik Österreich stellt angemessene Ausgleichsmaßnahmen zur Verfügung: sie betreibt eine frühzeitige Informationskampagne und schildert Umfahrungsstrecken aus.

Dadurch wird ein angemessener Ausgleich zwischen dem Unionsgrundrecht der Versammlungsfreiheit gem. Art. 12 EGRCh und der Gewährung der Warenverkehrsfreiheit aus Art. 34 AEUV geschaffen. In diesem Fall liegt keine Verletzung der Warenverkehrsfreiheit vor.

hemmer-Methode: Vorgehensweise wiederholen:

1. Grundfreiheit herleiten und sauber durchprüfen und dann

2. i.R.d. Rechtfertigung eines Eingriffs aufzeigen, dass Unionsgrundrechte im zwingenden Interesse des Allgemeinwohls liegen, feststellen, dass diese der mittlerweile rechtsverbindlichen EGRCh entnommen werden können, sofern deren Anwendungsbereich eröffnet ist (Art. 51 I S. 1 EGRCh). Kurz ausführen, dass auch diese nicht vorbehaltlos gewährleistet werden (Art. 52 EGRCh) und dann i.R.d. Einzelfallabwägung (ähnlich der praktischen Konkordanz im Grundgesetz, aber bitte nennen Sie es nicht so!) ein angemessenes Ergebnis finden.

Fall 14: Das allgemeine Diskriminierungsverbot, Art. 18 AEUV

Sachverhalt:

Der italienische Jurastudent Giovanni Italo liebt die Ballsaison und den großen Auftritt an sich und möchte daher gerne ein Jahr zum Auslandsstudium nach Wien gehen, um dort, wie er hofft, endlich seinen Bedürfnissen nach adäquater „gesellschaftlicher Performance“ gerecht zu werden. Da aber unzählige seiner Kameraden die gleiche Idee haben, und es den Wienern in ihrer Stadt schon viel zu italienisch zugeht, verhängen sie just für das Jahr, in dem sich Giovanni bewirbt, einen Aufnahmestopp für ausländische Studenten. Giovanni fühlt sich diskriminiert und will gegen die Versagung der Aufnahme vorgehen.

Frage: *Verstößt die Versagung der Aufnahme gegen den AEUV?*

Bearbeitervermerk: *Die Förderung der Bildung wird von der Union unterstützt, vgl. Art. 166 AEUV.*

I. Einordnung

Die Diskriminierungsverbote sind in allgemeine und besondere Diskriminierungsverbote unterteilt. Als besondere Diskriminierungsverbote kommen die Grundfreiheiten in Betracht. Nur wenn die streitige Materie nicht von der Regelungsmaterie der besonderen Diskriminierungsverbote erfasst wird, darf auf Art. 18 AEUV zurückgegriffen werden.

II. Gliederung

Prüfungsaufbau Art. 18 AEUV

1. Anwendbarkeit

a) Art. 18 AEUV unmittelbar anwendbar

b) kein spezielleres Diskriminierungsverbot

c) grenzüberschreitender Sachverhalt

2. Anwendungsbereich

a) Diskriminierung ist jede Art von Schlechterstellung

b) Sachbereich mit Unionsrechtsbezug betroffen, vgl. Art. 166 AEUV.

3. Eingriff

4. Rechtfertigung und Verhältnismäßigkeit des Eingriffs

⇨ EuGH: Rechtfertigung aus sachlichen Gründen ist möglich

III. Lösung

Die Versagung wäre unionsrechtswidrig, wenn der Mitgliedstaat Österreich zur Zulassung von Unionsbürgern anderer Mitgliedstaaten an seinen Universitäten verpflichtet wäre.

1. Anwendbarkeit des Art. 18 AEUV

Art. 18 AEUV ist nach Rechtsprechung des EuGH unmittelbar anwendbar.[121] Auch liegt mit dem geplanten Auslandsstudium des Giovanni ein die mitgliedstaatlichen Grenzen überschreitender Sachverhalt vor.

[121] Vgl. Geiger, Art. 12 AEUV, Rn. 15 m.w.N.

Damit aber auf die subsidiäre Regelung des allgemeinen Diskriminierungsverbots zurückgegriffen werden darf, muss zunächst ausgeschlossen sein, dass keines der in Betracht kommenden spezielleren Diskriminierungsverbote eingreift.

a) Verstoß gegen die Garantie der Arbeitnehmerfreizügigkeit, Art. 45 AEUV

Möglicherweise könnte den Staat Österreich eine Verpflichtung zur Aufnahme aus Art. 45 AEUV treffen. Dort ist die Arbeitnehmerfreizügigkeit geregelt, die unter anderem beinhaltet, dass sich Arbeitnehmer in anderen Mitgliedstaaten aufhalten, sich dort um Arbeitsstellen bewerben und arbeiten dürfen. Fraglich ist, ob Giovanni als Student Arbeitnehmer ist.

Arbeitnehmer ist, wer gegen Entgelt für einen bestimmten Zeitraum weisungsgebundene Leistungen erbringt.[122] Studenten erfüllen diese Anforderungen nicht, damit ist der Schutzbereich des Art. 45 I AEUV nicht eröffnet.

b) Verstoß gegen die Dienstleistungsfreiheit, Art. 56 AEUV

Eine Anwendung der Bestimmungen über die Dienstleistungsfreiheit und des dazu ergangenen Sekundärrechts kommt ebenso nicht in Betracht. Zwar erfasst Art. 56 AEUV auch die so genannte „negative Dienstleistungsfreiheit", d.h. wenn sich der Leistungsempfänger zum Leistungserbringer begibt, jedoch ist Charakteristikum der Dienstleistung, dass sie entgeltlich ist.

Öffentliche Universitäten unterfallen jedoch nicht dem Dienstleistungsbegriff, da ihre Tätigkeit keine Geschäftstätigkeit ist („Teil des Wirtschaftslebens"), sondern allein sozialen und kulturellen Aufgaben dient. (Etwas anderes gilt für private Universitäten).

2. Anwendungsbereich des Art. 18 AEUV

Art. 18 AEUV gilt nur im Anwendungsbereich des Vertrages. Es muss sich also um einen Sachverhalt mit Unionsrechtsbezug handeln. Voraussetzung dafür wäre, dass die Hochschulausbildung eine vom AEUV geregelte Materie ist.

Gemäß Art. 166 AEUV trägt die Union zur Förderung der beruflichen Bildung bei. Demnach wird auch die Hochschulausbildung als „Berufsausbildung" vom Anwendungsbereich des AEUV erfasst.[123]

Art. 18 AEUV verbietet jede Diskriminierung von Studenten der Mitgliedstaaten im Verhältnis zu inländischen Studenten hinsichtlich der Teilnahme und Zugangsvoraussetzungen am staatlichen Hochschulunterricht. Der Anwendungsbereich des Art. 18 AEUV ist eröffnet.

3. Eingriff in den Schutzbereich

Art. 18 I AEUV verbietet jede Art von Diskriminierung aufgrund der Staatsangehörigkeit. Erfasst werden damit offene Diskriminierungen, nämlich solche, die direkt an die Staatsangehörigkeit anknüpfen, als auch versteckte Diskriminierungen, die typischerweise an Umstände anknüpfen, durch welche Unionsbürger eines anderen Mitgliedstaates benachteiligt werden.

---

[122] EuGHE 1988, 3205 („*Brown*"); Groeben/Schwarze, vor Art. 39 AEUV, Rn. 27.

[123] EuGH, Rs. 293/83 („*Gravier*"), Slg. 1985, 593 = **Hemmer/Wüst, Classics Europarecht, Fall 37, 73 f.**

Eine Diskriminierung liegt bereits bei jeder Art von Schlechterstellung vor, sei es, dass gleiche Sachverhalte ungleich oder ungleiche Sachverhalte gleich behandelt werden.

Das hier in Frage stehende Zulassungsverbot ausländischer Studenten knüpft direkt an die Staatsangehörigkeit an. Da es zudem eine Schlechterstellung gegenüber inländischen Studenten bedeutet, liegt im Zulassungsverbot eine offene Diskriminierung.

4. Rechtfertigung des Eingriffs

Nach Ansicht des EuGH enthält Art. 18 AEUV ein relatives Diskriminierungsverbot, das zwar willkürliche Diskriminierungen, nicht aber solche, die sachlich gerechtfertigt sind, verbietet. [124] Möglicherweise ist also die diesjährige Zulassungsuntersagung gegenüber ausländischen Studenten aus **sachlichen** Gründen gerechtfertigt.

Allein der emotionale Überdruss gegenüber italienischen Studenten, der zudem eine sehr subjektive Wahrnehmung darstellt, ist kein sachlicher Differenzierungsgrund. Die Zulassungsuntersagung aus diesem Grund entbehrt jeder Rechtfertigung.

5. Ergebnis

Die Versagung der Hochschulzulassung war sachlich nicht gerechtfertigt und ist daher wegen Verstoßes gegen Art. 18 AEUV unionsrechtswidrig.

IV. Verwandte Probleme

Wie sich schon aus seiner Formulierung ergibt ist Art. 10 AEUV (Diskriminierung aufgrund des Geschlechts, der Rasse, ...) zu abstrakt gehalten und daher nicht unmittelbar anwendbar.

Art. 157 AEUV verbietet jegliche unterschiedliche Behandlung bezüglich des Arbeitsentgelts (nicht aber bezüglich anderer Diskriminierungen am Arbeitsplatz!) aufgrund des Geschlechts. Art. 157 AEUV ist unmittelbar anwendbar[125] und kommt sogar bei rein innerstaatlichen Sachverhalten zur Anwendung![126]

Ein weiteres Recht ist in Art. 21 AEUV in Zusammenhang mit der Unionsbürgerschaft, Art. 20 AEUV, vorgesehen. Es unterstreicht noch einmal die Möglichkeit der Freizügigkeit der Unionsbürger. Zudem sieht Art. 22 AEUV das aktive und passive Wahlrecht zu Kommunalwahlen am Ort des Wohnsitzes eines Unionsbürgers vor. Art. 23 AEUV regelt den diplomatischen Schutz der Unionsbürger, Art. 24 AEUV das Recht zur Petition beim Europäischen Parlament.

V. Zur Vertiefung

- Zum allgemeinen Diskriminierungsverbot Hemmer/Wüst, Europarecht, Rn. 550 ff.

124 Siehe Groeben/Schwarze, Art. 12 AEUV, Rn. 3; Ahlt/Deisenhofer, S. 65.

125 Geiger, Art. 141 AEUV, Rn. 3.

126 Geiger, Art. 141 AEUV, Rn. 3.

Kapitel III: Einflüsse des Unionsrechts auf nationales Verwaltungsverfahrens- und Verwaltungsprozessrecht

Fall 15: Rücknahme bestandskräftiger, aber unionsrechtswidriger Verwaltungsakte - Alcan

Sachverhalt:

Die in Deutschland ansässige A-GmbH (A), die im Bereich der Computerchipherstellung tätig ist, erhielt von der Bundesrepublik im Frühjahr 2008 eine Subvention in Höhe von einer Million Euro. Dem Unternehmen war nicht bekannt, dass die Kommission nicht über die Beihilfe unterrichtet worden war, wie dies Art. 108 III S.1, 3 AEUV (sog. Notifizierungspflicht) vorsieht. Als die Kommission von der Gewährung der Subvention erfuhr, forderte sie von der Bundesrepublik die Rücknahme der Beihilfe. Als Begründung gab sie an, dass die Beihilfe gegen Art. 107, 108 AEUV verstoße. Nach Unanfechtbarkeit dieser Entscheidung erließ die zuständige Behörde im Herbst 2013 ohne weitere Überprüfung einen „Aufhebungsbescheid" mit Wirkung ex tunc, als auch damit verbunden einen Rückzahlungsleistungsbescheid i.S.d. § 49a VwVfG. Diese Bescheide ergingen obwohl der Auszahlungsbescheid schon bestandskräftig war. A erhebt nun gegen den richtigen Beklagten Anfechtungsklage vor dem zuständigen Verwaltungsgericht. A meint, sie könne schon aus Gründen des Vertrauensschutzes nicht zur Rückzahlung verpflichtet werden. Des Weiteren führt sie an, dass die Jahresfrist, innerhalb derer eine Rücknahme überhaupt nur möglich ist, schon längstens abgelaufen sei. Außerdem liege bei Erlass des „Aufhebungsbescheides" ohne weitere inhaltliche Überprüfung und Abwägung ein Ermessenausfall seitens der zurücknehmenden Behörde vor.

A führt auch an, dass sie das Geld bereits den Bestimmungen des Beihilfebescheides entsprechend eingesetzt und aufgebraucht habe und nun entreichert sei.

Frage 1: *Arbeiten Sie heraus, ob die Klage der A gegen den Aufhebungsbescheid begründet ist.*

Frage 2: *Kann sich A in ihrer Klage gegen den Rückzahlungsleistungsbescheid auf die Einrede der Entreicherung berufen?*

Bearbeitervermerk: *Die tatsächlichen Angaben im Sachverhalt sind als zutreffend zu unterstellen. Beachten Sie, dass in einigen Bundesländern vor der Anfechtungsklage Widerspruch einzulegen ist.*

I. Einordnung

Grundsätzliches zum Vollzug von Unionsrecht:

Es ist beim Vollzug von Unionsrecht der Unionseigene Vollzug und der Vollzug durch die Mitgliedstaaten zu unterscheiden.

Unionseigener Vollzug liegt in den wenigen im AEUV geregelten Fällen vor (Personalfragen: Art. 29 AEUV; Fusionsvertrag, Haushalt: Art. 317 AEUV; die interne Organisation, Wettbewerbsrecht: Art. 101 ff. AEUV; Handels- und Sozialpolitik: Art. 206 ff. AEUV).

Der **Vollzug durch die Mitgliedstaaten** ist wiederum in unmittelbaren und in den mittelbaren Vollzug zu unterteilen.

Unmittelbarer mitgliedstaatlicher Vollzug liegt dann vor, wenn es sich um Unionsrechtsakte handelt, die in den Mitgliedstaaten ohne weiteren Umsetzungsakt direkte Wirkung entfalten, wie Verordnungen, Art. 288 II AEUV oder die im Ausnahmefall unmittelbar wirkenden Richtlinien, Art. 288 III AEUV.

Von **mittelbarem mitgliedstaatlichen Vollzug** spricht man, wenn es um den Vollzug deutscher Ausführungsgesetze geht, die eine Richtlinie umsetzen oder eine Verordnung ergänzen.[127]

Bei jeder Art von Vollzug sind die Mitgliedstaaten dem Grundsatz der Unionstreue und der Effizienz, Art. 4 III EUV, verpflichtet. Da es kein europäisches VwVfG gibt, ist das jeweilige einschlägige Bundes- oder Landes-VwVfG anzuwenden, das unter Umständen den Unionsinteressen entsprechend modifiziert werden muss.[128]

Die hier im Fall angelegte Thematik war bereits Gegenstand von Examenspflichtfachklausuren im öffentlichen Recht und ist immer wieder „heiß“, da die hier relevanten §§ 48, 49 VwVfG sehr gerne geprüft werden.

II. Gliederung

Frage 1:

⇨ **Rechtmäßigkeit des Aufhebungsbescheides**

1. Rechtsgrundlage des Aufhebungsbescheides, § 48 I S. 2, II VwVfG

⇨ Die RGL des Rücknahmebescheides richtet sich danach, ob der Ausgangsverwaltungsakt rechtmäßig oder, wie hier, rechtswidrig war.

2. Formelle Rechtmäßigkeit

a) Zuständigkeit

b) Verfahren

c) Form

3. Materielle Rechtmäßigkeit

a) Tatbestand
Unionsrechtskonforme Modifizierung des Tatbestandes des § 48 VwVfG über **Art. 4 III EUV (effet utile, Effizienzgebot)**:

⇨ selbst schutzwürdiges Vertrauen weicht dem Unionsinteresse

⇨ das Rücknahmeermessen der Behörde wird auf Null reduziert

⇨ es gibt keine Rücknahmefrist i.S.d. § 48 IV VwVfG

b) Rechtsfolge
Der Rücknahmebescheid ist rechtmäßig.

Frage 2:

⇨ **Wegen Art. 4 III EUV kein Berufen auf Entreicherung nach § 49a II VwVfG möglich**

III. Lösung[129]

Frage 1

Die Klage ist gegen den richtigen Beklagten gerichtet, vgl. Sachverhalt.

127 Streinz, Europarecht, Rn. 467.

128 Loibl, Europarecht, S. 52 ff.

129 In Anlehnung an EuGH „*Alcan*“, Slg. 1997, I-1591.

Sie ist begründet, wenn der angegriffene Rücknahmebescheid rechtswidrig ist.

1. Rechtsgrundlage des Rücknahmebescheides, § 48 I S. 2, II VwVfG

Die Rücknahme oder der Widerruf auch eines bereits bestandskräftigen Verwaltungsaktes ist grds. möglich.

Eine „Aufhebung“ richtet sich immer danach, ob der Ausgangsverwaltungsakt rechtmäßig, dann erfolgt ein Widerruf gem. § 49 VwVfG, oder rechtswidrig war, dann erfolgt eine Rücknahme nach § 48 VwVfG.

Hier war der Verwaltungsakt bereits aufgrund Verstoßes gegen die Notifizierungspflicht des Art. 108 III S. 1 u. 3 AEUV rechtswidrig (vgl. Bearbeitervermerk), sodass sich seine Rücknahme nach den Vorschriften des § 48 VwVfG richtet.

Anmerkung: Sofern eine Landesbehörde handelt, finden natürlich die Vorschriften des entsprechenden LandesVwVfG Anwendung.

Außerdem hat die Kommission bestandskräftig und damit verbindlich festgestellt, dass die Subvention auch in der Sache mit Art. 107 AEUV unvereinbar, also rechtswidrig ist.

2. Formelle Rechtmäßigkeit der Rücknahme

Die formelle Rechtmäßigkeit des Rücknahmebescheides richtet sich danach, ob die zuständige Behörde gehandelt hat und ob das vorgeschriebene Verfahren und die vorgesehene Form eingehalten wurden.

Nachdem im Sachverhalt nichts Anderweitiges angegeben ist, kann von der formellen Rechtmäßigkeit des Aufhebungsbescheides ausgegangen werden.

3. Materielle Rechtmäßigkeit

Im vorliegenden Fall handelt es sich mit der Gewährung einer Beihilfe (Subvention) um einen begünstigenden Verwaltungsakt in Form einer Geldleistung. Ein begünstigender Verwaltungsakt darf nur unter den zusätzlichen Voraussetzungen des § 48 II bis IV VwVfG zurückgenommen werden, vgl. § 48 I S. 2 VwVfG. Für Verwaltungsakte, die eine Geldleistung gewähren, erfolgt die Rücknahme allein nach § 48 II VwVfG.

Anmerkung: Wiederholen Sie hier gleich die Definition der Subvention: Finanzielle Zuwendung aus dem öffentlichen Haushalt, die ohne wirtschaftliche Gegenleistung erfolgt und deren Rechtsgrundlage allein die Verankerung im Haushaltsplan sein kann (weil eine Subvention als Leistungsverwaltung nur dann einer Rechtsgrundlage bedarf, wenn sie zugleich in die Grundrechtssphäre Dritter eingreift).[130]

a) Schutzwürdiges Vertrauen, § 48 II S. 1 VwVfG

Grds. darf ein rechtswidriger, begünstigender Verwaltungsakt, der eine einmalige Geldleistung gewährt, dann nicht zurückgenommen werden, wenn der Empfänger der Leistung auf den Bestand und das dauernde Behaltendürfen der Leistung vertraut hat und sein Vertrauen auch schutzwürdig war, vgl. § 48 II S. 1 VwVfG.

[130] **Hemmer/Wüst, Verwaltungsrecht I, Rn. 276.**

Dabei enthält § 48 II S. 2 VwVfG den Grundsatz, dass das Vertrauen i.d.R. schutzwürdig ist, sofern der Empfänger die gewährte Leistung verbraucht hat.

Genau darauf beruft sich A, die die gewährte eine Million Euro gemäß der Bestimmungen des Leistungsbescheides eingesetzt und aufgebraucht hat.

Insofern würde ihr Vertrauen in das Behaltendürfen der Leistung einer Rücknahme entgegenstehen.

aa) Ausschluss des Vertrauensschutzes nach § 48 II S. 3 Nr. 3 VwVfG

§ 48 II S. 3 VwVfG regelt aber wiederum die Ausnahme des Vertrauensschutzes. Dort werden Fallkonstellationen genannt, die es dem Betroffenen verwehren, sich auf ein schutzwürdiges Vertrauen berufen zu dürfen. So ist u.a. das Vertrauen dann nicht schutzwürdig, wenn der Begünstigte die Rechtswidrigkeit des ihn begünstigenden Verwaltungsaktes zumindest grob fahrlässig nicht kannte, also kennen musste, vgl. § 48 II S. 3 Nr. 3 VwVfG.

Die Rechtswidrigkeit der Beihilfe ergibt sich bereits daraus, dass die Kommission nicht gemäß Art. 108 III S. 1 AEUV vom Anliegen, eine Beihilfe zu gewähren, unterrichtet wurde und die staatliche Behörde unter Verstoß gegen Art. 108 III S. 3 AEUV die Beihilfe ausgezahlt hat. Damit liegt jedenfalls ein Verfahrensfehler vor, der die Rechtswidrigkeit des Beihilfebescheides begründet. A wusste jedoch nicht, dass die Notifizierung nicht vorgenommen wurde. Über die Frage danach, ob A hätte Bescheid wissen müssen und ihr der Vorwurf grob fahrlässigen Nichtwissens i.S.d. § 48 II S. 3 Nr. 3 Alt. 2 VwVfG gemacht werden kann, lässt sich dem Sachverhalt nichts entnehmen. Gleiches gilt hinsichtlich der Kenntnis von dem Verstoß gegen Art. 107 AEUV.

Anmerkung: Sofern nichts darüber angegeben ist, ob dem Beihilfeempfänger die Notifizierungspflicht des Art. 108 III AEUV bekannt ist, können Sie sich entweder dem EuGH anschließen, der davon ausgeht, dass Unternehmen, die eine Subvention erhalten, generell über die Verfahrensregeln Bescheid wissen müssen und daher die grobe Fahrlässigkeit grundsätzlich annimmt.
Oder aber Sie lassen bei einer nicht vorhandenen Angabe im Sachverhalt die Frage nach der Schutzwürdigkeit des Vertrauens klausurtaktisch offen – Sie werden aufgrund des Effizienzgebots des Art. 4 III EUV im Ergebnis auf jeden Fall dazu kommen müssen, dass die Beihilfe zurückgenommen werden darf (und sogar muss!).

bb) Ausschluss des Vertrauensschutzes nach § 48 II S. 1 VwVfG i.V.m. Art. 4 III EUV

Aber selbst in den Fällen, in denen der Vertrauensschutz nicht nach § 48 II S. 3 VwVfG ausgeschlossen ist, ist dennoch zu prüfen, ob selbst eigentlich schutzwürdiges Vertrauen nicht dem überwiegenden öffentlichen Interesse an einer Rücknahme gem. § 48 II S. 1 VwVfG weichen muss. Das öffentliche Interesse sind im vorliegenden Fall die Unionsinteressen, denn der Grund für die Rechtswidrigkeit liegt in einem Verstoß gegen zwingende Normen des Unionsrechts, nämlich gegen Art. 108 III S. 1 u. 3 AEUV. Hintergrund des Art. 108 III S. 1 u. 3 AEUV ist wiederum die Schaffung und Funktionssicherung eines gemeinsamen Marktes.

Daher wurde unterbunden, dass die einzelnen Mitgliedstaaten „ihren“ nationalen Unternehmen Zuschüsse gewährleisten, um sie wettbewerbsfähig zu machen oder zu erhalten (was protektionistische, wettbewerbsverzerrende Maßnahmen wären).

Die Verwirklichung der Vertragsziele, also auch des gemeinsamen Marktes, vgl. Art. 3 III 1 EUV, liegt im Interesse der Union und ist den Mitgliedstaaten in Art. 4 III EUV auferlegt (Effizienzgebot).

§ 48 II VwVfG ist im Lichte des Art. 4 III EUV unionsrechtskonform auszulegen. Das Funktionieren des gemeinsamen Marktes und das Effizienzprinzip als grundlegende und wichtigste Prinzipien des Unionsrechts liegen im Unionsinteresse. Folglich **überwiegt trotz der Regelvermutung des § 48 II S. 2 VwVfG**, die besagt, dass ein schutzwürdiges Interesse zumindest besteht, wenn die Leistung aufgebraucht wurde, **das Unionsinteresse das Individualinteresse des Empfängers.**

Eine Abwägung der Interessen nach § 48 II S. 1 VwVfG geht also zu Gunsten der Union aus.

Aus diesem Grund kann sich A, unabhängig davon, ob sie von der Notifizierungspflicht des Art. 108 III S. 1 AEUV hätte wissen müssen oder nicht, nicht auf schutzwürdiges Vertrauen, das der Rücknahme der Beihilfe entgegenstehen könnte, berufen.

Anmerkung: Nach anderer Ansicht ist schon die Regelvermutung des § 48 II S. 2 VwVfG wegen des Effizienzgrundsatzes des Art. 4 III EUV nicht anwendbar.

cc) Zwischenergebnis

Die Rechtmäßigkeit des Rücknahmebescheides scheitert nicht wie von A vorgebracht an deren schutzwürdigem Vertrauen auf den Bestand des Verwaltungsaktes. Das Vertrauen der A tritt gemäß Art. 4 III EUV hinter die Interessen der Union zurück.

b) Ermessen, § 48 I S. 1 VwVfG

Des Weiteren bringt A vor, dass die Rücknahme ohne weitere Überprüfung erfolgte und mithin ein Ermessensausfall seitens der Behörde vorläge.

Das Effizienzgebot des Art. 4 III EUV erfordert aber auch diesbezüglich eine Modifizierung der nationalen Norm: **aufgrund des Vorrangs unionaler Interessen ist das Rücknahmeermessen bei einem Verstoß gegen Unionsrecht auf Null reduziert.** Demnach geht auch der Vorwurf, die Behörde habe bei der Rücknahme einen Ermessensfehler in Form des Ermessensausfalls gemacht, ins Leere. Es liegt kein Ermessensfehler seitens der Behörde vor.

c) Frist, § 48 IV VwVfG

Die Jahresfrist des § 48 IV VwVfG ist abgelaufen, weswegen eine Rücknahme grundsätzlich rechtswidrig wäre. **Aber auch die Frist des § 48 IV VwVfG ist aufgrund des Effizienzgebotes des Art. 4 III EUV unanwendbar, es gibt schlechthin keine Rücknahmefrist.**

Der Grund für diese Ausnahme von der grundsätzlich vorgesehenen Rücknahmefrist ist, dass die nationalen Behörden mit einem bloßen Verstreichenlassen der Rücknahmefrist eine Rücknahme der von ihr erlassenen, unionsrechtswidrigen Verwaltungsakte ganz einfach verhindern könnte. Dies ist nicht im Sinne der Union.

d) Ergebnis

Der Rücknahmebescheid ist rechtmäßig und damit die Klage unbegründet.

Frage 2

Gefragt ist, ob A sich auf die Einrede der Entreicherung berufen kann. Diese Einrede kann einem Rücknahmeleistungsbescheid, der nach § 49a I S. 2 VwVfG zu erlassen ist, grundsätzlich gemäß § 49a II VwVfG i.V.m. § 818 III BGB entgegengehalten werden.

Der Rücknahmeleistungsbescheid, der aufgrund der Rücknahme des die Subvention gewährenden Verwaltungsaktes erging, wurde gegenüber A als schriftlicher Verwaltungsakt gemäß § 49a I S. 2 VwVfG erlassen. Dies hat zur Folge, dass A eine Million Euro zurückzuzahlen hat. Grundsätzlich kann sie sich aber bezüglich des Umfangs der Erstattung auch auf Entreicherung berufen, vgl. § 49a II S. 1 VwVfG i.V.m. § 818 III BGB. Doch auch diese Norm ist im Lichte des Art. 4 III EUV auszulegen:

Wäre jetzt ein Berufen auf Entreicherung möglich, wären die Funktions- und Schutzmechanismen des Binnenmarktes wieder ausgehebelt. Deswegen ist es demjenigen, gegenüber dem ein Rücknahmeleistungsbescheid aufgrund unionsrechtswidrig gewährter Beihilfen ergeht, nicht möglich, sich auf eine Entreicherung zu berufen.

Darüber hinaus sieht der EuGH ab einer gewissen Höhe der Beihilfe eine Pflicht des Beihilfeempfängers, sich über die zu beachtenden rechtlichen Schritte zu informieren. Damit wäre bei einer Beihilfe von einer Million Euro auch ein Berufen auf die Entreicherung nach § 49a II S. 2 VwVfG aufgrund mindestens grob fahrlässiger Nichtkenntnis der Rechtswidrigkeit versagt.

Die A kann sich nicht auf Entreicherung berufen und muss die Subvention zurückzahlen.

IV. Zusammenfassung

Sobald es sich um innerstaatliche protektionistische Maßnahmen handelt, die die nationale Wirtschaft wettbewerbsfähig halten sollen, muss bei Ihnen schon die Alarmglocke läuten.

Alles, was der Schaffung, Erhaltung und dem Funktionieren des Binnenmarktes entgegensteht, muss bereinigt werden. Als Hauptargument dienen die Ziele des gemeinsamen Marktes und die in Art. 4 III EUV verankerten Pflichten, diese Ziele einzuhalten. Wiederholen Sie anhand der Gliederung gleich noch einmal die unionsrechtskonformen Modifizierungen des § 48 VwVfG, die eintreten, wenn es um die Rücknahme eines unionsrechtswidrigen Verwaltungsaktes geht!

Sound: §§ 48 ff. VwVfG sind unionsrechtskonform über Art. 4 III EUV zu modifizieren.

V. Verwandte Probleme

Beihilfen, die durch öffentlich-rechtlichen Vertrag gewährt werden

Sofern Beihilfen in Form von öffentlich-rechtlichen Verträgen gewährt werden und ein Verstoß gegen Art.108 III S. 1 AEUV vorliegt, ist **Art. 108 III S. 3 i.V.m. S. 1 AEUV ein Verbotsgesetz i.S.d. § 134 BGB**. Das hat zur Folge, dass öffentlich-rechtliche Verträge (§§ 54 ff. VwVfG), die eine Beihilfe unter Verstoß gegen diese Norm gewähren, nach § 59 I VwVfG i.V.m. § 134 BGB nichtig sind.

Der Umfang der Erstattung richtet sich dann nach § 62 S. 2 VwVfG i.V.m. § 818 BGB.

Nicht vergessen: Rechtswidrige Verwaltungsakte hingegen sind bestandskräftig, vgl. § 43 I S. 2, II VwVfG und nur eine Rücknahme beseitigt ihre Rechtswirkung.

„Europäische“ Konkurrentenklage

Sofern bspw. einem deutschen Unternehmen unter Verstoß gegen Art. 108 III S. 3 AEUV Beihilfen gewährt werden, könnte ein Konkurrent dieses Unternehmens Anfechtungsklage erheben (§ 42 I Alt. 1 VwGO).

Als Klagebefugnis kann er sich auf **Art. 107, 108 III S. 3 AEUV** berufen, der unmittelbar im innerstaatlichen Recht anwendbar ist und **Drittschutz** verleiht.

Sollte die Beihilfe durch öffentlich-rechtlichen Vertrag gewährt worden sein, muss der Konkurrent Klage auf Feststellung des Nichtbestehens des Rechtsverhältnisses erheben (nach § 43 I VwGO).

VI. Zur Vertiefung

- Hemmer/Wüst, Europarecht, Rn. 340 ff.
- Hemmer/Wüst, Classics Europarecht, Fälle 13 und 14.

Fall 16: Einfluss des Unionsrechts auf den Eilrechtsschutz, § 80 V VwGO

Sachverhalt:

Eine formell rechtmäßig ergangene Ratsverordnung, die keinen Befreiungsvorbehalt für Härtefälle enthält, sieht die zwangsweise Destillation bestimmter Mengen Tafelwein vor, um den Überschuss auf dem Markt zu verringern und einem Preisabfall entgegenzuwirken. Auch gegenüber Winzer W ergeht, wie gegenüber allen anderen Winzern ebenfalls, aufgrund der Verordnung ein Bescheid, der ihn anweist, eine bestimmte Menge Tafelwein zu destillieren. Der Bescheid wird von der zuständigen mitgliedstaatlichen Behörde erlassen und für sofort vollziehbar erklärt. W ist entsetzt. Er hatte bereits im Voraus Lieferverträge über seinen berühmten Wein abgeschlossen und aufgrund des daraus zu erwartenden Gewinnes Kredite zur Anschaffung spezieller Weinbergtraktoren und ähnlicher Gerätschaften aufgenommen. Bei sofortiger Vollziehbarkeit des Bescheides, also ohne dass ihm eine Übergangsfrist bis zur nächsten Erntesaison eingeräumt wird, droht ihm die Insolvenz.

Abgesehen davon, dass seine wirtschaftliche Existenz bedroht ist, hält W die ganze Verordnung für rechtswidrig. Es könne doch schon gar nicht sein, dass der im Einzelfall nach besonderer Abwägung festzulegende Sofortvollzug in Form des „Tabula rasa" gegenüber jedem Winzer angeordnet werde. W begehrt beim zuständigen deutschen Gericht die Wiederherstellung der aufschiebenden Wirkung gemäß § 80 II Nr. 4, V VwGO. Als Begründung bringt er vor, dass die Verordnung rechtswidrig sei. Auch das Gericht hält die Verordnung für rechtswidrig. Dabei geht es davon aus, dass die Verordnung unzulässig in die Eigentums- und Berufsfreiheit eingreife.

Frage 1: *Ist der Antrag begründet?*

Frage 2: *Wie hat das Gericht in diesem Fall zu verfahren?*

Bearbeitervermerk: *Auf Art. 40, 43 AEUV wird hingewiesen. Beachten Sie, dass vor Einlegen der Anfechtungsklage je nach Landesrecht Widerspruch einzulegen ist.*

I. Einordnung

Art. 4 III EUV gebietet, dass Verwaltungsakte, die aufgrund des Unionsrechts ergehen, unmittelbar vollziehbar sein müssen. Ziel ist es, in jedem Mitgliedstaat schnellstmöglich gleiche Zustände herzustellen.[131]

Die Verordnung verpflichtet hier die Mitgliedstaaten, die notwendigen Maßnahmen zu treffen, um die Einhaltung der Unionsvorschriften auf dem Weinsektor zu gewährleisten. Das Ziel der Verordnung kann nur erreicht werden, wenn die Destillation innerhalb einer bestimmten Frist erfolgt.

[131] EuGH („*Tafelwein*"), Slg. 1990, I-2879 = **juris**byhemmer.

Die Beschränkungen der Verordnung sollen für alle Betroffenen zum gleichen Zeitpunkt, nämlich sofort, gelten. Aus diesem Grund ist auch ein unionsrechtskonformes prozessuales Vorgehen bei einem Antrag im Eilrechtsschutz zwingend. Nur wenn in allen Mitgliedstaaten die sofortige Vollziehung **unter denselben Bedingungen** wieder aufgehoben werden kann, herrschen einheitliche und damit gerechte Zustände.

Fraglich ist also, **unter welcher Voraussetzung nationale Gerichte befugt sind, die sofortige Vollziehung eines aufgrund Unionsrechts ergangenen Verwaltungsaktes aufzuheben und damit die aufschiebende Wirkung einer Anfechtungsklage wiederherzustellen.**[132]

Die nationalen Gerichte dürfen die aufschiebende Wirkung eines auf einer Unionsrechtsverordnung beruhenden Verwaltungsakts nur dann wieder anordnen, wenn sie erhebliche Zweifel an der Gültigkeit der Verordnung haben, dem Antragsteller ein schwerer und nicht wieder gutzumachender Schaden droht und das Interesse der Union angemessen berücksichtigt wird.

II. Gliederung

Frage 1:
Begründetheit des Antrags nach § 80 V VwGO: Prüfung der Rechtmäßigkeit der Sofortvollzugsanordnung

1. Rechtsgrundlage: § 80 II S. 1 Nr. 4 VwGO i.V.m. Art. 4 III EUV

⇨ Das Effizienzgebot des Art. 4 III EUV gebietet schnellstmöglichen Vollzug des Unionsrechts.

2. Formelle Rechtmäßigkeit

a) Zuständigkeit: § 80 II S. 1 Nr. 4 VwGO

b) Verfahren: bei unterlassener Anhörung jedenfalls Heilungsmöglichkeit nach § 45 I Nr. 3 VwVfG

c) Form: die von § 80 III VwGO verlangte Begründung erschöpft sich in Art. 4 III EUV (effet utile, Effizienzgebot)

3. Interessenabwägung des Gerichts

⇨ Die Einheitlichkeit in der Anwendung des Unionsrechts verlangt unionsweit einheitliche Rücknahmevoraussetzungen, Art. 4 III EUV:

a) erhebliche Zweifel an der Gültigkeit der Handlung der Union (**Notwendigkeit der Anordnung**)

b) schwerer und nicht wieder gutzumachender Schaden für den Antragsteller **(Dringlichkeit der Anordnung)**

c) Unionsinteressen müssen angemessen berücksichtigt werden (**Gebotenheit der Anordnung**)

Frage 2:
Vorgehen des deutschen Gerichts

Vorlagepflicht nach der Foto-Frost-Rechtsprechung des EuGH

⇨ Aufgrund des Verwerfungsmonopols des EuGH für Unionsrecht ergibt sich aus der Foto-Frost-Rechtsprechung des EuGH eine Vorlagepflicht für nationale Gerichte, wenn diese von der Ungültigkeit der Unionsrechtsnorm ausgehen.

[132] EuGH (*„Zuckerfabrik Süderdithmarschen“)*, Slg. 1991, I-415 = **juris**byhemmer.

III. Lösung[133]

Frage 1

Der Antrag ist begründet, wenn er, wie hier, gegen den richtigen Antragsgegner gerichtet ist, § 78 I Nr. 1 VwGO analog, die Sofortvollzugsanordnung formell rechtmäßig ist sowie die übrigen unionsrechtskonformen Voraussetzungen für eine Wiederherstellung der aufschiebenden Wirkung vorliegen.

1. Rechtsgrundlage des Sofortvollzugs

Als Rechtsgrundlage für eine Sofortvollzugsanordnung kommt § 80 II S. 1 Nr. 4 VwGO in Betracht.

Die Behörden müssen die sofortige Vollziehung eines Verwaltungsaktes, der auf einer Unionsrechtsverordnung beruht, dann anordnen, wenn dies im Interesse der praktischen Wirksamkeit des Unionsrechts geboten ist (Effizienzgebot, Art. 4 III EUV). Art. 4 III EUV enthält die Verpflichtung der Mitgliedstaaten, dem Unionsrecht zu möglichst schneller und effektiver Wirkung zu verhelfen.

I.R. der von § 80 II S. 1 Nr. 4 VwGO geforderten Abwägung ist bei der Frage nach dem öffentlichen Interesse das Interesse der Union am Funktionieren des Unionsrechts und am Erreichen der Ziele der Union (insbesondere des gemeinsamen Marktes) ausschlaggebend.

[133] In Anlehnung an EuGH („*Zuckerfabrik Süderdithmarschen*“), Slg. 1991, I-415 = **juris**byhemmer und an EUGH („*Foto-Frost*“), Slg. 1987, I-4199).

2. Formelle Rechtmäßigkeit der Sofortvollzugsanordnung

Die Sofortvollzugsanordnung müsste formell rechtmäßig ergangen sein. Es müsste die zuständige Behörde gehandelt haben, das vorgeschriebene Verfahren beachtet und die Begründungspflicht des § 80 III VwGO befolgt worden sein. Der Bescheid wurde laut Sachverhalt von der zuständigen Behörde erlassen.

a) Verfahren

aa) Bezüglich der Verfahrensfrage, ob vor Erlass einer Sofortvollzugsanordnung eine Anhörung stattfinden muss oder ob die Sofortvollzugsanordnung ein bloßer Annex zum eigentlichen Verwaltungsakt ist und damit nicht unter eigene Verfahrensregeln fällt, besteht Uneinigkeit. Jedenfalls kann eine unterbliebene Anhörung im Verfahren geheilt werden, vgl. § 45 I Nr. 3 VwVfG (bzw. die einschlägige Vorschrift des Landes-VwVfG).

Anmerkung: Unter Umständen könnten Sie hier auch vertreten, dass ebenso eine Anhörung aufgrund der Pflicht zu Anordnung des Sofortvollzugs unionsrechtskonform entfallen kann.

bb) Grundsätzlich gilt für die Sofortvollzugsanordnung das Einzelfallgebot. Hier wurde gegenüber allen Winzern der Sofortvollzug angeordnet.

Dies stellt aber keinen Verstoß gegen das Einzelfallgebot dar, sondern ist Ausprägung der unionsrechtskonformen Auslegung des nationalen Rechts.

Dieses verpflichtet die nationalen Behörden, zu möglichst schneller und effektiver Wirkung zu verhelfen.

Auch das Einzelfallgebot muss hier unionsrechtskonform entfallen.

b) Form

Die ansonsten gem. § 80 III VwGO vorzunehmende ausführliche und einzelfallbezogene Begründung erschöpft sich bei unionsrechtskonformer Auslegung des Abs. 3 in der Darlegung der Anordnungspflicht aufgrund des Effizienzgebots des Art. 4 III EUV.

c) Zwischenergebnis

Die Sofortvollzugsanordnung war formell rechtmäßig.

3. Interessenabwägung

Die Erfolgsaussichten des Eilantrags sind danach zu beurteilen, ob im Rahmen einer eigenen Interessenabwägung des Gerichts das Suspensivinteresse des Antragstellers schwerer wiegt als das Vollzugsinteresse der Behörden. Um unionsweit einheitliche Prüfungspunkte zu haben, sollen nach dem EuGH diejenigen Voraussetzungen, die er selbst bei einstweiligem Rechtsschutz nach Art. 278, 279 AEUV prüft, auch beim Aussetzen der Wirksamkeit von Unionsrecht (Sekundärrecht!) herangezogen werden. Danach muss die Anordnung zur Wiederherstellung der aufschiebenden Wirkung notwendig, dringlich und geboten sein.

Anmerkung: Hier würden Sie jetzt eigentlich auf die Erfolgsaussichten der Hauptsache, die das Gericht summarisch prüft, als Indiz für den Ausgang der Interessenabwägung abstellen.
Bei der Wiederherstellung der aufschiebenden Wirkung von Verwaltungsakten, die aufgrund des Unionsrechts ergangen sind, folgt die Prüfung den unionsrechtskonformen, unionsweit einheitlichen Vorgaben des EuGH.
Dabei übernimmt der EuGH diejenigen Voraussetzungen, die er für seinen eignen einstweiligen Rechtsschutz gem. Art. 278 S. 2, 279 AEUV aufgestellt hat.

hemmer-Methode: Nicht zweimal lernen! Merken Sie sich die Voraussetzungen einmal und wenden Sie sie gegebenenfalls auf das Eilverfahren (Art. 278 f. AEUV) vor dem EuGH an.

a) Notwendigkeit der Anordnung

Zunächst müsste das Gericht **erhebliche Zweifel an der Gültigkeit** der Norm des gemeinschaftlichen Sekundärrechts haben. Solche sind gegeben, wenn bei summarischer Prüfung ein Verstoß gegen höherrangiges Unionsrecht festgestellt wird.

Hier könnte die Verordnung gegen Unionsgrundrechte, also höherrangiges Unionsrecht, verstoßen. Es müsste ein Verstoß gegen die auf Unionsebene durch Art. 15, 17 EGRCh gewährleistete Eigentums- und Berufsfreiheit vorliegen. Da es auch hier um Fragen des Vollzugs von Unionsrecht durch einen Mitgliedstaat geht, ist der Anwendungsbereich der EGRCh gemäß Art. 51 I S. 1 EGRCh eröffnet.

Anmerkung: Nach der Solange II-Rechtsprechung des BVerfG wird ein Verstoß an nationalen Grundrechten nicht geprüft! Eine sinnvolle Prüfungsreihenfolge der Unionsgrundrechte ist regelmäßig folgende:

- ⇨ Anwendungsbereich der EGRCh nach deren Art. 51 I S. 1
- ⇨ Schutzbereich (ähnlich dem im nationalen Recht)

⇨ Eingriff
⇨ Rechtfertigung und Verhältnismäßigkeit des Eingriffs

Voraussetzung für die Anwendbarkeit der Unionsgrundrechte ist, dass entweder die Organe der EU handeln oder dass die Mitgliedstaaten Unionsrecht durchführen, Art. 51 I S. 1 EGRCh. Letzteres wird vom EuGH aber extrem weit ausgelegt. Es genügt bspw. auch ein Gesetz, das selbst kein Richtlinienumsetzungsgesetz ist, sondern nur dem Vollzug eines solchen dient.[134]

aa) Verletzte Schutzbereiche

(1) Eigentum

Das Grundrecht auf Eigentum ist neuerdings verbindlich (Art. 6 I EUV), in Art. 17 EGRCh festgeschrieben, sodass eine Herleitung über die Verfassungsüberlieferungen der Mitgliedstaaten oder die EMRK unterbleiben kann.

Inhaltlich geschützt sind bereits bestehende Eigentumspositionen und Vermögensrechte, nicht jedoch bloße Erwerbsaussichten.

Das Eigentumsrecht des Antragstellers ist zumindest insoweit berührt, als der Antragsteller durch die Auswirkungen der Verordnung faktisch in die Insolvenz gezwungen wird, sodass er auch seine bestehende Eigentumsposition (das Unternehmen) zu verlieren droht.

(2) Berufsfreiheit

Die Berufsfreiheit ist ebenfalls in der EGRCh (Art. 15) verankert und seit Inkrafttreten des Reformvertrages von Lissabon verbindlich, Art. 6 I EUV.

Die Berufsfreiheit schützt grundsätzlich jede Tätigkeit, die auf Dauer angelegt ist und der Schaffung und Erhaltung einer Lebensgrundlage dient. Hier ist das Recht des Antragstellers W betroffen, seinen Handel zum Erhalt seiner Lebensgrundlage uneingeschränkt fortzusetzen.

bb) Eingriff

Der Eingriff liegt in der Verordnung.

Anmerkung: Geprüft werden soll ja die Vereinbarkeit der Verordnung mit höherrangigem Unionsrecht.

cc) Rechtfertigung/Verhältnismäßigkeit

Die Eigentums- und die Berufsfreiheit unterliegen nach st. Rspr. des EuGH auch Schranken.[135]

Die formell rechtmäßig ergangene Verordnung muss einem unionslegitimen Ziel dienen und zu dessen Erreichung geeignet, erforderlich und angemessen sein.

Das unionskohärente Ziel liegt in der Organisation eines gemeinsamen Agrarmarktes, vgl. Art. 40, 43 AEUV.

Die Maßnahme ist zur Organisation des gemeinsamen Marktes geeignet und zur Regulierung und zum Erhalt der Preise wohl auch erforderlich. Fraglich ist, ob sie darüber hinaus auch angemessen ist. Mangels einer Härtefallregelung kann für den Antragsteller keine einzelfallbezogene, mildere Ausführungsmaßnahme getroffen werden, sodass dieser in die Insolvenz gezwungen wird.

---

[134] EuGH, Urteil vom 26.02.2013, C-617/10.

[135] Vgl. EuGH, Rs. C-20/00, Slg. 2003, I-7411.

Der dadurch entstehende, nicht wieder gutzumachende Schaden stellt im Vergleich zu den Preiserhaltungsregelungen auf dem Markt eine unangemessene Grundrechtsbeeinträchtigung dar. Der effektive Grundrechtsschutz auch auf Unionsebene verlangt, dass Härtefälle Berücksichtigung finden müssen.

Es bestehen aus diesem Grund berechtigte Zweifel an der Rechtmäßigkeit der Destillationsverordnung. Die Notwendigkeit der Anordnung zur Wiederherstellung der aufschiebenden Wirkung ist gegeben.

Anmerkung: Zweifel an der Norm können auch aufgrund von Fehlern im Verfahren des Normerlasses bestehen. Dies müsste aber dann im Sachverhalt näher ausgeführt sein.

b) Dringlichkeit der Anordnung

Eine Dringlichkeit der Anordnung besteht nur, wenn sie vor der Entscheidung in der Hauptsache verfügt werden muss, damit der Antragsteller **keinen schweren und nicht wieder gutzumachenden Schaden erleidet.** Zu beachten ist hierbei, dass ein bloßer Geldschaden, der nicht das Stadium der Insolvenz erreicht, grundsätzlich keine Dringlichkeit begründet.

Wenn W den bereits verkauften, aber noch zu liefernden Wein, nun destillieren müsste, könnte er zum einen nicht seinen vertraglichen Verpflichtungen gegenüber seinen Abnehmern nachkommen. Das mindeste, was er befürchten müsste, wäre ein Verlust seines Ansehens auf dem Weinmarkt. Zudem würde er wohl mit Regressansprüchen seiner Vertragspartner konfrontiert.

Frage 2

In seinem Fall ist es jedoch so gelagert, dass er bei einer sofortigen Vernichtung bzw. Destillation des Weines, seinen aus dem erwarteten Verkauf bereits wieder investierten Gewinn niemals erhalten und so seinen anderweitigen Zahlungsverpflichtungen nicht nachkommen kann, weshalb ihm bei sofortiger Destillation die Insolvenz und damit die Existenzvernichtung droht.

Dies geht über den bloßen, nicht für eine Dringlichkeit ausreichenden, Vermögensschaden hinaus. Die Anordnung zur Wiederherstellung der aufschiebenden Wirkung ist in diesem Fall dringlich.

c) Gebotenheit der Anordnung

Die Anordnung muss auch unter **angemessener Berücksichtigung betroffener Unionsinteressen** geboten sein.

Dies erfordert,

⇨ sicherzustellen, dass der Verordnung durch die Wiederherstellung der aufschiebenden Wirkung nicht praktisch jede Wirksamkeit genommen wird, und

⇨ die Union vor finanziellen Risiken zu bewahren.

Im vorliegenden Fall würde die Wirksamkeit der Verordnung durch die Aussetzung zunächst nur verzögert. Ihr würde nicht gleich jegliche praktische Wirksamkeit genommen. Auch finanzielle Risiken sind für die Union im Gegensatz zu den Risiken des Existenzverlustes des W nicht erkennbar.

4. Ergebnis

Der Antrag ist begründet. Das angerufene Gericht wird aufgrund des Vorliegens der vom EuGH geforderten Voraussetzungen die aufschiebende Wirkung wieder herstellen.

Dies hat jedoch zur Folge, dass sich das Verwaltungsgericht über das Unionsrecht hinwegsetzt, nämlich dessen Wirksamkeit aussetzt.

Das Verwerfungsmonopol und die Entscheidung der Nichtanwendbarkeit von Unionsrecht liegt jedoch beim EuGH, was sich aus dem im AEUV angelegten Rechtschutzsystem (Art. 251 ff. AEUV) ergibt.

Der EuGH sieht daher eine **Vorlagepflicht für nationale Gerichte**, **sobald diese von einer Ungültigkeit des Unionsrechtsaktes ausgehen und Eilrechtsschutz gewähren möchten.** Diese gilt unabhängig davon, ob die nationale Entscheidung noch angefochten werden kann oder nicht (so genannte **Foto-Frost-Rechtsprechung des EuGH**!). Danach wird das Ermessen zur Vorlage im Art. 267 II AEUV für vorbenannte Fälle auf Null reduziert.

IV. Zusammenfassung

- Modifikation der Voraussetzungen einer Sofortvollzugsanordnung nach Art. 4 III EUV: kein Einzelfallerfordernis, knappere Begründung (Sofortvollzug aufgrund Effizienzgebots bei Verwaltungsakten die aufgrund Unionsrechts ergehen).
- Modifikation der Anforderungen an die Begründetheit des Antrags auf Wiederherstellung der aufschiebenden Wirkung nach § 80 V VwGO wegen Art. 4 III EUV.
- Verwerfungsmonopol des EuGH für Unionsrecht! Deshalb **ungeschriebene** (!) Vorlagepflicht des nationalen Gerichts nach Art. 267 AEUV, wenn es einen Unionsrechtsakt für ungültig/rechtswidrig hält (und dessen Vollziehung aussetzen will) – Foto-Frost-Rechtsprechung.

Sound: § 80 II Nr. 4 VwGO und § 80 V VwGO sind aufgrund des Art. 4 III EUV unionsrechtskonform auszulegen.
Wiederherstellung der aufschiebenden Wirkung dann, wenn
- ⇨ erhebliche Zweifel an der Gültigkeit des betroffenen Unionsrechts (Notwendigkeit der Anordnung),
- ⇨ schwerer, irreparabler Schaden für den Antragsteller (Dringlichkeit der Entscheidung - nicht bei bloßem Vermögensschaden) und
- ⇨ Unionsinteressen angemessen berücksichtigt: dem Unionsrecht wird nicht jede praktische Wirksamkeit genommen und es drohen keine finanziellen Risiken der Union (Gebotenheit der Anordnung).

V. Verwandte Probleme

Versagt ein deutsches Gericht in Verkennung der Rechtslage einstweiligen Rechtsschutz nach §§ 80 V, 123 VwGO, obwohl die unionsrechtlichen Voraussetzungen erfüllt sind, kann sich der Betroffene hiergegen mit einer Verfassungsbeschwerde gem. Art. 93 I Ziff. 4a GG unter Berufung auf Art. 19 IV GG wegen der Verletzung der Rechtsschutzgarantie bzw. nach anderer Ansicht unter Berufung auf Art. 101 I S. 2 GG wegen Vorenthaltung des gesetzlichen Richters wehren.

VI. Zur Vertiefung

- Aufschiebende Wirkung und einstweiliger Rechtsschutz Hemmer/Wüst, Europarecht, Rn. 366 ff.
- Hemmer/Wüst, Classics Europarecht, Fälle 15, 16 und 43.

Fall 17: Einfluss des Unionsrechts auf den Eilrechtsschutz, § 123 I VwGO

Sachverhalt:

Die „Bananenmarktverordnung“ (VO 404/93/EWG) über die gemeinsame Marktorganisation von Bananen legt fest, dass pro Mitgliedstaat nur noch ein bestimmtes Kontingent an Bananen importiert werden darf. „Härtefallregelungen“ oder Ausnahmebestimmungen enthält die Verordnung nicht. Bananenriese B, der jährlich über 15.000 t Bananen in die Bundesrepublik importiert, bekommt aufgrund der Verordnung einen von der zuständigen deutschen Behörde ordnungsgemäß erlassenen Bescheid, der ihm nur noch erlaubt, 500 t Bananen einzuführen.

Dieses Kontingent würde aber den sicheren Bankrott des B, der ausschließlich mit Bananen handelt, bedeuten. B legt Verpflichtungsklage gerichtet auf Zuteilung eines größeren Transportkontingents beim zuständigen Verwaltungsgericht ein. Der Bananentanker des B ist bereits unterwegs, die Bananen drohen im Hafen zu verfaulen. B beantragt deshalb i.R.d. einstweiligen Rechtsschutzes nach § 123 I VwGO die zuständige Behörde zu verpflichten, ihm vorläufig eine Einfuhrgenehmigung von 1.000 t Bananen zu bewilligen, der Menge, die sich bereits auf dem anschippernden Bananentanker befindet. Dabei bringt er wahrheitsgemäß vor, dass dies die Mindestmenge sei, die er einführen müsse, um eine Insolvenz zu vermeiden und irreparablen Verletzungen seiner Grundrechte vorzubeugen. Das Gericht geht von einem Anordnungsanspruch aus und hält die Verordnung für zumindest formell fehlerhaft. Da keine nachteiligen Auswirkungen für die Union bei einer einmaligen Sicherung der Rechte des B zu befürchten sind, möchte es dem Antrag stattgeben, ist sich aber unsicher, wie es dabei vorzugehen und ob es unionsrechtliche Voraussetzungen zu beachten hat.

Frage 1: *Ist der Antrag begründet?*

Frage 2: *Wie hat das Gericht in diesem Fall zu verfahren?*

Bearbeitervermerk*: In einigen Bundesländern wäre vor/statt der Verpflichtungsklage Verpflichtungswiderspruch einzulegen.*

I. Einordnung

Auch für die Gewährung des Eilrechtsschutzes nach § 123 I VwGO müssen die gleichen vom EuGH aufgestellten Voraussetzungen erfüllt werden.

II. Gliederung

Frage 1:

Begründetheit des Eilrechtsschutzes nach § 12**3 I VwGO**

1. Passivlegitimation

⇨ § 78 I Nr. 1 Alt. 2 VwGO analog.

2. Anordnungsanspruch (+), wenn unionsrechtliche Vorgaben erfüllt:

Einheitlichkeit der Anwendung des Unionsrechts verlangt unionsweit einheitliche Rücknahmevoraussetzungen:

a) Notwendigkeit der Anordnung

⇨ erhebliche Zweifel an der Gültigkeit der Handlung der Union

b) Dringlichkeit der Anordnung

⇨ drohende irreparable Schäden für Antragsteller

c) Unionsinteressen müssen angemessen berücksichtigt werden (**Gebotenheit der Anordnung**)

⇨ nicht schlechthin praktische Unwirksamkeit der Verordnung,

⇨ keine finanziellen Risiken für die Gemeinschaft

Frage 2:

Vorlagerecht und Vorlagepflicht des deutschen Gerichts nach Art. 267 II, III AEUV

⇨ Aufgrund des Verwerfungsmonopols des EuGH für Unionsrecht ergibt sich ein Vorlagerecht und eine Vorlagepflicht für das nationale Gericht nach Art. 267 II, III AEUV, wenn dieses von der Ungültigkeit der unionsrechtsnorm ausgehen will (Foto-Frost-Rechtsprechung).

III. Lösung[136]

Frage 1

Der Antrag ist begründet, wenn er, wie hier, gegen den richtigen Antragsgegner gerichtet ist, § 78 I Nr. 1 VwGO analog, sowie der Antragsteller einen Anordnungsanspruch und einen Anordnungsgrund nach § 123 III VwGO i.V.m. §§ 920 II, 294 ZPO glaubhaft machen kann und die unionsrechtlichen Voraussetzungen erfüllt sind.

Anmerkung: Der Anordnungsgrund, die Dringlichkeit, wird auch in den unionsrechtlichen Voraussetzungen aufgeführt und braucht von daher nur einmal geprüft zu werden und zwar am besten bei der Prüfung der unionsrechtlichen Vorgaben, sodass der Korrektor nicht auf die Idee kommen kann, Sie hätten dort eine Voraussetzung vergessen.

1. Vorliegen der unionsrechtlichen Voraussetzungen

Zudem müssten wegen des Effizienzgebots des Art. 4 III EUV und einer einheitlichen Rechtshandhabung in allen Mitgliedstaaten die vom EuGH aufgestellten Voraussetzungen zur Gewährung des Eilrechtsschutzes erfüllt sein.

a) Notwendigkeit der Anordnung

Das befasste Gericht muss **erhebliche Zweifel an der Gültigkeit** der Norm des Unionsrechts haben. Solche sind gegeben, wenn bei summarischer Prüfung ein Verstoß gegen höherrangiges Unionsrecht oder ein Verfahrensfehler festgestellt wird.

Das Gericht hält die Verordnung für formell rechtswidrig, was laut Bearbeitervermerk zumindest nicht ausgeschlossen werden kann. Eine Anordnung wäre demnach zumindest notwendig.

b) Dringlichkeit der Anordnung

Darüber hinaus müsste die Anordnung aber auch dringlich sein.

Dies ist sie nur, wenn sie vor einer Entscheidung in der Hauptsache verfügt werden muss, damit der Antragsteller keinen schweren und nicht wieder gutzumachenden Schaden erleidet.

---

[136] In Anlehnung an EuGH, NJW 1996, 1333 = **juris**byhemmer.

Zu beachten ist hierbei, dass ein bloßer Geldschaden, der nicht das Stadium der Insolvenz erreicht, grundsätzlich keine Dringlichkeit begründet.

Da es keine Übergangsregelungen und Härteklauseln gibt, droht B aufgrund der stark reduzierten genehmigten Einfuhrmenge der Konkurs. Darüber hinaus drohen seine Bananen im Ankunftshafen zu verfaulen, wenn er keine Einfuhrgenehmigung erhält. Um diese Eigentumsverletzung abzuwenden, ist eine schnelle Anordnung der Genehmigung einer höheren Einfuhrmenge geboten. Die Anordnung ist dringlich.

Aus denselben Gründen ist auch eine Ausnahme vom Prinzip „keine Vorwegnahme der Hauptsache“ zu machen.

c) Gebotenheit der Anordnung

Die Anordnung muss auch unter angemessener Berücksichtigung betroffener Unionsinteressen geboten sein. Dies erfordert,

⇨ sicherzustellen, dass der Verordnung durch den einstweiligen Rechtsschutz nicht praktisch jede Wirksamkeit genommen wird, und

⇨ die Union vor finanziellen Risiken zu bewahren.

Mit einer Genehmigung von übergangsweise 1.000 Tonnen einzuführender Bananen aufgrund drohender Eigentumsverletzungen als auch Existenzvernichtung im Einzelfall des B wird die Verordnung nicht praktisch wirkungslos. Laut Sachverhalt sind bei dieser einmaligen Ausnahme keine finanziellen und rechtlichen Risiken für die Union ersichtlich.

2. Ergebnis

Das angerufene Gericht gibt aufgrund des Vorliegens eines Anordnungsanspruches als auch der vom EuGH geforderten Voraussetzungen dem Antrag des B statt und erlässt eine Anordnung, ihm eine einmalige Einfuhrgenehmigung für die 1.000 Tonnen Bananen, die sich bereits auf dem Weg in die Bundesrepublik befinden, zu erteilen.

Frage 2

Das Gericht hält die Unionsverordnung für fehlerhaft. Der EuGH sieht für solche Fälle eine Vorlagerecht für nationale Gerichte nach Art. 267 II AEUV vor, sobald das nationale Gericht von einer Ungültigkeit des Unionsrechtsaktes ausgeht.

Kann die nationale Entscheidung nach nationalem Recht nicht mehr angefochten werden, so besteht sogar eine Vorlagepflicht, Art. 267 III AEUV. Das Gericht hat dann kein Ermessen mehr in der Vorlagefrage.

Das Gericht kann nach Gewährung des Anordnungsantrages die fragliche Verordnung nach Art. 267 Ib Alt. 1 i.V.m. II AEUV dem Gerichtshof der Europäischen Union vorlegen.

IV. Zusammenfassung

Materiell-rechtlich war in vorliegendem Fall nichts Neues enthalten. Bezüglich aller fraglichen Punkte war Ihnen der Weg vorgegeben. Es soll Ihnen verdeutlicht werden, wie ein Prüfungsaufbau für den Eilantrag nach § 123 VwGO aussieht, wenn Normen des Unionsrechts ins Spiel kommen.

Sound: Auch der Eilrechtsschutz des § 123 VwGO ist aufgrund des Art. 4 III EUV nur im Einklang mit dem Unionsrecht zu gewähren.
Daher sind auch hier die unionsrechtlichen Voraussetzungen zu prüfen:

⇨ Erhebliche Zweifel an der Gültigkeit des betroffenen Unionsrechts (Notwendigkeit der Anordnung)
⇨ Drohende, irreparable Schäden für den Antragsteller (Dringlichkeit der Anordnung - nicht bei bloßem Vermögensschaden)
⇨ Unionsinteressen angemessen berücksichtigt: dem Unionsrecht wird nicht jede praktische Wirksamkeit genommen und es drohen keine finanziellen Risiken der Union (Gebotenheit der Anordnung).

V. Zur Vertiefung

- Hemmer/Wüst, Europarecht, Rn. 375a f.

Kapitel IV: Staatshaftung wegen Verletzung von Unionsrecht

Fall 18: Haftung der Mitgliedstaaten für Verstoß gegen Grundfreiheiten - Brasserie du Pêcheur

Sachverhalt:

Unter Berufung auf das deutsche Reinheitsgebot verbot die Bundesrepublik Deutschland der französischen Brauerei „Brasserie du Pêcheur" ihre Produkte, die diesem nationalen Gebot nicht entsprachen, in Deutschland zu vertreiben. Der EuGH stellte fest, dass das Reinheitsgebot gegen die Warenverkehrsfreiheit in Art. 34 AEUV verstieß (vgl. dazu auch Kapitel II, Fall 1). Daraufhin verklagte die Brasserie die Bundesrepublik auf Ersatz des ihr durch die Einfuhrbeschränkung entgangenen Gewinns. Der nationale Gesetzgeber weist einen haftungsbegründenden Unionsrechtsverstoß mit der Argumentation von sich, dass er bei Erlass des Reinheitsgebotes nicht bedacht habe, dass sich dies insgesamt als Handelshemmnis auswirken könne. Tatsächlicher Hintergrund der Regelung war der Verbraucher- und Gesundheitsschutz in Deutschland und nicht die Benachteiligung ausländischer Waren. Zudem gäbe es für Art. 34 AEUV kein spezielleres Sekundärrecht, das Regelungen über die Zusammensetzung von Bier vorgäbe, sodass der Bundesrepublik auch nicht der Vorwurf eines vorsätzlichen, bewussten Verstoßes gegen Art. 34 AEUV durch Erlass der Reinheitsvorschriften gemacht werden könne. Die Bundesrepublik erkennt zwar im Nachhinein, dass durch die Reinheitsvorschriften Art. 34 AEUV verletzt wurde, hält den Verstoß jedoch nicht für hinreichend qualifiziert, um darauf einen Schadensersatzanspruch zu begründen.

Frage: *Sind die Voraussetzungen eines Schadensersatzanspruches erfüllt?*

I. Einordnung

Der Schutz der Rechte, die das Unionsrecht dem Einzelnen verleihen möchte, wäre vereitelt, wenn der Bürger von den Mitgliedstaaten keinen Ersatz für die ihn betreffenden Unionsrechtsverstöße verlangen könnte (**Rechtsschutzgedanke**). Zudem wäre die Wirksamkeit des Unionsrechts beeinträchtigt, wenn jeder Mitgliedstaat sich unsanktioniert über seine unionsrechtlichen Verpflichtungen hinwegsetzen könnte (**Sanktionsgedanke, effet utile und Grundsatz der Unionstreue**).

Der Grundsatz einer Staatshaftung ergibt sich aus Art. 4 III EUV und gehört zum Wesen des AEUV.[137] Die Voraussetzungen, unter denen das Unionsrecht einen Haftungsanspruch gewährt, hängen von der jeweiligen Art des Verstoßes ab.[138]

[137] Grundlegend hierzu: EuGH („*Francovich*"), Slg. 1991, 5357 = NJW 1992,165 ff. = **juris**byhemmer.

[138] EuGH („Francovich"), Slg. 1991, 5357 = NJW 1992,165 ff. = **juris**byhemmer.

Es gibt aber allgemeine Grundsätze, die bei allen Arten von Verstößen vorliegen müssen, um eine Haftung eines Mitgliedstaates zu begründen.

Vorstellbar sind administrative, legislative und judikative Verstöße (aller drei Gewalten) gegen Unionsrecht.

Die klausurrelevantesten werden in den folgenden Fällen besprochen.

hemmer-Methode: Achtung! Lassen Sie sich nicht von der Bezeichnung „unionsrechtlicher Staatshaftungsanspruch" irreleiten! Es handelt sich um einen ganz normalen Staatshaftungsanspruch mit der Besonderheit, dass der Verstoß in einer Verletzung des Unionsrechts (durch den Mitgliedstaat) liegt. Aus diesem Grund hat der EuGH entschieden, dass die Haftung der Mitgliedstaaten für Verstöße gegen das Unionsrecht ihre Grundlage unmittelbar im Unionsrecht findet und lediglich die Folgen i.R.d. nationalen Haftungsrechts zu beheben sind.

Die unmittelbare Herleitung des Staatshaftungsanspruchs aus dem Unionsrecht hat zur Folge, dass die Tatbestandsvoraussetzungen der Haftung des Staates für Schäden, die dem Einzelnen wegen Verstoßes gegen Unionsrecht entstehen, sich nicht ohne besonderen Grund von den Voraussetzungen unterscheiden dürfen, die für die Haftung der Union selbst gelten. Deshalb hat der EuGH das System, das er selbst zur Haftung der Union entwickelt hat, auf die Haftung der Mitgliedstaaten übertragen. Wenn bereits anhand dieser unionsrechtlichen Kriterien eine Haftung ausscheidet, dann braucht für die Durchsetzung auch nicht auf nationales Haftungsrecht zurückgegriffen zu werden. Aus diesem Grund werden die unionsrechtlichen Vorgaben geprüft und erst dann wird nach einer Durchsetzung auf nationaler Ebene gefragt.

Der BGH geht dabei so vor, dass er zunächst eine Durchsetzung nach rein nationalem Staatshaftungsrecht überprüft (die fast immer erfolglos ist). Er überprüft dann die unionsrechtlichen Vorgaben und sofern diese erfüllt sind, nimmt er eine Durchsetzung auf nationaler Ebene und die damit einhergehende unionsrechtskonforme Modifikation nationalen Rechts vor.[139] Ob Sie sich dieser Prüfungsreihenfolge anschließen oder gleich bei den unionsrechtlichen Vorgaben beginnen, ist eine Geschmacksfrage. Der Vollständigkeit halber werden Ihnen mit den Fällen 18, 19 und 20 **beide Prüfungsmöglichkeiten vorgestellt.**

II. Gliederung

<u>Haftungsvoraussetzungen bei Unionsrechtsverstoß durch Mitgliedstaat:</u>

Vorab prüft der BGH die Möglichkeit einer Durchsetzung des Anspruchs direkt über nationales Staatshaftungsrecht.[140] Diese Vorprüfung zu übernehmen oder direkt über den unionsrechtlichen Haftungsanspruch einzusteigen und dann § 839 BGB unionsrechtskonform zu modifizieren ist eine Geschmacksfrage. In diesem Fall wird Ihnen die Lösung vorgestellt, die direkt mit der Prüfung des unionsrechtlichen Staatshaftungsanspruchs beginnt.

1. Anspruch gemäß Art. 340 II AEUV

(-), Haftung nur für Schäden durch Unionsorgane oder Bedienstete der Union

139 BGH, NJW 1997, 123 f = **juris**byhemmer.

140 („*Brasserie du Pêcheur*"), BGH, NJW 1997, 123, 124 = **juris**byhemmer; Loibl, Europarecht, S. 71 ff.

2. Ungeschriebener unionsrechtlicher Haftungsanspruch

a) Herleitung

Art. 4 III EUV: Sanktion für Mitgliedstaaten, effektiver Rechtsschutz für Bürger

b) Modifikation des nationalen Rechts

Problem: eigene unionsrechtliche Anspruchsgrundlage, deren Rechtsfolgen nach nationalem Recht abzuhandeln sind (§§ 249 ff. BGB) oder

unionsrechtskonforme Modifikation des nationalen Staatshaftungsanspruchs, § 839 BGB i.V.m. Art. 34 GG

(im Ergebnis kein Unterschied).

3. Voraussetzungen der Staatshaftung

a) Verletzte Unionsrechtsnorm muss bezwecken, dem Einzelnen Rechte zu verleihen

b) Hinreichend qualifizierter = offenkundiger und erheblicher Verstoß gegen Unionsrechtsnorm

c) Unmittelbarer Kausalzusammenhang zwischen Verstoß und Schaden

IV. Durchsetzung über § 839 BGB i.V.m. Art. 34 GG

Da keine unionsrechtlichen Regelungen, Rückgriff auf § 839 BGB i.V.m. Art. 34 GG. Anpassung der Voraussetzungen des § 839 BGB an die unionsrechtlichen Vorgaben über **Art. 4 III EUV**.

a) Drittbezogenheit der Amtspflicht ist außer Acht zu lassen

b) Der Verschuldensbegriff darf nicht über die Anforderungen eines qualifizierten Verstoßes hinausgehen

c) Subsidiaritätsklausel des § 839 I S. 2 BGB findet keine Anwendung

d) § 839 III BGB führt nicht zu einem Haftungsausschluss wegen Rechtsmittelversäumnis

e) Auch Haftung für legislatives Unrecht

f) U.U. Verjährung nach § 195 BGB prüfen

III. Lösung[141]

Die Brasserie kann dann einen Schadensersatzanspruch gegen die Bundesrepublik geltend machen, wenn ihr eine Anspruchsgrundlage zur Seite steht, deren Voraussetzungen erfüllt sind.

1. Art. 340 II AEUV

Der einzige geschriebene deliktische Haftungsanspruch im Unionsrecht findet sich in Art. 340 II AEUV.

Er gilt jedoch nur für die Haftung bei deliktischem Verhalten von Organen oder Bediensteten der **Union**. Diese Vorschrift ist hier nicht einschlägig, da es um die Haftung des Mitgliedstaats Bundesrepublik Deutschland geht.

2. Ungeschriebener unionsrechtlicher Haftungsanspruch

a) Herleitung

Die Mitgliedstaaten sind aus dem Grundsatz der Unionstreue verpflichtet, die volle Wirksamkeit des Unionsrechts zu gewährleisten und die Rechte zu schützen, die das Unionsrecht dem Einzelnen verleiht, vgl. Art. 4 III EUV.

Diese Rechte wären beeinträchtigt, wenn der Bürger nicht die Möglichkeit hätte, die Rechte selbst bzw. den bei ihrer Nichtbeachtung entstandenen Schaden einzuklagen.

---

141 In Anlehnung an EuGH („*Brasserie du Pêcheur*“), Slg. 1996, I-1029 = **juris**byhemmer.

Zudem bedarf es einer Sanktionsmöglichkeit gegenüber den Mitgliedstaaten für die Nichtbeachtung ihrer unionsrechtlichen Verpflichtungen.

Diese Gedanken des Rechtsschutzes und der Sanktionsmöglichkeit finden eine Stütze in Art. 4 III EUV. Daraus ergibt sich der unionsrechtliche Grundsatz, wonach die Mitgliedstaaten zum Ersatz derjenigen Schäden verpflichtet sind, die dem Einzelnen durch mitgliedstaatliche Verstöße gegen das Unionsrecht entstehen.

b) Eigener unionsrechtlicher Anspruch oder Modifikation des nationalen Rechts

Anmerkung: Diesen Prüfungspunkt könnten Sie auch erst diskutieren, wenn Sie die Voraussetzungen der Staatshaftung geprüft haben und zur Durchsetzung des Anspruchs im nationalen Rechtssystem kommen.
Da im hier behandelten Fall aber der Verstoß als nicht hinreichend qualifiziert abgelehnt wird und es damit gar nicht zur Frage der Durchsetzung kommt, wurde dieser Prüfungspunkt klausurtaktisch vorgezogen.

Die EuGH-Rechtsprechung zur Haftung der Mitgliedstaaten für Unionsrechtsverstöße wurde durch das *Francovich*-Urteil begründet.[142] Dort wurden sowohl die dogmatischen Grundlagen (effet utile, Rechtsschutz, Sanktionsgedanke) gelegt, als auch drei grundlegende unionsrechtliche Haftungsvoraussetzungen aufgestellt. Mangels einer Regelung auf Unionsebene erfolgt nach dem EuGH die Durchsetzung des unionsrechtlichen Haftungsanspruchs über das nationale Staatshaftungsrecht.

Es haben sich zwei grundlegende Ansichten dazu herausgebildet, wie diese Vorgabe des EuGH zu verstehen ist.

Nach e.A. bildet der unionsrechtliche Staatshaftungsanspruch mit den vom EuGH aufgestellten Voraussetzungen eine eigene Anspruchsgrundlage. Nur deren Rechtsfolge richte sich nach nationalem Recht, nämlich im deutschen Recht nach §§ 249 ff. BGB.[143]

Nach anderer Ansicht sind die Vorgaben des EuGH als grundlegende Haftungsvoraussetzungen zu prüfen und die Durchsetzung hat über das nationale Staatshaftungsrecht, § 839 BGB i.V.m. Art. 34 GG, zu erfolgen. Dabei dürfen die im Schadensersatzrecht der einzelnen Mitgliedstaaten festgelegten formellen und materiellen Voraussetzungen nicht ungünstiger sein als bei ähnlichen Klagen, die nur nationales Recht betreffen (Äquivalenzgebot). Und sie dürfen nicht so ausgestaltet sein, dass sie es praktisch unmöglich machen oder übermäßig erschweren, die Entschädigung zu erlangen (Effektivitätsgebot).[144]

Auf diese Weise gelingt es dem EuGH trotz mangelnder geschriebener Anspruchsgrundlage eine unionsweit einheitliche Regelung zu schaffen, deren Durchsetzung nach nationalem Recht erfolgt.

Aufgrund des **Äquivalenz- und Effektivitätsgebots** sind die nationalen Regelungen so zu modifizieren, dass im ganzen Unionsrechtsraum gleiche Chancen zur Durchsetzung eines Staatshaftungsanspruchs herrschen, obwohl keine geschriebene Regelung besteht!

142 EuGH, Slg. 1991, I-5357: „*Francovich*" = **juris**byhemmer.

143 LG Bonn, NJW 2000, 816 = **juris**byhemmer; Schäfer, Studienbuch Europarecht, S. 112.

144 So bspw. Gellermann, in Streinz (Hrsg.), EUV/AEUVV, Art. 288 AEUV, Rn. 39 m.w.N.; Palandt, § 839 BGB, Rn. 19b.

Zudem handelt es sich ja tatsächlich um auf nationaler Ebene begangene Verstöße eines Mitgliedstaates gegenüber einem Bürger, sodass schon aus diesem Grund die nationalen Regelungen des Staatshaftungsrechts als Grundlage herangezogen werden sollten.

Aus diesen beiden vorgenannten Gründen ist die zweite Ansicht die vorzugswürdigere.

hemmer-Methode: Im Ergebnis unterscheiden sich die beiden Ansichten nicht. Denn wenn die nationale Modifikation unionsrechtskonform vorgenommen wird, kommt man bei beiden Vorgehensweisen zu exakt den gleichen Voraussetzungen. In der Praxis ist daher eher zu erwarten, dass sich erstere Ansicht durchsetzen wird. Solange sich hierzu aber keine einheitliche Rechtsprechung herausgebildet hat, sollten sie zumindest aus klausurtaktischen Gründen der zweiten Ansicht folgen. Nur so können Sie dem Korrektor zeigen, dass Sie die Prinzipien der Modifikation nationalen Rechts im Lichte des Art. 4 III EUV verstanden haben. Zudem riskieren Sie nicht, dass Ihnen ein wichtiger Teil der Lösungsskizze fehlt.

3. Voraussetzungen des unionsrechtlichen Haftungsanspruchs

Die vom EuGH entwickelten Grundsätze des unionsrechtlichen Haftungsanspruchs der Mitgliedstaaten sind an die Grundsätze der außervertraglichen Haftung der Union gemäß Art. 340 II AEUV angelehnt.

Ein Haftungsanspruch wird dann anerkannt, wenn:

⇨ Die Unionsrechtsnorm, gegen die verstoßen wurde, bezweckt, dem Einzelnen Rechte zu verleihen,

⇨ der Verstoß hinreichend qualifiziert ist und

⇨ zwischen dem Verstoß und dem entstandenen Schaden ein unmittelbarer Kausalzusammenhang besteht.

Vorliegen der Voraussetzungen

a) Rechte des Einzelnen

Die Unionsrechtsnorm, gegen die verstoßen wurde, muss demjenigen, der einen Ersatzanspruch aufgrund Verstoßes geltend machen will, hinreichend bestimmbare Rechte verleihen. Hier liegt ein Verstoß gegen Art. 34 AEUV vor. Dieser enthält ein hinreichendes Verbot handelshemmender mitgliedstaatlicher Vorschriften, was bedeutet, dass jeder Importeur von Waren sich auf diese Norm berufen kann. B konnte also aus Art. 34 AEUV das Recht zum Import ihrer Ware herleiten (siehe ausführlich Kap. II, Fall 1).

b) Hinreichend qualifizierter Verstoß gegen Unionsrecht

Im Urteil *Francovich*[145] hat der EuGH ausgeführt, dass ein hinreichend qualifizierter Verstoß **offenkundig und erheblich** sein muss. Dabei wiederum ist zu beachten, ob und inwieweit die verletzte Unionsrechtsnorm dem Mitgliedstaat einen Ermessenspielraum belässt. [146] Bei legislativem Unrecht, wie es hier in Frage steht, ist zu unterscheiden:

Verfügt der nationale Gesetzgeber über keinerlei Ermessen, so ist der Unionsrechtsverstoß regelmäßig hinreichend qualifiziert.

145 EuGH, Slg. 1991, I-5357.

146 EuGH, Slg. 1996, I-1029 = jurisbyhemmer.

Dann genügt eine bloße Verletzung der Unionsrechtsnorm für das Eingreifen der Staatshaftung.

Ist dem nationalen Gesetzgeber aber ein Ermessensspielraum zuerkannt, dann liegt ein Verstoß nur vor, wenn der Mitgliedstaat sein Ermessen offenkundig und erheblich überschritten hat. Dabei sind der Umfang des Ermessenspielraums, die Beachtung möglicherweise erlassenen Sekundärrechts, die Frage, ob der Verstoß vorsätzlich begangen wurde oder ob ein Rechtsirrtum vorliegt, zu beachten.

Es gab keine Unionsrechtsnorm, die besagte, welche Regeln über die Zusammensetzung von Bier gelten sollen. Insofern hatte der nationale Gesetzgeber freies Ermessen, die Inhaltsstoffe zu bestimmen. Es steht nun zur Diskussion, ob er dabei das Ermessen offenkundig und erheblich überschritten und aus diesem Verstoß einen hinreichend qualifizierten Verstoß gegen Art. 34 AEUV begangen hat.

Das Reinheitsgebot erging aus Gründen des Verbraucherschutzes und der Gesundheit. Dabei wurde gar nicht an die möglichen Auswirkungen der Regelung als Handelshemmnis gedacht und schon gar nicht war ein vorsätzlicher Verstoß gegen Bestimmungen des Unionsrechts oder eine vorsätzliche Schädigung anderer Betriebe beabsichtigt.

Der nationale Gesetzgeber hat sein Ermessen nicht offenkundig und erheblich verletzt, denn grundsätzlich konnte er die Inhaltsstoffe frei bestimmen. Die Bestimmung der Inhaltsstoffe führte zwar im Ergebnis zu einem Verstoß gegen Art. 34 AEUV, jedoch ist dieser Verstoß nicht hinreichend qualifiziert.

Anmerkung: In der Praxis ist dies eine Frage der Beweislast, d.h. eine Frage danach, ob es B gelingt, einen vorsätzlichen und damit u.U. hinreichend qualifizierten Verstoß trotz gegenteiliger Aussage der Bundesrepublik nachzuweisen.

4. Ergebnis

Es liegt zwar, wie im vorangegangenen Urteil festgestellt (vgl. Kapitel II, Fall 1) ein Verstoß gegen eine Norm des Unionsrechts, nämlich gegen Art. 34 AEUV vor.

Jedoch ist der Verstoß nicht offenkundig und erheblich und somit nicht hinreichend qualifiziert, um einen Staatshaftungsanspruch für den Verstoß zu begründen.

Anmerkung: Läge aber bspw. durch die Regelung eine offenkundig beabsichtigte, verschleierte Umgehung der Warenverkehrsfreiheit oder als Ziel die Protektion einheimischer Waren vor und könnte dies nachgewiesen werden, dann wäre der Verstoß ein hinreichend qualifizierter.
Da es aber denkbar ist, dass fast alle nationalen Regelungen auf irgendeine Weise im Einzelfall zu einem Verstoß gegen Unionsrecht führen können, ist immer zu prüfen, ob dieser Verstoß vorhersehbar und/oder beabsichtigt war.

IV. Zusammenfassung

Noch einmal die Prüfungsreihenfolge:

- Art. 340 II AEUV scheidet aus, da er nur für Organe und Bedienstete der Union gilt.

- Herleitung und Dogmatik des ungeschriebenen unionsrechtlichen Haftungsanspruchs gegenüber Mitgliedstaaten (Urteile *Francovich* und *Brasserie du Pêcheur*); Schlagworte: effet utile, Sanktions- und Rechtsschutzgedanke, Art. 4 III EUV; Frage der Durchsetzung (§§ 249 ff. BGB oder Modifizierung des § 839 BGB i.V.m. Art. 34 GG)
- Prüfung der Voraussetzungen des unionsrechtlichen Staatshaftungsanspruchs:
  - Verletzte Norm verleiht dem Geschädigten Rechte,
  - hinreichend qualifizierter = offenkundiger und erheblicher Verstoß.
  - unmittelbarer Kausalzusammenhang zwischen Verstoß und Schaden,
- Gegebenenfalls Modifikation des § 839 BGB

Anmerkung: Wenn man die Prüfungsreihenfolge des BGH wählt, prüft man

⇨ zunächst den normalen nationalen Staatshaftungsanspruch, § 839 BGB (der dann mangels Drittbezogenheit der Amtspflicht ausscheidet – Stichwort keine Haftung für Legislativunrecht),

⇨ dann den Anspruch aus enteignungsgleichem Eingriff, der aber ebenfalls als reines Richterrecht keine Haftung für legislatives Unrecht begründen kann, und

⇨ schließt dann erst den hier genannten Prüfungsaufbau an.

hemmer-Methode: Das Problem der Haftung für europarechtswidriges Verhalten existiert in mehreren Varianten. So können Ihnen Ansprüche begegnen:
⇨ allgemein bei Verstoß gegen Primärrecht
⇨ bei vollständig fehlender Umsetzung einer Unionsrichtlinie
⇨ bei erfolgter, aber fehlerhafter Umsetzung einer Unionsrichtlinie
⇨ bei falscher Auslegung/Anwendung des Unionsrechts durch die mitgliedstaatliche Verwaltung oder Gerichte
⇨ generell bei Nichtanpassung des mitgliedstaatlichen Rechts an unionsrechtliche Vorgaben

V. Zur Vertiefung

- Hemmer/Wüst, Europarecht, Rn. 377 ff.
- Hemmer/Wüst, Classics Europarecht, Fälle 17 und 18.

Fall 19: Haftung der Mitgliedstaaten für Nichtumsetzung von Richtlinien

Sachverhalt:

Eine österreichische Lehrerin L heiratete und zog nach Deutschland, wo sie gerne weiterhin ihren Beruf als Haupt- und Grundschullehrerin ausüben wollte. Sie bewarb sich bei der zuständigen Schulamtsbehörde des Landes Baden-Württemberg. Von dieser wurde sie eingestellt, jedoch blieb ihre Bezahlung weit hinter derjenigen ihrer deutschen Arbeitskollegen zurück. Auf Nachfrage wurde ihr mitgeteilt, dass ihr in Österreich erworbener Hochschulabschluss eben nicht den Anforderungen eines deutschen Hochschulabschlusses entspreche und ihr Diplom daher nicht als gleichwertig anerkannt werden könne, was sich wiederum in einer geringeren Bezahlung widerspiegele. Verwundert ob dieser Aussagen – schließlich könnten doch innerhalb der EU nicht derart diskriminierende Zustände herrschen – holte L, nachdem sie zwei Jahre selbst versucht hatte, sich mit der Behörde zu einigen, anwaltlichen Rat ein. Daraufhin kam zutage, dass die Richtlinie 89/48 EWG über die Anerkennung von Hochschuldiplomen (gemeinschaftliches Sekundärrecht zur Harmonisierung der Arbeitnehmer- und Niederlassungsfreiheit), die auf den Fall der L Anwendung findet, von der zuständigen Stelle des Landes Baden-Württemberg nicht umgesetzt wurde. Aus diesem Grund wurde der Abschluss der L nicht als gleichwertig anerkannt und sie erhielt ein geringeres Entgelt für ihre Arbeitsleistung als ihr eigentlich zustand.

Art. 3 der Richtlinie 89/48 EWG lautet:

Wenn der Zugang zu einem … Beruf oder dessen Ausübung im Aufnahmestaat von dem Besitz eines Diploms abhängig gemacht wird, kann die zuständige Stelle einem Angehörigen eines Mitgliedstaates den Zugang zu diesem Beruf oder dessen Ausübung unter denselben Voraussetzungen wie bei Inländern nicht wegen mangelnder Qualifikation verweigern,

a) wenn der Antragsteller das Diplom besitzt, das in einem anderen Mitgliedstaat erforderlich ist, um Zugang zu diesem Beruf in seinem Hoheitsgebiet zu erhalten oder ihn dort auszuüben, und wenn dieses Diplom in einem anderen Mitgliedstaat erworben wurde…

Frage: *Hat L Ansprüche aus Staatshaftungsrecht wegen Nichtumsetzung der Richtlinie? (Vgl. zum Staatshaftungsanspruch aufgrund Nichtumsetzung von Richtlinien auch EuGH („Francovich"), Slg. 1991, I-5357).*

Bearbeitervermerk: *Auf Staatshaftung aufgrund Verstoßes gegen das allgemeine Diskriminierungsverbot des Art. 18 AEUV oder das besondere Diskriminierungsverbot des Art. 45 II AEUV, das u.U. in Anspruchskonkurrenz in Betracht kommt, soll hier nicht eingegangen werden.*

I. Einordnung

Zu prüfen ist ein Schadensersatzanspruch aufgrund legislativen Unrechts. Als Verstoß kommt hier die Nichtumsetzung einer Richtlinie trotz Umsetzungsverpflichtung aus Art. 288 III AEUV i.V.m. Art. 4 III EUV in Betracht. Besonderes Augenmerk bei der Nichtumsetzung von Richtlinien ist auf den hinreichend qualifizierten Verstoß zu legen. Hier wird Ihnen die vom BGH vorgenommene Prüfungsreihenfolge aufgezeigt!

II. Gliederung

Haftungsvoraussetzungen bei Unionsrechtsverstoß:

Vorab prüft der BGH noch die Möglichkeit einer Durchsetzung des Anspruchs direkt über nationales Staatshaftungsrecht.[147]

Diese Vorprüfung zu übernehmen oder direkt über den unionsrechtlichen Haftungsanspruch einzusteigen und dann § 839 BGB unionsrechtskonform zu modifizieren ist eine Geschmacksfrage. Hier: Prüfung nach BGH.

1. Anspruch aus § 839 II BGB i.V.m. Art. 34 GG

(-) da Pflicht zur Gesetzgebung nur gegenüber der Allgemeinheit, nicht aber gegenüber dem Einzelnen besteht.

2. Enteignungsgleicher Eingriff

(-) Ausgleich von Nachteilen wegen Unionsrechtsverstoß hält sich nicht mehr im Rahmen dieses richterrechtlich geprägten Haftungsinstituts

3. Herleitung und Voraussetzungen des unionsrechtlichen Haftungsanspruches

a) Herleitung
effet utile, Rechtsschutz- und Sanktionsgedanke, Rechtssache Francovich

b) Voraussetzungen

aa) Rechte des Einzelnen aus verletzter Norm,

bb) hinreichend qualifizierter Verstoß,

cc) Kausalität zwischen Verstoß und Schaden

4. Soweit diese Voraussetzungen erfüllt sind, dann noch unionsrechtskonforme Auslegung des § 839 BGB i.V.m. Art. 34 GG

Hier insbesondere:

a) Keine Drittbezogenheit der Amtspflicht erforderlich

b) Kein strengeres Verschulden als bei qualifiziertem Verstoß

c) § 839 III BGB über die Versäumung von Rechtsmitteln nicht anwendbar

III. Lösung

1. Nationaler Amtshaftungsanspruch, § 839 BGB i.V.m. Art. 34 GG

Hier haben die zuständigen deutschen Gesetzgebungsorgane ihre Pflicht zur Umsetzung der Richtlinie aus Art. 288 III AEUV i.V.m. Art. 4 III EUV verletzt.

Die Pflicht der Legislative zur Gesetzgebung besteht jedoch nur gegenüber der Allgemeinheit und nicht gegenüber dem Einzelnen.[148] Demnach ist ein Anspruch **direkt** aus § 839 BGB i.V.m. Art. 34 GG mangels Drittbezogenheit der Amtspflicht nicht gegeben.

[147] BGH, NJW 1997, 123, 124 = **juris**byhemmer.

[148] BGH, NJW 1997, 123 f. = **juris**byhemmer.

2. Enteignungsgleicher Eingriff

Ansprüche aus enteignungsgleichem Eingriff werden vom BGH grundsätzlich in richterrechtlicher Rechtsfortbildung aus dem Aufopferungsanspruch der §§ 74, 75 EinlALR[149] hergeleitet. Der Ausgleich von Nachteilen, die wegen eines Verstoßes gegen Unionsrecht entstehen, hält sich nicht mehr im Rahmen eines richterrechtlich geprägten Haftungsinstituts, wie es der enteignungsgleiche Eingriff darstellt.

Im innerdeutschen Recht fehlt eine hinreichende Legitimation für eine richterrechtliche Einführung und Ausgestaltung der Staatshaftung für die nachteiligen Folgen formeller Gesetze, die gegen höherrangiges europäisches Recht verstoßen.[150]

3. Unionsrechtlicher Haftungsanspruch

Als ausdrücklicher unionsrechtlicher Haftungsanspruch kommt nur Art. 340 II AEUV in Betracht.

Dieser ist jedoch hier nicht einschlägig, da er allein die Haftung der Union für deliktisches Handeln ihrer Bediensteten oder Organe regelt.

a) Dogmatik des ungeschriebenen unionsrechtlichen Haftungsanspruchs

aa) Herleitung

In seiner Entscheidung *Francovich*[151] stellte der EuGH klar, dass eine Haftung der Mitgliedstaaten für Verstöße gegen das Unionsrecht geboten ist. Begründet wird dies damit, dass ein solcher Schadensersatzanspruch die einzige Rechtsschutzmöglichkeit für einen Bürger ist, die ihm von der Union zugedachten Rechte zu erhalten bzw. für einen Verlust dieser Rechte entschädigt zu werden.

Darüber hinaus soll der Haftungsanspruch für den Mitgliedstaat, der die Unionsrechtsnorm verletzt, sanktionierenden Charakter und damit gleichzeitig auch Präventionswirkung haben.

Nicht zuletzt ist dieser Schadensersatzanspruch ein wirksames Mittel, dem Effizienzgebot des Art. 4 III EUV, zu dem sich die Mitgliedstaaten verpflichtet haben, Rechnung zu tragen.

bb) Durchsetzung

Mangels unionsrechtlicher Regelung erfolgt die Durchsetzung des unionsrechtlichen Haftungsanspruchs über das nationale Staatshaftungsrecht. Dabei sind jedoch das Äquivalenz- und das Effizienzgebot zu wahren.

Aufgrund der zwingenden Einhaltung dieser Vorgaben, hat der Streit, ob die Durchsetzung auf nationaler Ebene allein auf der Rechtsfolgenseite über §§ 249 ff. BGB erfolgt oder zunächst noch eine Anwendung des modifizierten nationalen Staatshaftungsanspruchs erforderlich ist, keine Auswirkungen auf die Lösung. Aufgrund der Hinweise des EuGH über die Beachtung des Äquivalenz- und des Effizienzgebots scheint der Weg über § 839 BGB i.V.m. Art. 34 GG jedoch der sachgerechtere.

b) Erfüllung der unionsrechtlichen Haftungsvorgaben

In Betracht kommt hier eine Haftung wegen Verstoßes gegen die Umsetzungsverpflichtung aus Art. 288 III AEUV i.V.m. Art. 4 III EUV.

---

149 Einleitung preußisches allgem. Landrecht, vgl. dazu **Hemmer/Wüst, Classics Ö-Recht, Fall 88**.

150 BGH, NJW 1997, S. 123, 124 = **juris**byhemmer.

151 EuGH, Slg. 1991, I-5357.

Fraglich ist, ob die vom EuGH entwickelten unionsrechtlichen Vorgaben eines Haftungsanspruches erfüllt sind.

aa) Hinreichend bestimmbare Rechte des Einzelnen

Die Unionsrechtsnorm, gegen die verstoßen wurde, muss demjenigen, der einen Ersatzanspruch aufgrund Verstoßes geltend machen will, hinreichend bestimmbare Rechte verleihen.

Art. 3 I Ziff. a) der RL 89/48 EWG enthält das Recht eines jeden Unionsbürgers, dass ein in einem Mitgliedstaat erworbenes Diplom in anderen Mitgliedstaaten als dem inländischen gleich anerkannt wird. Aus Art. 3 I Ziff. a) der RL ergibt sich auch, dass die Modalitäten der Berufsausübung den inländischen gleichgestellt sein müssen, worunter auch eine diskriminierungsfreie Entlohnung fällt. Die Richtlinie enthält Rechte des Einzelnen, hier der L, auf Anerkennung ihres Diploms als gleichwertig und der damit einhergehenden gleichwertigen Berufszulassung und Ausübung.

bb) hinreichend qualifizierter Verstoß gegen Unionsrecht

Ein hinreichend qualifizierter Verstoß liegt vor, wenn ein Organ oder ein Mitgliedstaat bei der Rechtsetzung die Grenzen, die der Ausübung seiner Befugnisse gesetzt sind, **offenkundig und erheblich überschritten hat**. Um einen solchen Verstoß feststellen zu können, ist zu beachten, ob und inwieweit die verletzte Unionsrechtsnorm dem Mitgliedstaat einen Ermessenspielraum belässt.

Bei der Nichtumsetzung von Richtlinien liegt **immer** ein qualifizierter Verstoß vor, da bezüglich der Umsetzung von Richtlinien gemäß Art. 288 III AEUV i.V.m. Art. 4 III EUV den Mitgliedstaaten kein Ermessenspielraum eingeräumt ist.[152]

Anmerkung: Wiederholung: Liegt ein Ermessenspielraum für die Umsetzung vor, muss geprüft werden, ob die Behörde einen Ermessensfehler begangen hat, indem sie den Spielraum offensichtlich nicht oder fehlerhaft genutzt hat; dann erst kann ein hinreichend qualifizierter Verstoß festgestellt werden.
Gibt es keinen Ermessensspielraum wie bei der Verpflichtung zur Umsetzung, liegt immer ein hinreichend qualifizierter Verstoß vor!

cc) Kausalzusammenhang zwischen Verstoß und Schaden

Darüber hinaus müsste zwischen Verstoß und Schaden ein unmittelbarer Kausalzusammenhang zu erkennen sein. Der Verstoß liegt in der Nichtumsetzung der Richtlinie, was dazu führte, dass der Sachverhalt nicht korrekt behandelt wurde. Als Auswirkung dieser fehlerhaften Beurteilung wurde L schlechter entlohnt als ihre inländischen Kollegen in gleicher Position. L hat dadurch einen nicht unbeachtlichen Vermögensschaden erlitten.

c) Zwischenergebnis

Die vom EuGH aufgestellten Voraussetzungen eines unionsrechtlichen Staatshaftungsanspruches sind mithin erfüllt. Der Vollzug und die Durchsetzung des unionsrechtlichen Staatshaftungsanspruches richten sich nach innerstaatlichem Recht.

---

[152] EuGH („*Dillenkofer*“), Slg. 1996, I-4845 = **juris**byhemmer.

4. § 839 BGB i.V.m. Art. 34 GG i.V.m. Art. 4 III EUV

Als anspruchsbegründende Voraussetzungen des § 839 BGB i.V.m. Art. 34 GG sind aufgrund des Anwendungsvorranges des Unionsrechts die unionsrechtlichen Vorgaben maßgebend.

Daneben sind die Voraussetzungen des nationalen Staatshaftungsrechts zu überprüfen. Diese dürfen aber wegen des Äquivalenzgebots nicht zu einer Schlechterbehandlung als bei rein inländischen Ansprüchen führen. Ebenso darf aufgrund des Effizienzgebots nicht die Durchsetzung des unionsrechtlichen Anspruchs aufgrund nationaler Vorschriften erschwert oder unmöglich gemacht werden.

a) Amtspflichtverletzung

Zunächst müsste eine Amtspflichtverletzung vorliegen. Das bedeutet, dass jemand in Ausübung eines ihm anvertrauten öffentlichen Amtes gehandelt haben bzw. eine vorzunehmende Handlung unterlassen haben muss. Ein öffentliches Amt erfüllt jeder, der in seiner Betätigung öffentlich-rechtliche Belange wahrnimmt. Da die Gesetzgebung eine hoheitliche Tätigkeit ist, fällt unter den Begriff des „öffentlichen Amtes" auch jede gesetzgeberische Maßnahme.

Hier steht das Unterlassen der Umsetzung der Richtlinie in Frage. Dazu bedarf es zunächst einer Umsetzungspflicht für die zuständige nationale bzw. Landesbehörde. Die Verpflichtung zur Richtlinienumsetzung des zuständigen Gesetzgebers ergibt sich aus Art. 288 III AEUV i.V.m. Art. 4 III EUV. Der Verstoß des zuständigen Gesetzgebers gegen diese Umsetzungsverpflichtung stellt eine Amtspflichtverletzung dar.

Die Anforderung an die Amtspflicht, drittbezogen zu sein, entfällt in unionsrechtskonformer Auslegung. Ansonsten wäre eine Staatshaftung für legislatives Unrecht gänzlich unmöglich **(Effizienzgebot).**

b) Verschulden

Darüber hinaus erfordert § 839 BGB i.V.m. Art. 34 GG ein Verschulden, mithin Vorsatz oder Fahrlässigkeit.

Nach Vorgaben des EuGH darf dieses Verschulden aber nicht über die Anforderungen an einen qualifizierten Verstoß hinausgehen, auch dies würde die Geltendmachung des Anspruchs erschweren, was dem Effizienzgebot des Art. 4 III EUV widerspricht.

Ohnehin liegt aber bei einer gänzlichen Nichtumsetzung einer Richtlinie zumindest Fahrlässigkeit seitens des Gesetzgebers vor.

c) Kausaler Schaden

Der kausale Schaden wurde bereits oben geprüft und festgestellt.

d) § 839 III BGB: kein Haftungsausschluss wegen Rechtsmittelversäumnis

Auch § 839 III BGB führt hier nicht zu einem Haftungsausschluss wegen Rechtsmittelversäumnis. Fraglich ist schon, ob diese Voraussetzung wegen des unionsrechtlichen Effizienzgebots überhaupt Anwendung findet. Daneben stand L aber auch gar kein Rechtsmittel zur Verfügung: die Verfassungsbeschwerde wird grundsätzlich nicht zu den Rechtsmitteln gemäß § 839 III BGB gezählt.

Die grundsätzlich in Betracht kommenden unionsrechtlichen Verfahren – hier insbesondere Vertragsverletzungsverfahren nach Art. 258, 259 AEUV - brauchte L nicht abzuwarten, da sie nicht beteiligungsfähig ist.

e) § 839 I S. 2 BGB, Subsidiaritätsklausel

Auch diese Klausel dürfte im Wege europarechtskonformer Auslegung zu reduzieren sein. Außerdem kann hier gar ein bedingt vorsätzliches Verhalten der Landesbehörden angenommen werden, immerhin hat sich L fast zwei Jahre lang um ihre Anerkennung bemüht, sodass den zuständigen Stellen ihr rechtswidriges Verhalten zumindest hätte auffallen müssen. Zudem ist nicht ersichtlich, wie sonst L Ersatz erlangen könnte.

f) Verjährung, § 195 BGB

Nachdem der EuGH auf die nationalen Regelungen zur Durchsetzung des Staatshaftungsanspruches verweist, sind grundsätzlich auch die nationalen Verjährungsregeln anzuwenden.[153]

Für den Beginn der Verjährung kommt es nach EuGH grundsätzlich weder darauf an, dass der Verstoß gegen die Richtlinie mittlerweile behoben ist[154], die Richtlinie mittlerweile also ordnungsgemäß umgesetzt ist, noch dass der Verstoß gegen die Richtlinie durch den EuGH festgestellt wurde.[155] Maßgeblich ist vielmehr § 199 BGB.

Im vorliegenden Fall sind erst zwei Jahre ab Einstellung verstrichen, sodass ohnehin keine Verjährung eingetreten sein kann.

5. Ergebnis

L stehen gegen das Land Baden-Württemberg Ansprüche aus dem unionsrechtlichen Staatshaftungsanspruch auf Ersatz des ihr nicht adäquat ausgezahlten Lohnes zu.

IV. Zusammenfassung und Wiederholung

hemmer-Methode: Wiederholen Sie für sich noch einmal die Prüfungsreihenfolge:

1. § 839 I BGB i.V.m. Art. 34 GG (nationales Staatshaftungsrecht):
Ablehnen, da keine Drittbezogenheit der legislativen Amtspflicht (keine Haftung für Legislativunrecht).

2. Schadensersatz aus enteignungsgleichem Eingriff abgeleitet aus §§ 74, 75 EinlALR:
Ablehnen, da diese Fortentwicklung den Rahmen des richterrechtlichen Haftungsinstituts sprengen würde.
Nachdem man im weiteren Verlauf der Prüfung wieder auf § 839 BGB i.V.m. Art. 34 GG zurückkommen wird, könnten Sie diese „Vorprüfung“ auch überspringen.

3. Unionsrechtlicher Staatshaftungsanspruch:

a) Art. 340 II AEUV (-), nur für Bedienstete/Organe der Union

b) Herleitung des ungeschriebenen Anspruchs:
⇨ Der **kausale Schaden** effet utile, Rechtsschutzgedanke, Sanktionsgedanke

---

153 EuGH, Urteil vom 19.05.2011, C-452/09 = **juris**byhemmer.

154 So noch EuGH, Urteil vom 25.02.1991, C 208/90, „Emmott“. Diese Entscheidung beruht auf den besonderen Umständen des Einzelfalls, so der EuGH, Urteil vom 19.05.2011, C-452/09 = **juris**byhemmer.

155 EuGH, Urteil vom 19.05.2011, C-452/09 = **juris**byhemmer.

⇨ Der **kausale Schaden** Durchsetzung auf nationaler Ebene nach §§ 249 ff. BGB oder nach § 839 BGB i.V.m. Art. 4 III EUV

c) Drei Voraussetzungen nach EuGH:
⇨ Verletzte Norm verleiht dem Geschädigten Rechte,
⇨ hinreichend qualifizierter = offenkundig und erheblicher Verstoß,
⇨ unmittelbarer Kausalzusammenhang zwischen Verstoß und Schaden.

d) Durchsetzung des Anspruchs i.R.d. nationalen Haftungsrechts; dieses ist unionsrechtskonform zu modifizieren.

V. Zur Vertiefung

- Sehr detaillierte Ausführungen in Hemmer/Wüst, Europarecht, Rn. 377 ff.
- Hemmer/Wüst, Classics Europarecht, Fälle 17 und 18.

Fall 20: Haftung der Mitgliedstaaten für judikatives Unrecht – Rechtssache Köbler

Sachverhalt:

Prof. Kiebler ist Professor für Rechtswissenschaften an einer deutschen Universität. Nach fünfzehn Jahren Dienstzeit sollte er eine Treueprämie erhalten. Allerdings war Herr Kiebler zwei Jahre in Belgien tätig, was zur Folge hatte, dass sein Antrag auf Auszahlung der Prämie von den deutschen Behörden abgelehnt wurde, woraufhin er (in Deutschland) Klage erhob. In der letzten Instanz des Verwaltungsrechtswegs, legte das Gericht dem EuGH die Frage vor, ob Art. 45 AEUV so auszulegen sei, dass er der Versagung der Treueprämie entgegensteht (zur Formulierung der Vorabentscheidungsfrage siehe nächstes Kapitel). Zeitgleich entschied der EuGH in einem sehr ähnlich gelagerten Fall, dass das Vorenthalten der Treueprämie mit dem Argument, der Arbeitnehmer habe zeitweise in einem anderen Mitgliedstaat gearbeitet, einen hinreichend qualifizierten Verstoß gegen die Arbeitnehmerfreizügigkeit darstellte. Aufgrund dieser eindeutigen Entscheidung zog das deutsche Gericht seine Vorlage zurück. Dann allerdings änderte es seine Rechtsauffassung und entschied, ohne aber erneut vorzulegen, im Fall Kiebler doch anders und wies die Klage ab.

Prof. Kiebler möchte nun einen Schadensersatzanspruch wegen eines Verstoßes der Judikative gegen Unionsrecht, namentlich gegen die Nichtbeachtung des Art. 45 II AEUV, geltend machen. Problematisch erscheint ihm aber, ob hiergegen nicht die Grundsätze der Rechtssicherheit und Rechtskraft der Urteile und/oder die Unabhängigkeit der Richter sprechen.

***Frage:** Überprüfen Sie, ob Prof. Kiebler ein solcher Schadensersatzanspruch zusteht!*

***Bearbeitervermerk:** Eine mögliche Verletzung einer Vorlagepflicht nach Art. 267 III AEUV ist nicht zu prüfen.*

I. Einordnung

Zu prüfen ist ein Schadensersatzanspruch aus Staatshaftungsrecht aufgrund eines judikativen Verstoßes gegen Unionsrecht. Der Aufbau folgt wieder der Vorgehensweise des BGH. Genauso vertretbar ist es aber, direkt bei Art. 340 II AEUV die Prüfung zu beginnen.

II. Gliederung

Haftungsvoraussetzungen bei Unionsrechtsverstoß:

Vorab prüft der BGH[156] noch die Möglichkeit einer Durchsetzung des Anspruchs direkt über nationales Staatshaftungsrecht.

Diese Vorprüfung zu übernehmen oder direkt über den unionsrechtlichen Haftungsanspruch einzusteigen und dann § 839 BGB unionsrechtskonform zu modifizieren ist eine Geschmacksfrage.

[156] Siehe BGH, NJW 1997, 123 ff. = **juris**byhemmer.

Hier wird der Prüfungsreihenfolge des BGH gefolgt.

1. Anspruch aus § 839 II BGB i.V.m. Art. 34 GG

(-) wegen Spruchrichterprivileg: Pflichtverletzung muss in einer Straftat bestehen.

2. Enteignungsgleicher Eingriff

(-) Keine richterrechtliche Rechtsfortbildung bezüglich eines unionsrechtlichen Staatshaftungsanspruches.

3. Herleitung des unionsrechtlichen Haftungsanspruches und dessen Voraussetzungen

a) Herleitung

effet utile, Rechtsschutz- und Sanktionsgedanke, Arrêt Francovich

b) Voraussetzungen

aa) Rechte des Einzelnen aus verletzter Norm (hier Art. 39 II AEUV)

bb) hinreichend qualifizierter (offenkundig und erheblicher) Verstoß

cc) Kausalität zwischen Verstoß und Schaden

4. Soweit diese Voraussetzungen erfüllt sind, Durchsetzung nach nationalem Recht: unionsrechtskonforme Auslegung des § 839 II BGB i.V.m. Art. 34 GG

Hier insbesondere:

a) Keine Begrenzung der Haftung für judikatives Unrecht auf Begehung von Straftaten (§ 339 StGB); Abkehr vom Spruchrichterprivileg

b) Unabhängigkeit der Richter

c) Rechtssicherheit und Rechtskraft der Urteile

d) Kein § 839 III BGB

III. Lösung[157]

Zu prüfen ist, ob Herrn Kiebler ein Staatshaftungsanspruch wegen Verstoß der Judikative gegen Unionsrecht zusteht.

1. Amtshaftungsanspruch § 839 II BGB i.V.m. Art. 34 GG

Als Anspruchsgrundlage ist hier der für das Handeln der Judikative speziellere § 839 II BGB heranzuziehen. Dort ist das so genannte Spruchrichterprivileg enthalten. Dieses sieht eine Haftung der Judikative nur für die Fälle vor, in denen der Richter vorsätzlich die in Betracht kommende Rechtsnorm missachtet oder falsch anwendet, vgl. die dazu korrespondierende Strafvorschrift des § 339 StGB.

Der Nachweis des vorsätzlichen Verstoßes wird aber kaum jemals gelingen.

Auch hier enthält der Sachverhalt für eine Argumentation in diese Richtung keinerlei Anhaltspunkte, sodass eine Haftung nach nationalem Staatshaftungsrecht ausscheidet.

Anmerkung: Einen vorsätzlichen Rechtsmissbrauch durch einen Richter können Sie wirklich nur in den offensichtlichsten Fällen annehmen. Der Nachweis diesbezüglich ist äußerst schwer. Dementsprechend ist § 339 StGB eine der Vorschriften, die bislang höchst selten zu einem Schuldspruch geführt hat.

[157] In Anlehnung an EuGH („*Köbler*“) Rs. C-224/01, v. 30.09.2003, EuZW 03, 718 = **Life&Law 2004, 125** = **juris**byhemmer.

2. Enteignungsgleicher Eingriff

Ansprüche aus enteignungsgleichem Eingriff werden vom BGH in richterrechtlicher Rechtsfortbildung aus dem Aufopferungsanspruch der §§ 74, 75 EinlALR hergeleitet[158]. Die Zuerkennung von Entschädigungsansprüchen für Unionsrechtsverstöße lehnt der BGH aber innerhalb dieses Rechtsinstituts ab und greift auf andere, bereits vorhandene Anspruchsgrundlagen zurück.

3. Unionsrechtlicher Haftungsanspruch

Als im Unionsrecht ausdrücklich erwähnter Haftungsanspruch kommt nur Art. 340 II AEUV in Betracht. Dieser ist jedoch hier nicht einschlägig, da er allein die Haftung der Union für deliktisches Handeln ihrer Bediensteten oder Organe regelt.

a) Dogmatik des ungeschriebenen unionsrechtlichen Haftungsanspruchs

aa) Herleitung

In der Entscheidung *Francovich* stellte der EuGH klar, dass eine Haftung der Mitgliedstaaten für Verstöße gegen das Unionsrecht als Sanktionsmaßnahme als auch als Ausfluss des effet utile i.S.d. Art. 4 III EUV zwingend geboten ist. Darüber hinaus ist ein solcher Anspruch erforderlich, damit die betroffenen Bürger ihre Rechte durchsetzen können (Rechtsschutzgedanke).

bb) Durchsetzung

Mangels unionsrechtlicher Regelung erfolgt die Durchsetzung des unionsrechtlichen Haftungsanspruchs über das nationale Staatshaftungsrecht.

Nach einer Ansicht sind bei Erfüllung der tatbestandlichen unionsrechtlichen Voraussetzungen nur die Rechtsfolgen der §§ 249 ff. BGB zu bemühen. Nach anderer Ansicht ist der im Lichte des Art. 4 III EUV modifizierte § 839 BGB i.V.m. Art. 34 GG zu prüfen. Beide Vorgehensweisen kommen zum selben Ergebnis.

b) Erfüllung der unionsrechtlichen Haftungsvorgaben

Fraglich ist, ob die vom EuGH entwickelten unionsrechtlichen Vorgaben eines Haftungsanspruches erfüllt sind.

aa) Hinreichend bestimmbare Rechte des Einzelnen

Die Unionsrechtsnorm, gegen die verstoßen wurde, muss demjenigen, der einen Ersatzanspruch aufgrund Verstoßes geltend machen will, hinreichend bestimmbare Rechte verleihen. In Betracht kommt hier ein Verstoß gegen das Diskriminierungsverbot des Art. 45 II AEUV. Zunächst aber müsste dieser im vorliegenden Fall anwendbar sein und ein ungerechtfertigter Eingriff in die Vorschrift vorliegen.

Nur dann hätte eine Nichtbeachtung der Vorschrift überhaupt Relevanz i.R.d. Prüfung des unionsrechtlichen Staatshaftungsanspruches.

---

[158] Einleitung preußisches allgemeines Landrecht, vgl. dazu **Hemmer/Wüst, Classics Ö-Recht, Fall 88**.

(1) Anwendbarkeit des Art. 45 II AEUV

Die primärrechtliche Regelung des Art. 45 II AEUV als Ausprägung der Arbeitnehmerfreizügigkeit ist unmittelbar in den Mitgliedstaaten anwendbar.

Fraglich ist, ob im Fall des Herrn Kiebler ein grenzüberschreitender Sachverhalt vorliegt, denn schließlich möchte er sich als Deutscher gegenüber den deutschen Behörden auf Normen aus dem Unionsrecht, die nur bei einem grenzüberschreitenden Sachverhalt anwendbar sind, berufen.

Herrn Kiebler wird aber die Auszahlung der Prämie deswegen versagt, weil er zwei seiner Dienstjahre in Belgien verbracht hat. Ein grenzüberschreitendes Element, das zudem gerade als Begründung für die Untersagung aufgeführt wird, liegt also vor.[159] Der Anwendungsbereich des Art. 45 I AEUV und damit auch die Anwendung des Diskriminierungsverbots aus Art. 45 II AEUV ist eröffnet. Unionsrechtliche speziellere Regelungen liegen nicht vor.

(2) Eingriff

Die Untersagung der Prämie ist eine hoheitliche Maßnahme, die die Arbeitnehmerfreizügigkeit des Art. 45 AEUV unzulässig beschränkt, in dem sie gegen das Gleichbehandlungsgebot des Art. 45 II AEUV verstößt.

(3) Rechtfertigung

Die Voraussetzungen des geschriebenen Rechtfertigungsgrundes des Art. 45 III AEUV, der i.R.d. Erst-Recht-Schlusses auf allgemeine Beschränkungen Anwendung findet, liegen nicht vor.

Auch stehen nicht zwingende Gründe des Allgemeinwohls einer Auszahlung der Prämie entgegen, sodass die Nichtauszahlung auch nicht über die Gebhard-Rechtsprechung gerechtfertigt werden kann.

(4) Zwischenergebnis

Mit der Nichtauszahlung der Prämie liegt ein Verstoß gegen Art. 45 II AEUV vor. Art. 45 II AEUV als Diskriminierungsverbot hinsichtlich der Entlohnung verleiht dem Einzelnen, und hier insbesondere Herrn Kiebler, hinreichend bestimmbare Rechte, nämlich die auf Auszahlung der Prämie.

bb) Hinreichend qualifizierter Verstoß gegen Unionsrecht

Der Verstoß der Nichtanwendung des Art. 45 II AEUV seitens des deutschen letztinstanzlichen Verwaltungsgerichtes müsste jedoch darüber hinaus **hinreichend qualifiziert**, also **offenkundig und erheblich** sein.

Dabei wiederum ist zu beachten, ob und inwieweit die verletzte Unionsrechtsnorm den Behörden einen Ermessenspielraum belässt. Sofern die verletzte Norm dem nationalen Gesetzgeber keinen Ermessenspielraum lässt, ist bereits jeder Normverstoß hinreichend qualifiziert.[160] Art. 45 II AEUV ist ein Diskriminierungsverbot, dessen Anwendung obligatorisch ist. Damit ist dessen Nichtanwendung ein offenkundiger und erheblicher, mithin hinreichend qualifizierter Verstoß.

[159] Der EuGH hat dies in der Rechtssache Köbler über den Wortlaut des Art. 45 II AEUV hinaus angenommen.

[160] EuGH („*Dillenkofer*“), Slg. 1996, I-4845 = **juris**byhemmer.

cc) Kausalzusammenhang zwischen Verstoß und Schaden

Darüber hinaus müsste zwischen Verstoß und Schaden ein unmittelbarer Kausalzusammenhang zu erkennen sein. Der Schaden des Herrn Kiebler liegt im Nichterhalt der ihm zustehenden Prämie. Dieser Schaden beruht allein auf dem Verstoß der Nichtbeachtung des den Anspruch begründenden Art. 45 II AEUV im gerichtlichen Verfahren seitens der Richter.

c) Zwischenergebnis

Die Voraussetzungen des unionsrechtlichen Staatshaftungsanspruches liegen vor. Diese müssen nun noch im nationalen Staatshaftungsrecht durchgesetzt werden, wobei die Normen des nationalen Anspruchs unionsrechtskonform zu modifizieren sind.

4. § 839 II BGB i.V.m. Art. 34 GG i.V.m. Art. 4 III EUV

Als anspruchsbegründende Voraussetzungen des § 839 BGB i.V.m. Art. 34 GG sind aufgrund des Anwendungsvorranges des Unionsrechts die unionsrechtlichen Vorgaben maßgebend. § 839 BGB ist im Lichte des Art. 4 III EUV unionsrechtskonform zu modifizieren, wobei insbesondere Äquivalenz- und Effizienzgebot zu beachten sind.

a) § 839 II BGB i.V.m. § 339 StGB - Spruchrichterprivileg

Unter Berücksichtigung der richterlichen Unabhängigkeit und der Rechtssicherheit war unklar, ob insoweit eine bloße Übertragung der Haftungsgrundsätze für legislatives oder administratives Unrecht reicht oder ob nicht auch der unionsrechtliche Haftungsanspruch für judikatives Unrecht ähnlich enge Haftungsvoraussetzungen wie im deutschen Recht, vgl. § 839 II BGB, kennt.

§ 839 II BGB sieht eine Haftung für judikatives Unrecht nur in den Fällen vor, in denen das Gericht bzw. der betroffene Richter einen Straftatbestand verletzt. Insbesondere ist hierbei an § 339 StGB zu denken. Dieser stellt nur vorsätzliche Rechtsbeugung unter Strafe. Eine solche wird in den allerseltensten Fällen einschlägig sein. Die bloß fahrlässige Rechtsbeugung steht nicht unter Strafe und führt daher auch nicht zu einem Ersatzanspruch nach § 839 II BGB (sog. Spruchrichterprivileg). Eine Begrenzung der Haftung für judikatives Unrecht auf Vorsatz und grobe Fahrlässigkeit auch bei Unionsrechtsverstößen ist eine strengere Anforderung als dies vom Unionsrecht gefordert wird.

Dort reicht ein offenkundiger Verstoß aus. In diesem Punkt wird die Geltendmachung des unionsrechtlichen Staatshaftungsanspruches im nationalen Recht erschwert oder u.U. gar unmöglich gemacht. Dies wiederum stellt einen Verstoß gegen das in Art. 4 III EUV niedergelegte Effizienzgebot dar und ist somit unzulässig. Damit ist das Spruchrichterprivileg des § 839 II BGB in Fällen der unionsrechtlichen Staatshaftung (bspw. bei Unionsrechtswidriger Auslegung von Rechtsvorschriften, Sachverhalts- oder Beweiswürdigungen oder bei Nichtbeachtung des Unionsrechts) nicht mehr haltbar. Eine Modifikation dahingehend, dass bereits ein offenkundig und erheblicher Verstoß für eine Begründung der Haftung ausreicht, muss vorgenommen werden. Dementsprechend ist auch in diesem Fall § 839 II BGB unionsrechtskonform zu modifizieren, sodass ein hinreichend qualifizierter Verstoß ausreicht.[161]

[161] Vgl. in diesem Sinne auch schon das Urteil „*Brasserie du Pêcheur*“, EuGH, NJW 1996, 1267.

Ein Verstoß gegen das Unionsrecht durch ein Organ der Justiz ist jedenfalls dann hinreichend qualifiziert, wenn die fragliche Entscheidung die einschlägige Rechtsprechung des EuGH offenkundig verkennt. Hier hat sich das Gericht trotz Kenntnis der einschlägigen Rechtsprechung des EuGH zum Problem der Unionsrechtswidrigkeit des Nichtauszahlens von Treueprämien grundlos von der bisherigen Rechtsprechung des EuGH abgewendet und gegenteilig entschieden. Mithin liegt ein offenkundiger und erheblicher Verstoß seitens des Gerichts vor.

b) Argument der richterlichen Unabhängigkeit

Was die richterliche Unabhängigkeit betrifft, so geht es bei dem genannten Haftungsgrundsatz nicht um die persönliche Haftung des Richters, sondern um die des Staates.

Es ist nicht ersichtlich, dass die Unabhängigkeit eines letztinstanzlichen Gerichts durch die Möglichkeit, unter bestimmten Voraussetzungen die Haftung des Staates für unionsrechtswidrige Gerichtsentscheidungen feststellen zu lassen, gefährdet würde. Die Gerichte unterer Instanzen kennen auch die Möglichkeit, dass über das Einlegen von Rechtsmitteln die von ihnen gefällten Urteile abgeändert oder aufgehoben werden. Darin wird aber auch keine Beeinträchtigung der richterlichen Unabhängigkeit gesehen.

c) Argument der Rechtssicherheit und Rechtskraft der Urteile

Eine Ansicht führt an, dass gerade der Grundsatz der Rechtskraft, der auch europarechtlich anerkannt ist, besage, dass wegen derselben Streitfragen außer im Wege eines Rechtsmittels nicht noch einmal prozessiert werden dürfe. Dies geschehe zum Schutz der obsiegenden Partei und diene dem allgemeinen Interesse an Rechtssicherheit.

Das Argument der Rechtskraft ist beachtlich, greift aber letztlich nicht durch. Die Staatshaftung für judikatives Unrecht stellt die Rechtskraft einer solchen falschen Entscheidung nicht in Frage. Ein Verfahren zur Feststellung der Haftung des Staates hat nicht denselben Gegenstand und nicht dieselben Parteien wie das Verfahren, das zur rechtskräftigen Entscheidung geführt hat. Obsiegt nämlich der Kläger einer Haftungsklage gegen den Staat, so erlangt er dessen Verurteilung zum Ersatz des entstandenen Schadens, nicht aber zwangsläufig die Aufhebung der Rechtskraft der Gerichtsentscheidung, die den Schaden verursacht hat.

Der Grundsatz der Rechtskraft steht demnach der Anerkennung der Haftung des Staates für letztinstanzliche Gerichtsentscheidungen nicht entgegen.

d) § 839 III BGB

Darüber hinaus sieht das nationale Staatshaftungsrecht eine Pflicht zur Schadensabwendung durch Geltendmachung primärer Rechtsmittel vor.

Zum einen ist aber bereits fraglich, ob diese Vorschrift nicht auch unionsrechtskonform zu modifizieren ist – denn Art. 340 II AEUV für die Staatshaftung der Union kennt einen solchen Ausschlussgrund nicht – und zum anderen kann Herrn Kiebler, der zunächst auf dem Verwaltungsrechtsweg geklagt hat, ein solcher Vorwurf schon gar nicht gemacht werden.

e) Zwischenergebnis

Herr Kiebler denkt sofort nach Erlass des Urteils daran, Klage beim LG einzureichen, sodass sich die Frage einer möglichen Verjährung gar nicht erst stellt.

Die Voraussetzungen des § 839 II BGB i.V.m. Art. 34 GG sind nach unionsrechtskonformer Modifikation erfüllt.

5. Ergebnis

Herrn Kiebler stehen gegen die Bundesrepublik als Trägerin der Verantwortung für die Amtspflichtverletzung des Gerichts, vgl. Art. 34 S. 1 GG, Ansprüche auf Ersatz des ihm entstandenen Schadens, also Zahlungen in Höhe der ihm vorenthaltenen Prämie, zu.

IV. Zusammenfassung

Die Besonderheiten in diesem Fall des judikativen Unrechts sind:

§ 339 StGB i.V.m. § 839 II BGB: Spruchrichterprivileg nicht haltbar, offenkundiger und erheblicher Verstoß reicht aus

Richterliche Unabhängigkeit: Richter haftet nicht persönlich; auch durch die sonst üblichen Rechtsmittelverfahren ist die richterliche Unabhängigkeit nicht tangiert

Rechtskraft der Urteile: Staatshaftung gibt nur Schadensersatz und nicht Aufhebung des bisherigen Urteils

V. Verwandte Fallkonstellationen

Um Ihnen weitere relevante Fallgestaltungen aufzuzeigen:

Im Originalfall der Rechtssache *Köbler* ging es um die Frage, ob das letztinstanzliche Verwaltungsgericht wegen Abweichungen von bisherigen Urteilen des EuGH seine Vorlagepflicht aus Art. 267 III AEUV verletzt hatte (und daraus Herrn Köbler ein Schaden entstand).

Beachten Sie auch die Möglichkeit des Schadensersatzes aufgrund administrativen Unrechts. Solches liegt etwa vor, wenn die mitgliedstaatliche Verwaltung das Unionsrecht (bspw. Verordnungen nach Art. 288 II AEUV) falsch auslegt und/oder falsch anwendet, die unmittelbare Anwendbarkeit einer Richtlinie nicht beachtet oder ihrer Pflicht zur unionsrechtskonformen Auslegung und Anwendung nicht nachkommt.

VI. Zur Vertiefung

- Sehr detaillierte Ausführungen in Hemmer/Wüst, Europarecht, Rn. 377 ff.
- Hemmer/Wüst, Classics Europarecht, Fälle 17 und 18.

Kapitel V: Rechtsschutzsystem

Einführung

Neben der Möglichkeit, vor den nationalen, mitgliedstaatlichen Gerichten Rechte aus dem Unionsrecht einzuklagen, sieht auch der AEUV verschiedene Verfahrensarten für die Durchsetzung von Unionsrecht vor. Der Bürger ist dabei nur in zwei Ausnahmefällen beteiligtenfähig, ansonsten spielen sich die Verfahren zwischen den Organen der Union oder zwischen diesen und den Mitgliedstaaten ab.

Die Gerichtsbarkeit der Union ist dem Gerichtshof der Europäischen Union zugewiesen, der den Gerichtshof (EuGH) das Gericht (EuG) und Fachgerichte umfasst (vgl. Art. 19 I S. 1 EUV).[162] Diese Gerichtsbarkeit umfasst über den Wortlaut des Art. 19 I S. 2 EUV hinaus das gesamte Unionsrecht. Die wichtigsten Verfahrensarten sind

- ⇨ das Vertragsverletzungsverfahren gegen Mitgliedstaaten, Art. 258, 259 AEUV
- ⇨ die Nichtigkeitsklage, Art. 263 AEUV (Art. 263 IV AEUV: natürliche und juristische Personen als Kläger)
- ⇨ die Untätigkeitsklage, Art. 265 AEUV (Art. 265 III AEUV: natürliche und juristische Personen als Kläger)
- ⇨ das Vorabentscheidungsverfahren, Art. 267 AEUV
- ⇨ und schließlich die Schadensersatzklage der Haftung für Verstöße von Unionsorganen nach Art. 268 AEUV i.V.m. Art. 340 II AEUV.

Im Folgenden werden Ihnen die wichtigsten Verfahrensarten näher gebracht. Teilweise werden Ihnen dabei nur die Prüfungsschemata vorgestellt, um Ihnen einen kurzen und prägnanten Überblick und eine gute und schnelle Einprägungsmöglichkeit zu geben. Sofern Sie selbst mitdenken und nicht nur stur die Schemata auswendig lernen (und dann sowieso wieder vergessen), werden Sie diese auch im Klausurfall anwenden können.

162 Für Sie weniger bedeutend ist das im Anhang zur Satzung des Gerichtshof geregelte EuGöD – Europäisches Gericht für den öffentlichen Dienst in der Gemeinschaft.

Fall 21: Vorabentscheidungsverfahren nach Art. 267 AEUV

Sachverhalt:

Die Ihnen bereits bekannte Lehrerin L aus Österreich, die vor ihrem Umzug nach Deutschland in Österreich bereits vier Jahre unterrichtet hatte, (vgl. Fall 19) erhob, bevor ihr Anwalt Klage gerichtet auf Schadensersatz beim Landgericht einreichte, beim zuständigen Verwaltungsgericht Stuttgart Verpflichtungsklage, gerichtet auf die Anerkennung ihres österreichischen Hochschuldiploms und die damit einhergehend ordnungsgemäße Eingruppierung in die richtige Gehaltsgruppe. Dabei stützte sie sich auf Ihre Rechte aus Art. 3 I der Richtlinie 89/48.

Auszug aus der Richtlinie 89/48 zur Anerkennung der Hochschuldiplome, die eine mindestens dreijährige Berufsausbildung abschließen (auch abgedruckt in Sartorius II, Nr. 192):

Art. 3 [Gegenseitige Anerkennung]

Wenn der Zugang zu einem reglementierten Beruf oder dessen Ausübung im Aufnahmestaat von dem Besitz eines Diploms abhängig gemacht wird, kann die zuständige Stelle einem Angehörigen eines Mitgliedstaats den Zugang zu diesem Beruf oder dessen Ausübung unter denselben Voraussetzungen wie bei Inländern nicht wegen mangelhafter Qualifikation verweigern, wenn

a) der Antragsteller das Diplom besitzt, das in einem anderen Mitgliedstaat erforderlich ist, um Zugang zu diesem Beruf in seinem Hoheitsgebiet zu erhalten oder ihn dort auszuüben, und wenn dieses Diplom in einem Mitgliedstaat erworben wurde oder

b) wenn der Antragsteller diesen Beruf vollzeitlich zwei Jahre lang in den vorhergehenden zehn Jahren in einem anderen Mitgliedstaat ausgeübt hat…

Das beklagte Land Baden-Württemberg stützt sich jedoch auf seine Landeslehrerverordnung, die laut dem Land mittlerweile die Umsetzung der Richtlinie 89/48 darstellt (Achtung, hier liegt der Unterschied zum Fall im vorigen Kapitel, in dem die Richtlinie gerade nicht umgesetzt wurde). Die Landeslehrerverordnung sieht vor, dass ein solches mitgliedstaatliches Diplom nur anerkannt werden könne, wenn eine mindestens dreijährige Berufsausbildung damit einhergeht. L habe allerdings, was tatsächlich zutrifft, nur zwei Jahre studiert. Eine Anpassungsklausel, in der wie in der Richtlinie die Berufserfahrung mitgewichtet wird, kennt die Landeslehrerverordnung nicht.

Das Verwaltungsgericht sieht sich in einem der seltenen Fälle mit Europarecht konfrontiert und ist sich ob der Anwendung dieses Rechtsgebiets gar nicht so sicher. Insbesondere ist dem Verwaltungsgericht nicht klar, ob Art. 3 I der Richtlinie 89/48 der Landeslehrerverordnung entgegensteht, wo doch die Landeslehrerverordnung gerade die Umsetzung dieser Richtlinie darstellt. Um sicher zu gehen würde das Verwaltungsgericht die ganze Sache gerne vor den EuGH bringen. Es beauftragt aber zunächst einmal den Rechtsreferendar R, in einem Gutachten die Voraussetzungen der Zulässigkeit und die inhaltlichen Erfolgsaussichten eines solchen Verfahrens zu überprüfen.

Aufgabe: *Übernehmen Sie die Aufgaben des Rechtsreferendars!*

I. Einordnung

Gefragt ist hier nach der Möglichkeit eines Vorabentscheidungsverfahrens durch den EuGH.

Dieses ist in Art. 267 AEUV geregelt. Sinn und Zweck des Verfahrens ist, nationalen Gerichten die Möglichkeit einzuräumen, bei der Auslegung von Unionsrecht die Hilfe des EuGH in Anspruch zu nehmen.

So kann jedes mitgliedstaatliche Gericht in jedem Verfahrensstadium dem EuGH eine Anfrage im so genannten Vorabentscheidungsverfahren vorlegen, wenn es die Beantwortung der Frage für entscheidungserheblich in seinem nationalen Verfahren hält.

Art. 267 I AEUV zeigt dabei auf, was alles Gegenstand der Vorlage sein kann:

Lit. a): das gesamte Primärrecht des AEUV

Lit. b): das gesamte Sekundärrecht, genannt in Art. 288 AEUV sowie Satzungsauslegung der durch den Rat geschaffenen Einrichtungen (letzteres scheint weniger klausurrelevant).

Grundsätzlich ist Art. 267 AEUV als freiwillige Möglichkeit für die nationalen Gerichte ausgestaltet, vgl. Art. 267 II AEUV. Eine Vorlagepflicht kann sich aber aus folgenden Fallkonstellationen ergeben:

a) bei der Aussetzung von Unionsrechtsnormen, bspw. im Falle des Eilrechtsschutzes, da eine Aussetzung einer Verwerfung nahe steht. Dies ist die Fallgruppe der ungeschriebenen Vorlagepflicht bei Annahme der Ungültigkeit einer Unionsrechtsnorm – **Foto-Frost-Entscheidung des EuGH.**[163]

b) eine Vorlagepflicht letztinstanzlicher Gerichte aus Art. 267 III AEUV.

Kommt ein letztinstanzliches Gericht seiner Vorlagepflicht nicht nach, besteht die Möglichkeit, die letztinstanzliche Entscheidung unter Berufung auf Art. 101 I S. 2 GG i.R.d. Verfassungsbeschwerde vor dem BVerfG zu erzwingen (Art. 101 I S. 2 GG als Recht auf den gesetzlichen Richter = EuGH).[164]

II. Gliederung

Zulässigkeit und Entscheidung des EuGH

A) Zulässigkeit der Vorlage

1. Statthafte Verfahrensart: Art. 267 AEUV

⇨ Vorabentscheidungsverfahren

2. Zuständigkeit des EuGH

⇨ EuGH, gemäß Art. 267 I, 256 AEUV.

3. Vorlageberechtigung des nationalen Gerichts

⇨ Nur mitglied**staatliche Gerichte:**

Ein von **staatlicher Stelle** eingesetzter, zur Entscheidung **berufener Spruchkörper**, der sachlich unabhängig in einem **rechtsstaatlich geordneten streitigen Verfahren** entscheidet und dessen Entscheidung **bindende Wirkung** zukommt.

4. Vorlagegegenstand/zulässige Vorlagefrage

a) Vorlagegegenstand

⇨ Lit. a): Primärrecht, allgemeine Rechtsgrundsätze,

⇨ Lit. b): Sekundärrecht, Art. 288 AEUV

⇨ hier Richtlinie, Art. 288 III AEUV.

---

163 EuGH, Slg. 1987, 4199; siehe dazu ausführlich Kapitel III.

164 Nach anderer Ansicht Verfassungsbeschwerde wegen Verletzung des Art. 19 IV GG.

b) Formulierung der Vorlagefrage:

⇨ Ist Art. 3 I RL 89/48 so auszulegen, dass er einer nationalen Vorschrift wie der baden-württembergischen Landeslehrerverordnung, die besagt dass …, entgegensteht?

5. Entscheidungserheblichkeit der Vorlage

⇨ Im Tenor des nationalen Urteils muss sich die Auslegung des Unionsrechts auswirken.

B) Entscheidung des EuGH

⇨ Auslegung der Richtlinie

III. Lösung

A) Zulässigkeit

Die Vorlage an den EuGH, die das Verwaltungsgericht plant, wird nur dann vom EuGH angenommen, wenn sie zulässig ist.

1. Statthafte Verfahrensart: Art. 267 AEUV

Für das Vorhaben, den EuGH um Auslegungshilfe bei der Anwendung von Europarecht zu bitten, sieht Art. 267 AEUV die Möglichkeit eines Vorabentscheidungsverfahrens vor. Dabei muss der EuGH mit der Frage der Auslegung des Europarechts befasst werden. Dem Verwaltungsgericht steht das Vorabentscheidungsverfahren des Art. 267 AEUV als statthafte Verfahrensart offen.

2. Zuständigkeit des EuGH: Art. 267 I, 256 AEUV

Darüber hinaus ist fraglich, ob der EuGH das zuständige Gericht ist. Im Unionsrecht gibt es auch das Gericht (erster Instanz = EuG), dessen Zuständigkeit sich aus Art. 256 I AEUV ergibt. Alle Verfahrensarten, die dort nicht genannt sind, unterfallen, wie grundsätzlich auch das Vorabentscheidungsverfahren, dem EuGH. Zuständig für das Vorabentscheidungsverfahren ist grundsätzlich der EuGH, vgl. Art. 256 I AEUV.

Anmerkung: In der Satzung des EuGH (SEuGH) kann vorgesehen werden, dass für bestimmte Sachgebiete das EuG für das Vorabentscheidungsverfahren zuständig ist, vgl. Art. 256 III AEUV. Von dieser Möglichkeit wurde aber bislang kein Gebrauch gemacht.

3. Vorlageberechtigung

Vorlageberechtigt sind nach Art. 267 II AEUV nur Gerichte der Mitgliedstaaten. Der Begriff des Gerichts ist unionsrechtlich zu interpretieren und muss nicht notwendigerweise mit dem der nationalen Rechtsschutzsysteme übereinstimmen.

Ein Gericht i.S.d. Art. 267 II AEUV ist ein

hoheitlich eingesetzter Spruchkörper,

der sachlich unabhängig

in einem rechtsstaatlich geordneten Verfahren entscheidet

und dessen Entscheidung bindende Wirkung zukommt.

Das Verwaltungsgericht ist ein in das innerstaatliche Rechtsschutzsystem eines Mitgliedstaates, der Bundesrepublik, eingebundener, hoheitlicher Spruchkörper. Es entscheidet sachlich unabhängig (vgl. Art. 97, 98 GG) in einem rechtsstaatlich geordneten Verfahren (VwGO) und seiner Entscheidung kommt bindende Wirkung zu (vgl. § 121 VwGO).

Es erfüllt die Voraussetzungen des unionsrechtlichen Gerichtsbegriff und ist damit vorlageberechtigt i.S.d. Art. 267 II AEUV.

Anmerkung: Die Definition für ein mitgliedstaatliches Gericht sollten Sie sich merken. An dieser Stelle sind oftmals Fallen eingebaut: so kann beispielsweise die Apothekenkammer ein mitgliedstaatliches Gericht sein, wenn sie Spruchkörper bildet und die Richter von der Landesregierung bestätigt werden.
Anders ist das Schiedsgericht eines Sportverbandes, das zur Schlichtung interner Streitigkeiten eingesetzt wird, kein staatliches Gericht und ist somit nicht vorlageberechtigt.

4. Vorlagegegenstand und Vorlagefrage

a) Vorlagegegenstand

Alle zulässigen Vorlagegegenstände sind in Art. 267 I Ziff. a) und b) AEUV aufgeführt. Hier möchte das Verwaltungsgericht wissen, ob Art. 3 I der Richtlinie 89/48 der baden-württembergischen Landeslehrerverordnung entgegensteht. Es geht hierbei nicht darum, die Landeslehrerverordnung auszulegen, sondern das Unionsrecht. Im Gegensatz zu den nationalen Gerichten darf der EuGH nicht über die Auslegung nationalen Rechts entscheiden.

Sofern eine mögliche Kollision mit Europarecht ansteht und der EuGH diese lösen soll, ist also immer zunächst das Unionsrecht zu betrachten und dann zu untersuchen, ob dieses dem nationalen Recht entgegensteht. Wenn dies der Fall ist, muss aufgrund des Vorrangs des Unionsrechts dieses und nicht das entgegenstehende nationale Recht angewendet werden.

Vorlagegegenstand ist demnach nicht die Landeslehrerverordnung, sondern das Unionsrecht, hier genauer Art. 3 I der Richtlinie 89/48. Da Richtlinien von Organen der AEUV erlassen werden (hier vom Rat der AEUV, der sich mittlerweile in Rat der EU umbenannt hat), ist eine Richtlinie ein zulässiger Vorlagegegenstand i.S.d. Art. 267 Ib AEUV.

b) Vorlagefrage

Aufgrund der Kompetenzverteilung zwischen EuGH und nationalen Gerichten muss daher auch die Vorlagefrage immer so gestaltet sein, dass der EuGH damit befasst wird, ob eine bestimmte Norm des Unionsrechts so auszulegen ist, dass sie einer anderen bestimmten Norm nationalen Rechts entgegensteht. Sofern andersherum formuliert wird, ist die Vorlagefrage unzulässig, wird aber aus prozessökonomischen Gründen vom EuGH in eine zulässige Vorlagefrage richtig umformuliert (dies wird von Ihnen in der Klausur dann auch erwartet!)

Die einzige hier zulässige Vorlagefrage lautet:

Ist Art. 3 I Richtlinie 89/48 so auszulegen, dass er einer nationalen Regelung wie der Landeslehrerverordnung, die ein dreijähriges Studium voraussetzt, entgegensteht?

Anmerkung: Die Formulierung müssen Sie drauf haben. Oftmals liegt der europarechtliche Teil einer Klausur einfach darin, die richtige Vorlagefrage zu formulieren. Damit kann inzident abgeprüft werden, ob sie das Kompetenzzusammenspiel von EuGH und nationalen Gerichten verstanden haben.

5. Entscheidungserheblichkeit

Gemäß Art. 267 II AEUV ist das Vorabentscheidungsverfahren nur dann zulässig, wenn das vorlegende Gericht eine Entscheidung des EuGH zum Erlass seines Urteils für erforderlich hält. Die Auslegung bzw. Gültigkeit des Unionsrechts muss daher für den nationalen Rechtsstreit entscheidungserheblich sein.

Eine Entscheidungserheblichkeit liegt dann vor, wenn der Ausgang des nationalen Verfahrens von der Beantwortung der Frage durch den EuGH abhängt**, wenn sich also die Antwort des EuGH im Tenor des nationalen Urteils auswirkt.** Das mitgliedsstaatliche Gericht ist an die Entscheidung des EuGH gebunden.

Im vorliegenden Fall wird die Frage nach der Vereinbarkeit von Unionsrecht, genauer von Art. 3 I der Richtlinie 89/48, mit nationalem Recht, der baden-württembergischen Landeslehrerverordnung, gestellt. Diese beiden Regelungen beanspruchen jeweils für sich, denselben Sachverhalt zu regeln, sehen aber unterschiedliche Rechtsfolgen vor.

Sofern der EuGH einen Widerspruch zwischen Richtlinie und nationalem Recht feststellt, geht das Unionsrecht vor (Anwendungsvorrang). Aus diesem Grund ist der Ausgang des Vorabentscheidungsverfahrens entscheidungserheblich für das nationale Urteil.

6. Zwischenergebnis

Das Vorabentscheidungsverfahren nach Art. 267 AEUV ist in vorliegender Sache zulässig.

B) Sachentscheidung des EuGH

Anmerkung: Sie dürfen hier nicht von der Begründetheit des Vorabentscheidungsverfahrens sprechen, das wäre ein grober Fehler!

Ist an den EuGH eine zulässige Auslegungsfrage gerichtet worden, so legt er die betreffenden Normen des Unionsrechts aus.

Hier war gefragt, ob Art. 3 I der Richtlinie 89/48 so auszulegen ist, dass er der Landeslehrerverordnung entgegensteht.

Art. 3 I der Richtlinie 89/48 sieht vor, dass eine Anerkennung des Diploms bereits dann erfolgen muss, wenn das Diplom in einem anderen Mitgliedstaat erworben wurde und dort zur Ausübung des in Frage stehenden Berufes berechtigt.

Voraussetzung ist jedoch eine mindestens dreijährige Berufsausbildung (dafür war die Richtlinie gedacht, siehe Titel der Richtlinie). Art. 3 I Ziff. b) der Richtlinie enthält eine Anpassungsklausel, die vorsieht, dass eine mindestens zweijährige Ausübung des Berufs in den vorgehenden zehn Jahren in einem anderen Mitgliedstaat eine kürzere Hochschulausbildung ersetzen kann.

Eine solche Anpassungsklausel kennt die Umsetzungsverordnung (Landeslehrerverordnung) nicht. Damit steht die Bestimmung Art. 3 I Ziff. b) der Richtlinie 89/48 der Landeslehrerverordnung entgegen. Art. 3 I Ziff. b) der Richtlinie geht der Landeslehrerverordnung aufgrund des Anwendungsvorranges des Europarechts vor (siehe zur Vorrangs- und Kollisionsproblematik Kapitel I).

L hat nach dem damaligen österreichischen Studienplan ihr zweijähriges Lehramtsstudium in Österreich absolviert und ein reguläres Hochschuldiplom erworben. Dieses berechtigte sie in Österreich zur Ausübung des Lehramtsberufes für Volksschulen (Äquivalent zu Grund- und Hauptschule). Den Lehramtsberuf hat sie in den vier Jahren bevor sie nach Deutschland kam in Österreich ausgeübt, sodass für L die Anpassungsregelung des Art. 3 I Ziff. b) der Richtlinie 89/48 eingreift.

Der Richtlinie zufolge muss ihr Diplom daher auch in Baden-Württemberg anerkannt werden. Das Land Baden-Württemberg muss L daher unter den gleichen Voraussetzungen wie inländischen Bewerbern und arbeitenden Lehrern den Zugang zum Beruf der Grund- und Hauptschullehrerin als auch dessen Ausübung gewähren.

Anmerkung: Dieser Fall ist Ihnen jetzt innerhalb drei europarechtlicher Problemkreise begegnet:
In Fall 4 ging es um die Frage, ob und unter welchen Voraussetzungen eine nicht umgesetzte Richtlinie innerstaatlich unmittelbare Anwendung findet. In Fall 19 wurde dann die Frage nach dem Schadensersatz für einen durch die Nichtumsetzung entstandenen Schaden gestellt. Im hier besprochenen Fall geht es um die tatsächlich erfolgte, aber fehlerhafte Umsetzung, die dann zu einer Kollision zwischen Richtlinie und Umsetzungsverordnung führt, welche vom EuGH im Vorabentscheidungsverfahren aufgelöst wird.
Die Fälle sind hier zum besseren Verständnis jedes Mal leicht abgewandelt. In der Praxis können Sie davon ausgehen, dass Ihnen all diese Probleme innerhalb eines Falles begegnen.

C) Ergebnis

Art. 3 I Ziff. b) der Richtlinie 89/48 steht der Landeslehrerverordnung entgegen und geht ihr aufgrund des Anwendungsvorrangs des Unionsrechts vor. L kann sich auf ihre Rechte aus Art. 3 I Ziff. b) der Richtlinie 89/48 – eine unmittelbar anwendbare Bestimmung, vgl. zu dieser Thematik Kapitel I, Fall 4 – berufen.

IV. Zur Vertiefung

- Zum Vorabentscheidungsverfahren Hemmer/Wüst, Europarecht, Rn. 683 ff.

Fall 22: Vertragsverletzungsverfahren, Art. 258, 259 AEUV

Sachverhalt:

Das Ihnen bereits aus Kapitel II bekannte Transportunternehmen T-GmbH, das sich auf den Transport von Lebensmitteln spezialisiert hat, fährt den Großteil seiner Aufträge von Deutschland nach Italien und Österreich und zurück.

Da die Öffentlichkeit ihr neues Bewusstsein für die Klimaerwärmung entdeckt hat, finden Umweltschutzorganisationen starken Zulauf. Diverse Umweltgruppen haben sich darauf spezialisiert, auf stark befahrene Autobahnstrecken aufmerksam zu machen und gerade in den Alpen, wo sich die Erderwärmung mit am Stärksten bemerkbar macht, eine Verkehrsreduktion zu erreichen. Für die kommenden Pfingstfeiertage will nun die besonders aktive Gruppe „Natur-radikal" eine Versammlung am Grenzübergang Kufstein/Kiefersfelden abhalten und den Übergang für ca. 30 Stunden blockieren. Gleichzeitig soll eine identische Versammlung gleicher Dauer am alternativen Grenzübergang Mittenwald/Scharnitz im Landkreis Garmisch-Partenkirchen stattfinden. Damit wäre auch ein Ausweichen auf diesen zweiten Grenzübergang nicht möglich und die Auswirkungen der Blockade auf den Verkehr würden sich verstärkt bemerkbar machen.

Die örtlich zuständigen Landratsämter Rosenheim und Garmisch-Partenkirchen, bei denen die Versammlungen angemeldet wurden, hegen wegen der starken Auswirkungen einer Doppelblockade Bedenken. Sie erlassen daher Bescheide, in denen sie u.a. die Auflagen erteilen, die Blockade der Übergänge vorher langfristig und einer Vielzahl von Betroffenen bekannt zu machen sowie die Automobilclubs der Mitgliedstaaten zu informieren.

Zusammen mit einigen anderen Speditionen wandte sich T bereits im Januar ob dieses bevorstehenden Ereignisses an die Kommission mit der Bitte einzugreifen. Daraufhin forderte die Kommission, die in den bevorstehenden Blockaden eine Verletzung der Warenverkehrsfreiheit erkannte, die Bundesregierung mit ordnungsgemäßem Schreiben (unter Angabe des vorgeworfenen Verhaltens, der Aufforderung, sich innerhalb einer Frist zu äußern und der Androhung der Einleitung eines Verletzungsverfahrens) auf, zu diesem Vorwurf Stellung zu nehmen und die Blockaden zu unterbinden.

Die Bundesregierung erklärte daraufhin, dass aus Ihrer Sicht die Blockaden von der verfassungsrechtlich garantierten Versammlungsfreiheit geschützt seien und nur unter ganz besonderen, engen Voraussetzungen eingeschränkt werden könnten. In diesem Fall jedoch läge keine der Einschränkungsvoraussetzungen vor. Ein verfassungsrechtlich geschütztes Vorgehen könne doch aber nicht gegen Unionsrecht verstoßen.

Daraufhin gab die Kommission, die sich mit der Stellungnahme Deutschlands nicht einverstanden erklärte, gegenüber Deutschland eine mit Gründen versehene Stellungnahme ab, in der sie ihre Vorwürfe wiederholte. Trotz des Setzens einer angemessenen Frist erfolgte seitens der zuständigen Stelle in Deutschland keine Reaktion.

Die Kommission erhebt daraufhin im März Klage beim EuGH mit dem Antrag, eine Verletzung des Art. 34 AEUV durch das Nichtuntersagen der genannten Versammlungen festzustellen.

Aufgabe: *Beurteilen Sie die Erfolgsaussichten dieser Klage!*

I. Einordnung

Zu prüfen sind die Erfolgsaussichten des von der Kommission eingeleiteten Vertragsverletzungsverfahrens nach Art. 258 AEUV gegen Deutschland.

II. Gliederung

A) Zulässigkeit der Klage

1. Statthafte Klageart

⇨ Vertragsverletzungsverfahren nach Art. 258 AEUV

2. Zuständigkeit des EuGH, Art. 256 I AEUV

⇨ Keine spezielle Zuweisung zum EuG nach Art. 256 I AEUV

3. Klagegegenstand

⇨ Verletzung des AEUV durch Unterlassen der Mitgliedstaaten.

4. Beteiligtenfähigkeit

⇨ Aktiv:

⇨ Nach Art. 258 AEUV: wie hier die Kommission

⇨ Nach Art. 259 AEUV: die Mitgliedstaaten

⇨ Passiv: wie hier der beklagte Mitgliedstaat

5. Überzeugung des Vorliegens einer Verletzung nach Art. 258 AEUV

6. Vorverfahren

⇨ Ordnungsgemäß durchgeführt

B) Begründetheit der Klage

⇨ Nichtuntersagung der Versammlung als Vertragsverletzung?

⇨ **Problem:** Beschränkung der Grundfreiheiten durch Unionsgrundrechte der Bürger.

⇨ Lösung über die Abwägung im Einzelfall

III. Lösung

Die Klage hat Aussicht auf Erfolg, wenn sie zulässig und begründet ist.

A) Zulässigkeit

1. Statthafte Verfahrensart

Als Verfahren zur Ahndung von Vertragsverletzungen kommt die Feststellung der Verletzung nach Art. 258, 259 AEUV in Betracht. Sinn des Verfahrens ist es, den gegen das Unionsrecht verstoßenden Mitgliedsstaat zu veranlassen, die Vertragsverletzung zu beseitigen. Gerade durch das Vertragsverletzungsverfahren wird die Kommission immer wieder ihrer Rolle als „Hüterin der Verträge" gerecht.

2. Zuständigkeit

Sachlich zuständig für Entscheidungen im Vertragsverletzungsverfahren ist mangels Zuweisung an das EuG der EuGH (vgl. Art. 256 I AEUV).

3. Klagegegenstand

Als Klagegegenstand kommen Vertragsverletzungen der Mitgliedstaaten in Betracht.

Hier möchte die Kommission gegen die Bundesrepublik Deutschland vorgehen, da diese es unterlassen hat, die beiden Autobahnblockaden, die möglicherweise die Warenverkehrsfreiheit einschränken, zu untersagen. Klagegenstand ist die Verletzung der Pflicht aus Art. 34 AEUV durch ein Unterlassen seitens der Bundesrepublik.

4. Beteiligtenfähigkeit

a) Das Vertragsverletzungsverfahren kann sowohl von der Kommission, Art. 258 AEUV, als auch von einem Mitgliedstaat, Art. 259 AEUV, eingeleitet werden (aktive Beteiligtenfähigkeit).

b) Das Verfahren richtet sich gegen die Mitgliedstaaten, sodass allein diese passiv beteiligtenfähig sein können.

Hier wurde das Verfahren von der Kommission eingeleitet und ist gegen die Bundesrepublik Deutschland gerichtet.

5. Überzeugung der Vertragsverletzung

Gemäß Art. 258 I AEUV (und auch Art. 259 I AEUV) ist die Klage nur zulässig, wenn die Kommission (bzw. ein Mitgliedstaat) der Auffassung ist, ein anderer Mitgliedstaat habe gegen seine vertraglichen Verpflichtungen verstoßen. Voraussetzung ist damit die **Überzeugung** einer Vertragsverletzung, **bloße Zweifel oder ein „für möglich halten“ genügen nicht.**

Die Kommission geht hier von einem Verstoß aus.

6. Ordnungsgemäßes Vorverfahren

Dem Vertragsverletzungsverfahren ist im Interesse des rechtlichen Gehörs ein obligatorisches Vorverfahren vorgeschaltet.

Die ordnungsgemäße Durchführung des Vorverfahrens ist Prozessvoraussetzung.

Anmerkung: Verfahrensfehler, wie etwa Mängel in der Anhörung der Mitgliedstaaten, machen die Klage unzulässig. Die beteiligten Parteien können auch nicht einverständlich auf die Durchführung des Vorverfahrens verzichten.
Hinsichtlich der Ausgestaltung des Vorverfahrens ist zu unterscheiden, ob die Kommission, Art. 258 AEUV, oder ein Mitgliedstaat, Art. 259 I AEUV, das Verfahren eingeleitet hat.

a) Erstes Mahnschreiben

Gemäß Art. 258 I HS 2 AEUV hat die Kommission dem betreffenden Mitgliedstaat Gelegenheit zur Äußerung zu geben.

Das Vorverfahren beginnt mit dem ersten Mahnschreiben, das die Kommission an den betreffenden Mitgliedstaat richtet.

Dieses muss zwingend enthalten:

Die Information, durch welches Verhalten der Mitgliedstaat gegen welche Bestimmung des Vertrages verstoßen hat. Nur so kann der Mitgliedstaat das vorgeworfene Verhalten auch abstellen.

⇨Die Mitteilung, dass ein Vertragsverletzungsverfahren nach Art. 258 AEUV eingeleitet wird.

Die Aufforderung an den Mitgliedstaat, sich innerhalb einer bestimmten Frist zu den Vorwürfen zu äußern.

Laut Angaben im Sachverhalt forderte die Kommission die Bundesregierung mit ordnungsgemäßem Schreiben zur Verhinderung der Vertragsverletzung auf.

b) Mit Gründen versehene Stellungnahme der Kommission

Äußert sich der Mitgliedstaat nicht zur Zufriedenheit der Kommission (im Wege einer begründeten Rechtfertigung oder einer Abstellung der Verletzung) oder äußert er sich gar nicht innerhalb der Frist, gibt die Kommission eine mit Gründen versehene Stellungnahme ab, Art. 258 I HS 1 AEUV.

Diese Stellungnahme muss ebenfalls erkennen lassen, durch welches Verhalten und gegen welche unionsrechtliche Bestimmung der Mitgliedstaat nach Auffassung der Kommission verstoßen hat. Der spätere Klagegegenstand wird dabei durch den Inhalt der begründeten Stellungnahme begrenzt.

Weiterhin muss die Kommission dem Mitgliedstaat eine weitere Frist zur Behebung des Vertragsverstoßes setzen, Art. 258 II AEUV (sog. Behebungsfrist). Als angemessene Frist kommen i.d.R. zwei Monate in Betracht. Ist die gesetzte Frist zu kurz bemessen, wird nicht automatisch eine angemessene Frist in Gang gesetzt, sondern dann ist eine daraufhin erhobene Klage unzulässig.

Das Vorverfahren ist abgeschlossen, wenn die von der Kommission in Gang gesetzte Frist fruchtlos verstrichen ist.

Die Kommission gab eine ordnungsgemäße, mit Gründen versehene Stellungnahme ab und setzte eine angemessene Behebungsfrist. Diese ließ die Bundesrepublik verstreichen.

Das Vorverfahren wurde hier ordnungsgemäß durchgeführt.

Anmerkung: Vor Einleitung eines Vertragsverletzungsverfahrens durch einen Mitgliedstaat ist das Vorverfahren nach Art. 259 II - IV AEUV durchzuführen. Dabei hat der Mitgliedstaat in einem ersten Schritt zunächst die Kommission mit der Klageerhebung zu befassen, Art. 259 II AEUV. Er stellt einen Antrag auf Abgabe einer Stellungnahme durch die Kommission.

Die Kommission führt dann ein kontradiktorisches Verfahren durch, in dem den beteiligten Mitgliedstaaten Gelegenheit zu schriftlicher oder mündlicher Äußerung gegeben wird, Art. 259 III HS 2 AEUV.

Anschließend gibt sie selbst eine mit Gründen versehene Stellungnahme ab, in der sie ihre Auffassung zu den Vorwürfen darlegt, Art. 259 III HS 1 AEUV.

Soweit die Kommission diese Stellungnahme nicht innerhalb von drei Monaten nach Antragstellung abgibt, kann der Mitgliedstaat auch ohne vorherige Stellungnahme der Kommission Klage zum EuGH erheben, Art. 259 IV AEUV.

7. Keine Klagefrist und allgemeines Rechtsschutzbedürfnis

Eine weitere Klagefrist kennt Art. 258 AEUV nicht. Hat der Mitgliedstaat nach Abschluss des Vorverfahrens, also erst nach Ablauf der in der Stellungnahme gesetzten Frist, die Verletzung beseitigt, ändert dies an der Zulässigkeit der Klage nichts.

8. Zwischenergebnis

Die Klage ist zulässig.

B) Begründetheit

Die Feststellungsklage wegen Vertragsverletzung ist begründet, wenn der geltend gemachte Vertragsverstoß tatsächlich besteht. Auf ein Verschulden des Mitgliedstaates kommt es nicht an. Alleine entscheidend ist die objektive Verletzung einer Verpflichtung aus dem AEUV.

Fraglich ist, ob die vorgeworfene Beschränkung des Art. 34 AEUV gerechtfertigt ist. In Betracht kommt eine Rechtfertigung aus zwingenden Gründen des Allgemeininteresses. Dazu gehören auch die Unionsgrundrechte. In Betracht kommt hier eine Einschränkung der Warenverkehrsfreiheit durch das auch auf Unionsebene bestehende Grundrecht der Versammlungsfreiheit.

Für die ausführliche Begründetheitsprüfung sei auf Kapitel II, Fall 9 verwiesen. Bevor sie diesem aber die Lösung entnehmen, versuchen Sie sich selbst daran! Nach Durcharbeiten dieses Skriptes dürfte Ihnen das jetzt mühelos gelingen.

IV. Zur Wiederholung

Schauen Sie sich noch einmal die Prüfungsreihenfolge in der Gliederung an und versuchen Sie, diese anhand der Vorgaben des Art. 226 AEUV selbst aufzustellen.

V. Zur Vertiefung

- Zum Vertragsverletzungsverfahren Hemmer/Wüst, Europarecht, Rn. 577 ff.

Fall 23: Nichtigkeitsklage, Art. 263 AEUV

Sachverhalt:

Die Kommission erlässt auf Grundlage des Art. 108 II, 107 AEUV einen Beschluss, nach dem die Bundesrepublik zur Rückforderung einer der A-GmbH gewährten Beihilfe in Höhe von einer Million Euro verpflichtet wird (vgl. Kapitel III, Fall 1). Tatsächlich war die gewährte Beihilfe mit den in Art. 107 AEUV verfolgten wettbewerbspolitischen Zielen des gemeinsamen Marktes nicht in Einklang zu bringen und daher wettbewerbswidrig. Für eine Rückforderung der Beihilfe auf nationaler Ebene bedarf es aber zunächst eines deutschen Verwaltungsaktes, des Rückforderungsbescheides. Die A-GmbH, die von dem an die Bundesrepublik gerichteten Beschluss Kenntnis erhält, sieht sich in ihrem Grundrecht der Eigentumsfreiheit verletzt. Sie möchte nicht einfach abwarten, bis der Rückforderungsbescheid erlassen wird und dann gegen diesen vorgehen. Vielmehr ist ihr daran gelegen, zeitnah Maßnahmen zu ergreifen und gleich „die Wurzel des Übels" anzupacken. Sie fragt sich, ob sie nicht sofort gegen die Kommissionsentscheidung vorgehen könne. Sie ist sich ob der richtigen Vorgehensweise unsicher und zweifelt auch daran, ob sie überhaupt gegen einen Beschluss, der nicht an sie selbst ergangen ist, vorgehen kann.

Frage: *Beurteilen Sie die Erfolgsaussichten eines Vorgehens der A-GmbH gegen den Beschluss der Kommission!*

Gehen Sie dabei davon aus, dass die Entscheidung der Kommission ordnungsgemäß ergangen und inhaltlich rechtmäßig ist.

I. Einordnung

Die Nichtigkeitsklage nach Art. 263 I AEUV dient der Rechtmäßigkeitsüberprüfung von Rechtsakten der Unionsorgane (Sekundärrecht). Sie ist eine Gestaltungsklage. Dies hat zur Folge, dass das Nichtigkeitsurteil den angegriffenen, rechtswidrigen Unionsrechtsakt für nichtig erklären kann, vgl. Art. 264 I AEUV.

II. Gliederung

A) Zulässigkeit der Klage der A-GmbH

1. Statthafte Klageart

Nichtigkeitsklage in Form der Individualklage nach Art. 263 IV AEUV

2. Zuständigkeit des EuG, Art. 225 I AEUV i.V.m. Art. 51 SEuGH

Keine Ausnahme nach Art. 51 SEuGH, es verbleibt somit bei der Zuständigkeit des EuG nach Art. 225 I AEUV

3. Klagegegenstand

Beschluss i.S.d. Art. 288 IV AEUV

4. Klagebefugnis

Art. 263 IV Alt. 2 AEUV:

Bei unmittelbarer und individueller Betroffenheit gegeben.

⇨ Unmittelbar (+), da Rückforderungsverpflichtung für die Bundesrepublik, kein Ermessenspielraum

⇨ Individuell (+), da in ähnlicher Weise individualisiert wie Adressat.

5. Beteiligtenfähigkeit

a) Aktiv:

Nach Art. 263 IV AEUV auch natürliche und juristische Personen (Individualklage).

b) Passiv:

Alle in Art. 263 I AEUV genannten Organe, hier die Kommission

6. Klagegrund, Art. 263 II AEUV

Hier: mögliche Verletzung einer bei Durchführung des Vertrages zu beachtenden Norm - dem auch auf Unionsebene gewährleisteten Eigentumsschutz, vgl. Art. 17 EGRCh.

7. Klagefrist, Art. 263 VI AEUV

Grundsätzlich zwei Monate ab Bekanntgabe bzw. sofern diese unterblieb ab Kenntnis des Klägers.

B) Begründetheit der Klage

Die Nichtigkeitsklage nach Art. 263 AEUV ist dann begründet, wenn mindestens einer der in Art. 263 I AEUV genannten Klagegründe tatsächlich vorliegt; hier: Eigentumsverletzung (-)

III. Lösung

Die Klage der A-GmbH gegen die Entscheidung der Kommission hat Aussicht auf Erfolg, wenn sie zulässig und begründet ist.

A) Zulässigkeit

1. Statthafte Klageart

Die Überprüfung der Rechtsmäßigkeit von Rechtsakten der Unionsorgane erfolgt in Form einer Nichtigkeitsklage nach Art. 263 AEUV.

Verschiedene Kläger, vgl. Art. 263 II, III und IV AEUV, können gegen diese Rechtsakte vorgehen.

Hier möchte die A-GmbH klagen, sodass ein Fall der Individualklage nach Art. 263 IV AEUV vorliegt.

Anmerkung: Im Gegensatz zum Vertragsverletzungsverfahren, Art. 258 f. AEUV, ist hier also eine Individualklage möglich!

2. Zuständigkeit

Sachlich zuständig ist nach Art. 256 I AEUV das EuG, sofern nicht Art. 51 SEuGH (Satzung-EuGH) etwas anderes vorsieht.

Für Individualklagen nach Art. 263 IV AEUV sieht Art. 51 SEuGH jedoch keine gesonderte Zuweisung an den EuGH vor, sodass es bei der Zuständigkeit des EuG bleibt.

3. Klagegenstand

Sofern es sich wie hier um eine Individualklage handelt, kommen als Klagegegenstand Beschlüsse i.S.d. Art. 288 IV AEUV in Betracht, vgl. Art. 263 IV AEUV. Nach Art. 263 IV AEUV kann jede natürliche oder juristische Person gegen die an sie gerichteten oder – wie hier – sie unmittelbar und individuell betreffenden Handlungen der Unionsorgane Nichtigkeitsklage einlegen. Hier möchte die A-GmbH gegen einen Beschluss der Kommission vorgehen. Dies ist als Handlung eines Organs i.S.d. Art. 288 IV AEUV ein zulässiger Klagegegenstand.

4. Klagebefugnis

Ob für die Nichtigkeitsklage als Zulässigkeitsvoraussetzung eine Klagebefugnis erforderlich ist, richtet sich danach, wer die Klage erhebt.

Individualklagen nach Art. 263 IV AEUV können nur gegen solche Organhandlungen erhoben werden, die an den Kläger selbst gerichtet sind (Adressatenstellung) **oder** diesen unmittelbar und individuell betreffen. Klagebefugt ist nur, wer unmittelbar und individuell betroffen ist. Dies ist zu prüfen.

a) Unmittelbare Betroffenheit

Unmittelbar betroffen ist der Kläger durch einen an einen Dritten ergangenen Beschluss dann, wenn dessen Auswirkungen ihn zwangsläufig betreffen, ohne dass weitere Zustände hinzutreten müssen, deren Eintritt ungewiss ist.[165]

Ist beispielsweise ein Mitgliedstaat aufgrund eines Beschlusses zur Durchführung einer Handlung **verpflichtet**, so ist dies kein ungewisser Umstand. In einem solchen Fall ist die unmittelbare Betroffenheit anzunehmen.

Hier fordert die Kommission in einem Beschluss nach Art. 108 II AEUV die Bundesrepublik zur Rücknahme der geleisteten Zahlungen auf. Der Bundesrepublik kommt in der Ausführung dieser Entscheidung keinerlei Ermessenspielraum zu. Das Unionsrecht verpflichtet die Mitgliedstaaten über Art. 4 III AEUV zur Rücknahme. Der Erlass des Rücknahmebescheides ist allein eine Frage der Zeit. Aus diesem Grund ist eine unmittelbare Betroffenheit der A-GmbH trotz fehlender Adressatenstellung anzunehmen.

b) Individuelle Betroffenheit

Darüber hinaus erfordert Art. 263 IV AEUV eine individuelle Betroffenheit. Diese ist nach Rechtsprechung des EuGH dann gegeben, wenn die Handlung der Unionsorgane den Kläger über den Kreis aller anderen Personen hinaus besonders berührt und **ihn daher in ähnlicher Weise individualisiert wie einen Adressaten**.[166]

Daran fehlt es, wenn der Kläger nur durch Zugehörigkeit zu einer Gruppe von der Handlung tangiert wird. Hier aber zielt der Beschluss nicht auf eine allgemeine Rücknahme von Subventionen ab.

Vielmehr ist explizit die Subvention, die der A-GmbH gewährt wurde, zurückzunehmen, sodass der Beschluss die A-GmbH besonders berührt und in ähnlicher Weise individualisiert wie einen Adressaten.

c) Zwischenergebnis

Die A-GmbH ist klagebefugt.

Anmerkung: Ob eine Klagebefugnis notwendig ist oder nicht, richtet sich danach, wer die Klage einreicht:
⇨ Privilegierte Kläger:
Soweit die Nichtigkeitsklage von den Mitgliedstaaten, dem EP, dem Rat oder der Kommission (Kläger nach Art. 230 II AEUV) erhoben wird, ist eine Klagebefugnis nicht erforderlich. Bei den Klägern nach Art. 263 II AEUV handelt es sich um sogenannte privilegierte Kläger.

---

165 Grabitz, Art. 230 AEUV, Rn. 50 ff.; Callies/Ruffert, Art. 230 AEUV, Rn. 46 f.

166 EuGH („*Plaumann*"), Slg. 1963, 213 (238); („Jego-Quere") in NJW 2004, 2006 f.

Diese Privilegierung rührt daher, dass die genannten Kläger die allgemeine Verantwortung für die Wahrung des Unionsrechts tragen und nicht erst besonders betroffen sein müssen, um dieser Pflicht nachzukommen.

⇨ Wahrung eigener Rechte - Rechnungshof und EZB:
Der Rechnungshof und die EZB müssen die Wahrung ihrer eigenen Rechte geltend machen können, um klagebefugt zu sein, vgl. Art. 263 III AEUV.

⇨ Individualklage:
Adressatenstellung oder unmittelbare und individuelle Betroffenheit

5. Beteiligtenfähigkeit

Wie bereits ausgeführt ist die Nichtigkeitsklage in Form der Individualklage auch für juristische Personen möglich, vgl. Art. 263 IV AEUV. Die A-GmbH ist aktiv beteiligtenfähig. Passiv beteiligtenfähig sind die in Art. 263 I AEUV genannten Unionsorgane, hier die Kommission.

6. Klagegrund

Voraussetzung für die Zulässigkeit der Nichtigkeitsklage ist weiterhin, dass der Kläger mindestens einen der in Art. 263 II AEUV genannten vier zulässigen Klagegründe geltend machen kann.

Hier beruft sich die A-GmbH auf ihre Eigentumsfreiheit, die sie durch die Entscheidung verletzt sieht.

Es kommt also der Klagegrund der Verletzung der allgemeinen Rechtsnormen, die bei Durchführung des Vertrages zu beachten sind und zu denen gemäß Art. 6 I EUV auch die Unionsgrundrechte gehören, in Betracht. Ein Klagegrund liegt vor.

7. Klagefrist, Art. 263 VI AEUV

Nach Art. 263 VI AEUV ist die Klage binnen zwei Monaten entweder ab Bekanntgabe der betreffenden Handlung, deren Mitteilung an den Kläger oder aber, sofern eine solche nicht erfolgte, ab dessen Kenntnis von der Handlung zu erheben. Die Klagefrist von zwei Monaten [167] gem. Art. 263 VI AEUV ist einzuhalten.

Anmerkung: Zu beachten ist in diesem Zusammenhang die Sonderregelung des Art. 277 AEUV, wonach die Zwei-Monats-Frist in allen anderen Verfahrensarten keine Rolle spielt, auch wenn es inzident auf die Nichtigkeit der Rechtsnorm ankommt.

Da sich die A-GmbH hier umgehend wehren möchte, ist die Zwei-Monats-Frist gewahrt.

Zwischenergebnis

Die Nichtigkeitsklage der A-GmbH ist zulässig.

B) Begründetheit

Darüber hinaus ist die Nichtigkeitsklage begründet, wenn mindestens einer der in Art. 263 II AEUV genannten Klagegründe tatsächlich vorliegt.

---

[167] Beachten Sie auch die Anlaufhemmung um vierzehn Tage gem. Art. 102 § 1 und die Verlängerung der Frist um eine pauschale Entfernungsfrist von zehn Tagen gem. Art. 102 § 2 VerfOEuG.

Das Gericht kann dabei auch andere als die vom Kläger angegebenen Klagegründe überprüfen.

Da die Entscheidung ordnungsgemäß ergangen ist (vgl. Sachverhalt), kommt tatsächlich nur die geltend gemachte Eigentumsverletzung in Betracht.

1. Schutzbereich und Eingriff

Das Grundrecht der Eigentumsfreiheit ist in Art. 17 I EGRCh geschützt. Geschützt sind Eigentumspositionen sowie Vermögensrechte, nicht allerdings bloße Erwerbschancen oder Erfolgsaussichten. Insbesondere sind juristische Personen bezüglich der Eigentumsfreiheit grundrechtsfähig.

Das Eigentum ist hier durch die hoheitliche Rücknahmeentscheidung insoweit berührt, als in eine bestehende Vermögensposition der A-GmbH eingegriffen wird.

2. Rechtfertigung

Der Eingriff könnte aber gerechtfertigt sein. Das Grundrecht des Eigentums unterliegt den in Art. 52 EGRCh genannten Schranken. Danach muss der durch die Entscheidung erfolgte Eingriff einem unionslegitimen Ziel dienen und zu dessen Erreichen geeignet, erforderlich und angemessen sein

Art. 107 AEUV enthält ausführliche Vorschriften darüber, wann eine Beihilfe rechtmäßig und wann sie rechtswidrig ist.

Die hier gewährte Beihilfe war nicht mit den in Art. 107 AEUV aufgeführten Zielen des gemeinsamen Marktes, insbesondere nicht mit dem gemeinschaftlichen Wettbewerbsrecht in Einklang zu bringen. Die Gewährung dieser Beihilfe war wettbewerbs- und damit rechtswidrig. Das Rückforderungsverlangen der Kommission diente den in Art. 107, 108 AEUV normierten unionslegitimen Zielen der Erreichung und Erhaltung eines Binnenmarktes mit gleichen Wettbewerbsbedingungen. Auch war es zur Erreichung dieser Ziele geeignet und im Unionsinteresse erforderlich und angemessen. Die Rückforderung ist gerechtfertigt.

3. Zwischenergebnis

Das Rückforderungsverlangen stellt einen rechtmäßigen Eingriff in die Eigentumsfreiheit der A-GmbH dar. Die A-GmbH kann sich nicht auf eine Verletzung ihrer Eigentumsfreiheit berufen.

C) Ergebnis

Die Klage der A-GmbH ist zwar zulässig, jedoch unbegründet und hat daher keine Aussicht auf Erfolg.

IV. Zur Wiederholung

Schauen Sie sich noch einmal die Prüfungsreihenfolge in der Gliederung an und versuchen Sie, diese anhand der Vorgaben des Art. 263 AEUV selbst aufzustellen.

V. Zur Vertiefung

- Zur Nichtigkeitsklage Hemmer/Wüst, Europarecht, Rn. 597 ff.

Übersicht Untätigkeitsklage, Art. 265 AEUV

Um Sie nicht mit Stoff zu überfrachten, werden Ihnen im Folgenden anhand einer Überblicks-Darstellung die Prüfungspunkte für die Untätigkeits- und die Schadensersatzklage (Haftung für deliktisches Verhalten der Bediensteten oder Organe der Gemeinschaft) aufgezeigt.

Sachverhalt Untätigkeitsklage:

Sofern es Rat, Kommission oder Parlament unter Verletzung des Vertrages unterlassen haben, einen bestimmten Rechtsakt zu erlassen, können die Mitgliedstaaten, die Organe der Union (vgl. dazu Art. 13 I EUV) nach Art. 265 I AEUV und unter bestimmten Voraussetzungen auch natürliche und juristische Personen nach Art. 265 III AEUV Klage auf Feststellung erheben, dass es Rat, Kommission oder Parlament unterlassen haben, ihren Pflichten nachzukommen und einen bestimmten Rechtsakt zu erlassen.

I. Einordnung

Zu beachten ist, dass die Untätigkeitsklage nach Art. 265 AEUV (eine Feststellungsklage) im Verhältnis zur Nichtigkeitsklage nach Art. 263 AEUV (eine Gestaltungsklage, vgl. zur Rechtswirkung Art. 264 AEUV) subsidiär ist. Die Untätigkeitsklage ist also nur dann heranzuziehen, wenn kein anfechtbarer Rechtsakt vorliegt. Sobald ein solcher gegeben ist, ist nicht mehr die Untätigkeits-, sondern die Nichtigkeitsklage die statthafte Klageart.

II. Gliederung

A) Zulässigkeit Untätigkeitsklage

1. Statthafte Klageart

⇨ Untätigkeitsklage nach Art. 265 AEUV dann statthaft, wenn Feststellung der Unterlassung einer obligatorischen Handlung begehrt wird.

2. Zuständigkeit des EuG, Art. 256 I AEUV i.V.m. Art. 51 Satzung des Gerichtshofes (SEuGH)

⇨ Grundsätzlich Zuständigkeit des EuG, es sei denn eine der Ausnahmen des Art. 51 SEuGH greift ein.

3. Beteiligtenfähigkeit

a) Aktiv:

⇨ Art. 265 I AEUV: Mitgliedstaaten und Organe der Union, vgl. Art. 13 EUV

⇨ Art. 265 III AEUV: natürliche oder juristische Personen

b) Passiv:

⇨ Art. 265 I AEUV: (Europäisches Parlament, Europäischer Rat, Rat, Kommission, Europäische Zentralbank).

4. Klagegegenstand

Unterlassung des Beklagten, einen „Beschluss" zu fassen.

⇨ Beschluss = bislang weit auszulegen, nicht nur formelle Rechtsakte, auch Maßnahmen, sofern sie so hinreichend bestimmt sind, dass sie nach Art. 266 AEUV vollzogen werden können (bspw. auch „Programme").

⇨ Bei Individualklagen: nur Empfehlung oder Stellungnahme

⇨ Klagegegenstand wird durch das Vorverfahren bereits festgelegt, wie bei Vertragsverletzungsverfahren.

5. Klagebefugnis

a) Mitgliedstaaten oder Organe = privilegierte Kläger **(keine Klagebefugnis erforderlich)**

b) Individualklagen: Es muss geltend gemacht werden, dass der zu erlassende Rechtsakt „an sie zu richten ist“. Daher nicht möglich: Individualuntätigkeitsklage wegen unterlassener Rechtsetzung (VO, RL)!

6. Vorverfahren, Art. 265 II AEUV

Aufforderungsschreiben des Klägers, Inhalt:

⇨ genaue Bezeichnung des unterlassenen Rechtsaktes

⇨ Angabe, warum Pflicht besteht, diesen zu erlassen

⇨ In-Aussicht-Stellen der Klageerhebung

Reaktion des Organs:

⇨ keine Reaktion innerhalb von zwei Monaten: Klageerhebung innerhalb weiterer zwei Monate

⇨ Organ lehnt den Erlass des begehrten Rechtsaktes ab: dann Nichtigkeitsklage erheben!!! Ablehnung = Stellungnahme = anfechtbarer Rechtsakt.

⇨ bei Erlass des begehrten Rechtsaktes: Untätigkeitsklage unzulässig.

7. Klagefrist, Art. 265 II S. 2 AEUV

⇨ Weitere zwei Monate nach Ablauf der Stellungnahmefrist.

B) Begründetheit der Klage

Die Untätigkeitsklage nach Art. 265 AEUV ist begründet, wenn das beklagte Organ unionsrechtlich verpflichtet gewesen wäre, den begehrten Rechtsakt zu erlassen.

III. Zur Vertiefung

- Mehr zur Untätigkeitsklage Hemmer/Wüst, Europarecht, Rn. 641 ff.

Übersicht Schadensersatzklage, Art. 268 AEUV i.V.m. Art. 340 II AEUV

Bei der Schadensersatzklage nach Art. 268 AEUV i.V.m. Art. 340 II AEUV geht es um die außervertragliche, deliktische Haftung für Handlungen der Unionsorgane. Ersetzt werden solche Schäden, die Bedienstete oder Organe der Union in Ausübung ihrer Amtstätigkeit verursacht haben. Es handelt sich hierbei um eine selbstständige Klageart in Gestalt einer Leistungsklage. Die Examensrelevanz dürfte eher gering sein, schauen Sie sich die Schadensersatzklage dennoch kurz im Überblick an, damit Sie im Examen nicht kalt erwischt werden.

I. Gliederung

A) Zulässigkeit der Schadensersatzklage

1. Statthafte Klageart

⇨ Schadensersatzklage nach Art. 340 II AEUV i.V.m. Art. 268 AEUV

2. Zuständigkeit des EuG

⇨ Art. 256 I AEUV

3. Klagegegenstand

⇨ Schäden, die in Ausübung einer Amtstätigkeit verursacht wurden.

4. Klagefrist, Art. 46 S. 1 SEuGH

⇨ Art. 234 AEUV enthält selbst keine Klagefrist, aber Art. 46 I S. 1 SEuGH normiert die Verjährung nach fünf Jahren.

⇨ Nach Rechtsprechung des EuGH handelt es sich hiermit um eine Klagefrist und damit um eine Zulässigkeitsvoraussetzung.[168]

⇨ Spätestens fünf Jahre nach Eintritt des schädigenden Ereignisses Verjährung.

5. Allgemeines Rechtsschutzbedürfnis

⇨ **Verhältnis zu Art. 263 AEUV**

Das allgemeine Rechtsschutzbedürfnis kann fehlen, wenn die rechtzeitige Erhebung der Nichtigkeitsklage den Schadensersatz verhindert hätte.

B) Begründetheit der Klage

⇨ Die Schadensersatzklage nach Art. 340 II AEUV ist begründet, wenn der vom Kläger geltend gemachte Schadensersatzanspruch tatsächlich besteht.

⇨ Tatbestand: Art. 340 II AEUV - nach den „allgemeinen Rechtsgrundsätzen", die in den Rechtsordnungen der Mitgliedstaaten gleich sind:

- Haftung nur bei Amtstätigkeit
- Rechtswidrigkeit der Handlung
- administratives Unrecht: Verletzung einer individualschützenden Norm
- legislatives Unrecht: offensichtliche und schwerwiegende Verletzung einer dem Schutz des Einzelnen dienenden Norm
- Schaden (Differenzhypothese)

---

[168] EuGH, 1982, 85 ff.; Erichsen/Weiß, Jura 1990,586, 589 = jurisbyhemmer.

- Kausalität zwischen rechtswidrigem Unionsrechtsakt und Schaden
- kein Verschulden erforderlich
- etwaiges Mitverschulden des Einzelnen wirkt sich anspruchskürzend aus.

II. Zur Vertiefung

- Mehr zur Schadensersatzklage Hemmer/Wüst, Europarecht, Rn. 659 ff.

Die Zahlen beziehen sich auf die Nummern der Fälle.

A

B

C

D

E

F

G

V

W

Z

hemmer/wüst
Verlagsgesellschaft mbH

Mergentheimer Str. 44 / 97082 Würzburg
Tel.: 09 31 /7 97 82 38 / Fax: 09 31/7 97 82 40
Internet: www.hemmer-shop.de

Grundwissen für Anfangssemester

Anzahl		Auflage/Jahr/Euro
V10 (111.10) ___	BGB-AT Theorieband zu den wicht. Fällen	6.A/13 · 7,80
V11 (111.11) ___	SchuldR-AT Theorieband zu den wicht. Fällen	5.A/12 · 7,80
V12 (111.12) ___	SchuldR-BT I Theorieband zu den wicht. Fällen	5.A/12 · 7,80
V13 (111.13) ___	SchuldR-BT II Theoriebd. zu den wicht. Fällen	5.A/13 · 7,80
V14 (111.14) ___	MobiliarsachenR Theoriebd. zu den wicht. Fällen	5.A/12 · 7,80
V15 (111.15) ___	ImmobiliarsachenR Theoriebd. zu den wicht. Fällen	4.A/12 · 7,80
V20 (112.20) ___	Strafrecht AT Theorieband zu den wicht. Fällen	5.A/13 · 7,80
V21 (112.21) ___	Strafrecht BT Theorieband zu den wicht. Fällen	4.A/12 · 7,80
V30 (113.30) ___	StaatsR Theorieband zu den wicht. Fällen	5.A/12 · 7,80
V31 (113.31) ___	VerwaltungsR Theorieband zu den wicht. Fällen	5.A/12 · 7,80

Die wichtigsten Fälle

0 (115.20) ___	**Sonderband:** Der Streit- und Meinungsstand im neuen Schuldrecht	5.A/13 · 14,80
1 (115.21) ___	76 Fälle - BGB AT	7.A/13 · 12,80
2 (115.22) ___	55 Fälle - Schuldrecht AT	7.A/12 · 12,80
3 (115.23) ___	51 Fälle - Schuldrecht BT - Kauf/WerkV	7.A/12 · 12,80
4 (115.24) ___	42 Fälle - GoA/Bereicherungsrecht	7.A/12 · 12,80
5 (115.25) ___	45 Fälle - Deliktsrecht	6.A/12 · 12,80
6 (115.26) ___	44 Fälle - Verwaltungsrecht	7.A/12 · 12,80
25 (115.45) ___	30 Fälle - Verwaltungsrecht BT Bayern	2.A/11 · 12,80
7 (115.27) ___	32 Fälle - Staatsrecht	8.A/12 · 12,80
8 (115.28) ___	34 Fälle - Strafrecht AT	8.A/13 · 12,80
9 (115.29) ___	44 Fälle Strafrecht BT I - Vermögensd.	8.A/13 · 12,80
10 (115.30) ___	44 Fälle Strafrecht BT II - Nicht-Vermögensd.	7.A/12 · 12,80
11 (115.31) ___	50 Fälle - Sachenrecht I	6.A/12 · 12,80
12 (115.32) ___	43 Fälle - Sachenrecht II - ImmobiliarSR	7.A/13 · 12,80
13 (115.33) ___	40 Fälle - ZPO I - Erkenntnisverfahren	6.A/13 · 12,80
14 (115.34) ___	25 Fälle - ZPO II - Zwangsvollstreckungsverf.	5.A/12 · 12,80
15 (115.35) ___	35 Fälle - Handelsrecht	5.A/11 · 12,80
16 (115.36) ___	36 Fälle - Erbrecht	5.A/12 · 12,80
17 (115.37) ___	26 Fälle - Familienrecht	6.A/12 · 12,80
18 (115.38) ___	32 Fälle - Gesellschaftsrecht	5.A/12 · 12,80
19 (115.39) ___	39 Fälle - Arbeitsrecht	5.A/13 · 12,80
20 (115.40) ___	35 Fälle - Strafprozessrecht	4.A/12 · 12,80
21 (115.41) ___	23 Fälle - Europarecht	3.A/11 · 12,80
22 (115.42) ___	10 Fälle - Musterkl. Examen ZivilR	5.A/11 · 14,80
23 (115.43) ___	10 Fälle - Musterkl. Examen StrafR	5.A/11 · 14,80
24 (115.44) ___	8 Fälle - Musterkl. Examen SteuerR	7.A/12 · 14,80

Skripten Basics (110)

1 (0011) ___	Zivilrecht I - BGB AT u.vertragl. SchuldV	9.A/12 · 15,80
2 (0012) ___	Zivilrecht II - Sachenrecht/gesetzl. SV	6.A/10 · 15,80
3 (0013) ___	Zivilrecht III - FamilienR/ErbR	6.A/12 · 15,80
4 (0014) ___	Zivilrecht IV - ZivilprozessR	7.A/12 · 15,80
5 (0015) ___	Zivilrecht V - Handels-/GesellschR	6.A/12 · 15,80
6 (0016) ___	Zivilrecht VI - ArbeitsR	4.A/11 · 15,80
(0032) ___	Strafrecht	6.A/12 · 15,80
/1 (0035) ___	Öffentliches Recht I -VerfassR/StaatsHR	5.A/12 · 15,80
/2 (0036) ___	Öffentliches Recht II - VerwaltungsR	6.A/12 · 15,80
(0004) ___	Steuerrecht - EstG & AO	8.A/12 · 15,80
(0005) ___	Europarecht	7.A/13 · 15,80

Skripten Zivilrecht (120)

Anzahl		Auflage/Jahr/Euro
1 (0001) ___	BGB-AT I, Ensteh.d.Primäranspruchs	12.A/12 · 16,80
2 (0002) ___	BGB-AT II, Scheitern des Primäranspr.	12.A/12 · 16,80
3 (0003) ___	BGB-AT III, Erlösch.d. Primäranspruchs	11.A/11 · 16,80
4 (0004) ___	Schadensersatzrecht I	7.A/10 · 16,80
5 (0005) ___	Schadensersatzrecht II	6.A/12 · 16,80
6 (0006) ___	Schadensersatzrecht III (§§ 249 ff.)	10.A/12 · 16,80
7 (0007) ___	Verbraucherschutzrecht	3.A/12 · 16,80
51 (0051) ___	Schuldrecht AT (ehemals SchuldR I)	8.A/12 · 16,80
52 (0052) ___	Schuldrecht BT I (ehemals SchuldR II)	8.A/12 · 16,80
53 (0053) ___	Schuldrecht III (BT II)	7.A/12 · 16,80
8 (0008) ___	Bereicherungsrecht	13.A/12 · 16,80
9 (0009) ___	Deliktsrecht I	11.A/11 · 16,80
10 (0010) ___	Deliktsrecht II	9.A/13 · 16,80
11 (0011) ___	Sachenrecht I	11.A/12 · 16,80
12 (0012) ___	Sachenrecht II	9.A/11 · 16,80
12A (0012A) ___	Sachenrecht III	11.A/13 · 16,80
13 (0013) ___	Kreditsicherungsrecht	10.A/12 · 16,80
14 (0014) ___	Familienrecht	11.A/11 · 16,80
15 (0015) ___	Erbrecht	11.A/12 · 16,80
16 (0016) ___	Zivilprozessrecht I	11.A/12 · 16,80
17 (0017) ___	Zivilprozessrecht II	10.A/11 · 16,80
18 (0018) ___	Arbeitsrecht	13.A/11 · 16,80
19A (0019A) ___	Handelsrecht	10.A/12 · 16,80
19B (0019B) ___	Gesellschaftsrecht	12.A/12 · 16,80
31 (0031) ___	Herausgabeansprüche	6.A/12 · 16,80
32 (0032) ___	Rückgriffsansprüche	6.A/09 · 16,80

Skripten Strafrecht (120)

20 (0020) ___	Strafrecht AT I	11.A/12 · 16,80
21 (0021) ___	Strafrecht AT II	11.A/13 · 16,80
22 (0022) ___	Strafrecht BT I	11.A/12 · 16,80
23 (0023) ___	Strafrecht BT II	11.A/13 · 16,80
30 (0030) ___	Strafprozessordnung	10.A/12 · 16,80

Skripten Öffentliches Recht (120/130)

24 (0024) ___	Verwaltungsrecht I	11.A/12 · 16,80
25 (0025) ___	Verwaltungsrecht II	10.A/11 · 16,80
26 (0026) ___	Verwaltungsrecht III	11.A/12 · 16,80
27 (0027) ___	Staatsrecht I	10.A/11 · 16,80
28 (0028) ___	Staatsrecht II	8.A/10 · 16,80
29 (0029) ___	Europarecht	10.A/11 · 16,80
40 (0040) ___	Staatshaftungsrecht	3.A/11 · 16,80
33 (01.0033) ___	Baurecht/Bayern	10.A/12 · 16,80
33 (02.0033) ___	Baurecht/Nordrhein-Westfalen	8.A/11 · 16,80
33 (03.0033) ___	Baurecht/Baden-Württembg.	3.A/12 · 16,80
33 (04.0033) ___	Baurecht/Hessen	1.A/09 · 16,80
33 (06.0033) ___	Baurecht/Saarland	1.A/08 · 16,80
34 (01.0034) ___	Polizei- u. Sicherheitsrecht/Bayern	9.A/11 · 16,80
34 (02.0034) ___	Polizei- u. Ordnungsrecht/NRW	5.A/12 · 16,80
34 (03.0034) ___	Polizeirecht/Baden-Württembg.	3.A/11 · 16,80
34 (04.0034) ___	Polizei- u. Ordnungsrecht/Hessen	1.A/10 · 16,80
34 (05.0034) ___	Polizei- u. Ordnungsrecht/Rheinl.-Pfalz	1.A/11 · 16,80
34 (06.0034) ___	Polizei- u. Sicherheitsrecht/Saarland	1.A/09 · 16,80
35 (01.0035) ___	Kommunalrecht/Bayern	9.A/12 · 16,80
35 (02.0035) ___	Kommunalrecht/NRW	8.A/11 · 16,80
35 (03.0035) ___	Kommunalrecht/Baden-Württembg.	3.A/09 · 16,80

hemmer/wüst
Verlagsgesellschaft mbH

Mergentheimer Str. 44 / 97082 Würzbur
Tel.: 09 31 /7 97 82 38 / Fax: 09 31/7 97 82 4
Internet: www.hemmer-shop.de

REIHE INTELLIGENTES LERNEN

Lexikon/Definitionen

	Anzahl		Auflage/Jahr/Euro
D1 (0044)	______	Definitionen Strafrecht - schnell gemerkt	3.A/11 · 16,80
D1 (4002)	______	Legal terms für Juristen - Fachwörterbuch Englisch - Deutsch	1.A/11 · 19,80

Skripten Schwerpunkt (120)

P1 (0039)	______	Kriminologie	5.A/10 · 19,80
P2 (0036)	______	Völkerrecht	7.A/08 · 19,80
P3 (0037)	______	Internationales Privatrecht	5.A/05 · 19,80
P4 (0055)	______	Kapitalgesellschaftsrecht	4.A/09 · 19,80
P7 (0058)	______	Rechtsgeschichte I	2.A/07 · 19,80
P8 (0059)	______	Rechtsgeschichte II	2.A/12 · 19,80
P11 (0062)	______	Rechts- und Staatsphilosophie sowie Rechtssoziologie	2.A/11 · 19,80
P12 (0063)	______	Insolvenzrecht	3.A/12 · 19,80
P13 (0064)	______	Wasser- und ImmissionsschutzR	1.A/08 · 19,80

Skripten Steuerrecht (120)

38 (0038)	______	Steuererklärung leicht gemacht	4.A/04 · 14,80
42 (0042)	______	Abgabenordnung	8.A/12 · 16,80
43 (0043)	______	Einkommensteuerrecht	7.A/11 · 21,80

Skripten für BWL´er, WiWi & Steuerberater

W1 (18.01)	______	PrivatR f. BWL'er, WiWi & Steuerberat	7.A/11 · 14,80
W2 (18.02)	______	Ö-Recht f. BWL'er, WiWi & Steuerberat	4.A/12 · 14,80
W3 (18.03)	______	Musterklausuren für´s Vordiplom PrivatR	2.A/04 · 14,80
W4 (18.04)	______	Musterklausuren für´s Vordiplom Ö-R	1.A/00 · 14,80
WF1 (118.01)	______	Die 74 wicht. Fälle (BGB AT, SchuldR AT/BT)	3.A/11 · 14,80
WF2 (118.02)	______	Die 44 wicht. Fälle (GoA, BerR, GesR, ...)	1.A/06 · 14,80

Skripten Fachbegriffe & Erläuterungen

G1 (18.10)	______	Mikroökonomie & Makroökonomie	1.A/12 · 19,80
G2 (18.11)	______	Buchführung/Jahresabschl./Rechnungsw.	1.A/12 · 19,80
G6 (18.15)	______	HandelsR/GesellschaftsR/WirtschaftsR	1.A/12 · 19,80
G7 (18.16)	______	Öffentl. Recht/EuropaR/VölkerR	1.A/12 · 19,80

Basics Karteikarten

BK1 (2001)	______	Basics - Zivilrecht	5.A/10 · 13,80
BK2 (2002)	______	Basics - Strafrecht	3.A/09 · 13,80
BK3 (2003)	______	Basics - Öffentliches Recht	3.A/07 · 13,80

Karteikarten Zivilrecht

KK1 (2201)	______	BGB-AT I	7.A/11 · 15,80
KK2 (2202)	______	BGB-AT II	6.A/11 · 15,80
KK3 (22031)	______	Schuldrecht AT I	8.A/12 · 15,80
KK4 (22032)	______	Schuldrecht AT II	6.A/11 · 15,80
KK5 (2240)	______	Schuldrecht BT I (Kauf-u.WerkVR)	6.A/11 · 15,80
KK6 (2241)	______	Schuldrecht BT II	6.A/13 · 15,80
KK7 (2218)	______	Arbeitsrecht	4.A/13 · 15,80
KK8 (2208)	______	Bereicherungsrecht	6.A/12 · 15,80
KK9 (2209)	______	Deliktsrecht	5.A/11 · 15,80
KK11 (2211)	______	Sachenrecht I	7.A/12 · 15,80
KK12 (2212)	______	Sachenrecht II	6.A/11 · 15,80
KK13 (2213)	______	Kreditsicherungsrecht	3.A/10 · 15,80
KK14 (2214)	______	Familienrecht	3.A/08 · 15,80
KK15 (2215)	______	Erbrecht	4.A/13 · 15,80
KK16 (2216)	______	ZPO I	6.A/13 · 15,80
KK17 (2217)	______	ZPO II	5.A/12 · 15,80
KK18 (22191)	______	Handelsrecht	4.A/11 · 15,80
KK19 (22192)	______	Gesellschaftsrecht	5.A/11 · 15,80

Die Shorties (Minikarteikarten) inkl. Box

	Anzahl		Auflage/Jahr
SH1 (50.10)	______	**Box 1:** BGB AT, Schuldrecht AT	6.A/11 · 21
SH2/I (50.21)	______	**Box 2/1:** vertragliches Schuldrecht	4.A/11 · 21
SH2/II (50.22)	______	**Box 2/2:** gesetzliches Schuldrecht	4.A/11 · 21
SH3 (50.30)	______	**Box 3:** Sachenrecht, ErbR, FamR	5.A/11 · 21
SH4 (50.40)	______	**Box 4:** ZPO I/II, GesellschaftsR, HGB	5.A/12 · 21
SH5 (50.50)	______	**Box 5:** Strafrecht	7.A/13 · 21
SH6 (50.60)	______	**Box 6:** Grundrecht, StaatsOrgR, BauR, ...	5.A/11 · 21

Karteikarten Strafrecht

KK20 (2220)	______	Strafrecht AT I	7.A/12 · 15
KK21 (2221)	______	Strafrecht-AT II	7.A/12 · 15
KK22 (2222)	______	Strafrecht-BT I	7.A/12 · 15
KK23 (2223)	______	Strafrecht-BT II	7.A/13 · 15
KK24 (2230)	______	StPO	5.A/12 · 15

Karteikarten Öffentliches Recht

KK25 (2224)	______	Verwaltungsrecht I	7.A/12 · 15
KK26 (2225)	______	Verwaltungsrecht II	5.A/12 · 15
KK27 (2226)	______	Verwaltungsrecht III	5.A/11 · 15
KK28 (2227)	______	Staats- u. Verfassungsrecht	8.A/12 · 15
KK29 (2229)	______	Europarecht	3.A/12 · 15

Überblickskarteikarten

ÜK I (2501)	______	BGB im Überblick I	10.A/13 · 30
ÜK II (25011)	______	BGB im Überblick II (Nebengebiete)	6.A/11 · 30
ÜK III (2502)	______	StrafR im Überblick	6.A/10 · 30
ÜK IV (2503)	______	Öffentl.-R im Überblick	8.A/12 · 16
ÜK V (25031)	______	Öffentl.-R im Überblick II Bayern	6.A/11 · 16
ÜK VI (25032)	______	Öffentl.-R im Überblick II NRW	2.A/08 · 16
ÜK VII (2504)	______	Europarecht	4.A/12 · 16

Assessor-Basics/Theoriebände (410)

A IV (0004)	______	Die zivilrechtl. Anwaltsklausur/Teil 1	9.A/11 · 18
A VII (0007)	______	Das Zivilurteil	9.A/12 · 18
A VIII (0008)	______	Die Strafrechtskl. im Assessorexamen	6.A/11 · 18
A IX (0009)	______	Die Assessorklausur Öffentl. Recht	5.A/12 · 18

Assessor-Basics/Klausurentraining

A I (0001)	______	Zivilurteile	15.A/12 · 1
A II (0003)	______	Arbeitsrecht	13.A/12 · 1
A III (0002)	______	Strafrecht	11.A/13 · 1
A V (0005)	______	Zivilrechtl. Anwaltsklausuren/Teil 2	10.A/13 · 1
A VI (0006)	______	Öff.rechtl. u. strafrechtl.Anwaltskl.	5.A/10 · 1

Assessorkarteikarten

AK I (41.10)	______	Zivilprozessrecht im Überblick	5.A/12 · 19
AK II (41.20)	______	Strafprozessrecht im Überblick	6.A/12 · 19
AK III (41.30)	______	Öffentliches Recht im Überblick	4.A/12 · 19
AK IV (41.40)	______	Familien- und Erbrecht im Überblick	2.A/13 · 19

hemmer/wüst
Verlagsgesellschaft mbH

Mergentheimer Str. 44 / 97082 Würzburg
Tel.: 09 31 /7 97 82 38 / Fax: 09 31/7 97 82 40
Internet: www.hemmer-shop.de

EIHE INTELLIGENTES LERNEN

Sonderprodukte

		Euro
	Lernkarteikartenbox (28.01)	
B ______	Die praktische Lernbox für die Karteikarten	1,99
L 1 ______	**Orig. Klausurenblock** Din A4, 100 Blatt einzeln	1,95
810 ______	Din A4, 80 Blatt 10er Pack	17,50
1 ______	**Der Referendar (70.01)** 1. Aufl. 2003 Meine größten Rein-) Fälle (Format A6)	9,80
2 ______	**Der Rechtsanwalt (70.02)** 1. Aufl. 2006 24 Monate zwischen Genie und Wahnsinn (Format A6)	9,80
3 ______	**Der Jurist (70.03)** 1. Aufl. November 2009 Ein Lehrbuch für Leader (Format A6)	9,80
5 ______	**Coach dich! (70.05)** Psychologischer Ratgeber, 1. Auflage, 2004	19,80
6 ______	**Lebendiges Reden (70.06)** Psychologischer Ratgeber inkl. Audio-CD, 2. Auflage, 2008	21,80
7 ______	**NLP für Einsteiger (71.01)** Psychologischer Ratgeber, 12. neugestaltete Auflage, 2008	12,80
8 ______	**Prüfungen als Herausforderung (70.08)** Psychologischer Ratgeber, 1. Auflage 2011	14,80
______	**Wiederholungsmappe (75.01)** Intelligentes Lernen inkl. Übungsbuch, Mind Mapps und Kurzskript	9,90
______	**Ordner hemmer.group (88.20)** Ringbuchmappe für Einlagen, DIN A4	2,50
00.201) ______	**AudioCards auf CD: BGB AT I - III** Das Frage-Antwort-System der hemmer-Skripten zum Hören	59,95

Neuerscheinungen

Skripten Fachbegriffe & Erläuterungen

(18.10) ______	Mikroökonomie & Makroökonomie	1.A/12 · 19,80
(18.11) ______	Buchführung / Jahresabschl./Rechnungsw.	1.A/12 · 19,80
(18.15) ______	HandelsR/GesellschaftsR/WirtschaftsR	1.A/12 · 19,80
(18.16) ______	Öffentl. Recht/EuropaR/VölkerR	1.A/12 · 19,80

e Begriffssammlungen sind der
kte Begleiter:
Bachelor- und Master-Studium
allen Universitäten und Fach-
hschulen

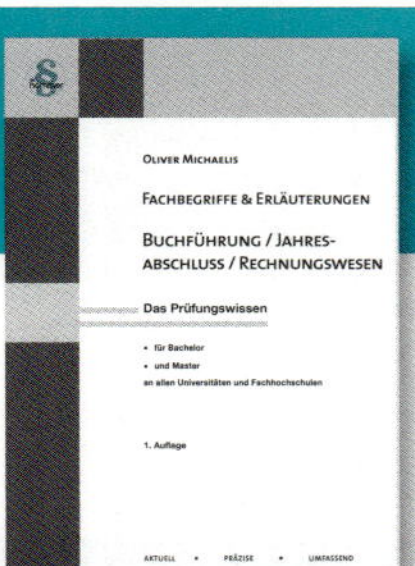

Oliver Michaelis

Michaelis studierte Betriebswirtschaftslehre n, Bonn und Potsdam sowie Rechtswissen- n in Leipzig, Halle, Frankfurt a.M. und Köln nichaelis.me).

itet auf dem Gebiet des Bank- und Kapitalmarkt- und ist Autor verschiedener Bücher speziell zum werbsrecht und zur Finanzkrise.

t er auch die Fachzeitschrift „EuBWR – Europäische Börsendaten, Währungs- und ffindizes" (www.EuBWR.com), die dazugehörigen Jahrbücher sowie „Die Chronik der krise 2007 – 2010" und „Die Chronik der Finanzkrise 2011" heraus und leitet den Mi- Verlag – den Fachverlag für wissenschaftliche Publikationen.

Life&Law

______	Einzelheft der Life&LAW	6,80
AboLL ______	Abonnement der Life&LAW Life&Law 3 Monate kostenfrei, danach erhalten Sie die Life&Law zum Preis von	5,80
LLJ ______	Life&LAW Jahrgangsband 1999 - 2011	
______	bitte Jahrgang eintragen	je 50,00
LLJ11 ______	Life&LAW Jahrgangsband 2012	80,00
LLE ______	Einband für Life&LAW Jahrgang	je 6,00

Die AnwaltsBasics

Herausgeber: hemmerVerlag für Anwälte GmbH

10.10 ______ Die AnwaltsBasics Erbrecht **1. Auflage, November 2010, 429 S.**	39,90
10.20 ______ Die AnwaltsBasics Mediation **1. Auflage, Mai 2012, 187 S.**	23,80

Wir berechnen pro Lieferung einen Versandkostenanteil von 3,30 EURO. Ab 30 EURO ist die Lieferung versandkostenfrei.

Endsumme:

Lieferung erfolgt in aktueller Auflage

Kundennummer D

Prüfen Sie in Ruhe zuhause!
Alle Produkte dürfen innerhalb von 14 Tagen an den Verlag (Originalzustand) zurückgeschickt werden. Es wird ein uneingeschränktes gesetzliches Rückgaberecht gewährt. Hinweis: Der Besteller trägt bei einem Bestellwert bis 40 Euro die Kosten der Rücksendung. Über 40 Euro Bestellwert trägt er ebenfalls die Kosten, wenn zum Zeitpunkt der Rückgabe noch keine (An-) Zahlung geleistet wurde.

Ich weiß, dass meine Bestellung nur erledigt wird, wenn ich in Höhe meiner Bestellungs-Gesamtsumme zzgl. des Versandkostenanteils zum Einzug ermächtige. Bestellungen auf Rechnung können leider nicht erledigt werden. Bei fehlerhaften Angaben oder einer Rücklastschrift wird eine Unkostenpauschale in Höhe von 8 Euro fällig. Die Lieferung erfolgt unter Eigentumsvorbehalt.

Name: ______________________

Vorname: ______________________

Straße, Nr.: ______________________

PLZ/Ort: ______________________

Telefon: ______________________

e-mail Adresse: ______________________

Buchen Sie die Endsumme von meinem Konto ab:

Kreditinstitut: ______________________

BLZ: ______________________

Konto-Nr.: ______________________

Ort, Datum: ______________________

Unterschrift: ______________________